D1719324

SCHÄFFER
POESCHEL

Wolfgang Koch / Jürgen Wegmann

# Praktiker-Handbuch Rating

Anforderungen an Mittelstand und Banken

2003
Schäffer-Poeschel Verlag Stuttgart

Bibliografische Information Der Deutschen Bibliothek
Die Deutsche Bibliothek verzeichnet diese Publikation in der Deutschen Nationalbibliografie;
detaillierte bibliografische Daten sind im Internet über <http://dnb.ddb.de> abrufbar

Gedruckt auf chlorfrei gebleichtem, säurefreiem und alterungsbeständigem Papier

ISBN 3-7910-2111-7

Dieses Werk einschließlich aller seiner Teile ist urheberrechtlich geschützt. Jede Verwertung
außerhalb der engen Grenzen des Urheberrechtsgesetzes ist ohne Zustimmung des Verlages
unzulässig und strafbar. Das gilt insbesondere für Vervielfältigungen, Übersetzungen, Mikro-
verfilmungen und die Einspeicherung und Verarbeitung in elektronischen Systemen.

© 2003 Schäffer-Poeschel Verlag für Wirtschaft · Steuern · Recht GmbH & Co. KG
www.schaeffer-poeschel.de
info@schaeffer-poeschel.de
Einbandgestaltung: Willy Löffelhardt
Satz: Johanna Boy, Brennberg
Druck: Ebner & Spiegel GmbH, Ulm
Printed in Germany
März/2003

Schäffer-Poeschel Verlag Stuttgart

Ein Tochterunternehmen der Verlagsgruppe Handelsblatt

# Vorwort

Der Mittelstand und die Banken haben ein besseres Rating verdient!

Das wichtige Thema Rating ist im Mittelstand immer noch angstbesetzt. Von Beratern und externen Ratingagenturen werden Ängste geschürt, um Umsätze zu generieren. Einige Banken nutzen diese Diskussionen, um ihre Kreditengagements bei den mittelständischen Unternehmen ganz abzubauen oder die Kreditkonditionen anzuheben.

Aber: Das Thema ist für eine politisch geführte Diskussion zu schade. Es geht um mehr, es geht um eine Optimierung des Kreditengagements für beide Seiten.

Die Banken wollen mit Krediten Geld verdienen. Also muß das Rating zur Optimierung des Kreditengagements beitragen, eine reine Risikovorsorgebetrachtung reicht hier nicht aus. Mittelständische Unternehmen benötigen Kredite für Investitionen, für Zwischenfinanzierungen und zur Liquiditätssicherung. Sie wollen Kreditmittel zu angemessenen Konditionen. Dafür ist eine vorzügliche Vorbereitung, absolute Transparenz und eine permanente Unterrichtung erforderlich. Eine solche Offenheit sollte dienstleistungsorientiert auf die Belange der Bank eingehen. Lernen müssen beide: Der Banker muß eine genauere Analyse des Unternehmens durchführen. Der Mittelständler muß sein Unternehmen so präsentieren, daß er verstanden wird und das Vertrauen aufgebaut werden kann. Hier setzt das Qualifizierte Rating an. Kein Aneinanderreihen von Kennziffern, sondern kenntnisreiches Umgehen und Aufbereiten aller Bereiche des Unternehmens, die als Erfolgs- oder Mißerfolgsfaktoren für die weitere Entwicklung des Unternehmens bestimmend sind.

Präsentiert werden Instrumente der Unternehmensberichterstattung, die sich als Basis für ein Rating bestens eignen und gleichzeitig dem mittelständischen Unternehmer Informationen zur Führung seines Unternehmens an die Hand geben. Weiterhin werden einige Unternehmens-Situationen erläutert, die zu besonderen Informationspflichten des mittelständischen Unternehmens gegenüber der Bank führen. Ausführlich dargestellt werden für den Banker die spezifischen Sichtweisen des mittelständischen Unternehmers, für den mittelständischen Unternehmer die spezifischen Sichtweisen des Bankers.

In der Art der Kommunikation der vorzüglich aufbereiteten Unterlagen, die von Transparenz und Glaubwürdigkeit geprägt sind, wird das Qualifizierte Rating entstehen, das für Banken und Mittelstand zu einer Optimierung der Kreditbeziehungen führt.

Düsseldorf, im März 2003                                    Wolfgang Koch
                                                            Jürgen Wegmann

# Inhaltsübersicht

# Inhaltsverzeichnis

# 1. Einleitung

Das Thema Rating weckt bei mittelständischen Unternehmern erhebliche Unsicherheiten. Wirtschaftspresse, Fachtagungen, Kongresse und die öffentliche Meinung tragen zu dieser Unsicherheit mit bei. Gespräche mit den Firmenkundenbetreuern der mittelständischen Unternehmen schaffen keine Klarheit. Schlagworte wie Basel II, Baseler Akkord, Ratingsymbole, externes und internes Rating werden durch die Häufigkeit ihrer Nennung nicht verständlicher. Während die Probleme mit dem Rating bei den mittelständischen Unternehmern nicht geringer werden, haben sich Ratingagenturen die Lösung aller Probleme, die mit einem Rating verbunden sein können, auf ihre Fahnen geschrieben. Eine Fülle von Hochglanzbroschüren und markige Statements der Geschäftsführer der externen Ratingagenturen versuchen, dem Unternehmer für viel Geld betriebswirtschaftliches Grundlagenwissen zu verkaufen. Anglizismen, wie z.B. Rating-Advisory, Triple A und Default, sollen dem mittelständischen Unternehmer den Eindruck einer besonderen Qualifikation suggerieren.

Doch um all diese Aspekte geht es nicht beim Rating. Ein Rating ist keine bahnbrechende neue Erfindung der Banken oder der externen Ratingagenturen. Rating ist alter Wein in neuen Schläuchen. Nicht der Wein hat sich geändert, die Schläuche haben lediglich eine andere Form bekommen. Neu ist allerdings der Druck für den mittelständischen Unternehmer, sich mit diesem Thema zu beschäftigen. Es geht hierbei nicht mehr um die Frage, ob überhaupt ein Rating durchzuführen ist, sondern einzig und alleine um die Beantwortung der Frage: Wann und wie beginne ich mit dem Rating?

Die Antwort auf die Frage nach dem Beginn wird von vielen Banken vorgegeben. Wenngleich nach den Vorstellungen des Baseler Ausschusses ein Rating ab 2006 für die Banken verbindlich sein wird, werden die Banken in Deutschland bereits ab 2003 beginnen, ein Rating bei ihren Kreditkunden durchzuführen. Damit ist die ganze Diskussion über den Beginn eines Rating bei mittelständischen Unternehmen nur eine akademische Übung. Der mittelständische Unternehmer hat sich sofort mit der Vorbereitung und der Durchführung eines Rating auseinanderzusetzen.

Eine gute Vorbereitung setzt Wissen voraus. Dieses ratingadäquate Wissen ist bei vielen mittelständischen Unternehmern nicht vorhanden. Der Unternehmer hat also die Verpflichtung und sieht sich auch der Notwendigkeit gegenüber, dieses Wissen zu erlangen.

Dabei ist eine Umkehr der bisherigen Denkrichtung erforderlich. Der Unternehmer, der seine Rolle in der Gesellschaft und in der Wirtschaft ernst nimmt und auf Dauer überleben will, wird von sich aus aktiv. Agieren schafft Vorteile in einem Ratingprozeß. Reagieren wird der offensiven Einstellung eines mittelständischen Unternehmers nicht gerecht. So, wie sich der Unternehmer im Markt gegenüber seinen Kunden, seinen Lieferanten und seiner Konkurrenz verhält, so sollte auch seine Einstellung gegenüber den Banken sein, die ein Rating durchführen.

Die den mittelständischen Unternehmer auszeichnende Flexibilität in seinem gesamten Denken und Handeln sollte nicht bei der Beantragung eines Kredites an der Eingangstür der Bank abgegeben werden.

Der Ratingprozeß, der von der Bank initiiert wird, sollte in aktiver Zusammenarbeit mit dem Unternehmer ablaufen. Es geht nicht um Bittgänge des Unternehmers zur Erlangung eines Kredites. Es geht auch nicht darum, daß Banken den Kreditanträgen der mittelständischen Unternehmen vorbehaltlos zustimmen. Es geht um eine neue Form der Zusammenarbeit zwischen Bank und mittelständischem Unternehmer. Nur bei einer abgestimmten Zusammenarbeit zwischen beiden Vertragspartnern ist die Grundlage für eine erfolgreiche Abwicklung des Kreditverhältnisses beider Partner gelegt. Dazu sind beide Vertragspartner aufgerufen. Der mittelständische Unternehmer muß versuchen, den Banker zu verstehen. Der Banker muß die Sorgen und Nöte des mittelständischen Unternehmers kennen. Für beide sind daher erhebliche Anstrengungen erforderlich, um in eine gemeinsame Kommunikation einzutreten. Wichtig für beide ist die Transparenz seiner Handlungen für den jeweils anderen.

Transparenz für den mittelständischen Unternehmer bedeutet, seine Informationspolitik auf den Banker abzustellen, seine Unternehmung verständlich zu beschreiben, seine Zahlen ohne Beschönigungen zu erläutern und sich selbst als Unternehmer zu präsentieren. Die häufig noch immer festzustellende Zurückhaltung in der Informationspolitik des Unternehmers hat in einem Ratingprozeß keinen Platz mehr. Die von steuerlichen Überlegungen geprägte Bilanzierung bedarf einer Anpassung im Ratingprozeß.

Transparenz für den Firmenkundenbetreuer bedeutet, daß er das Ratingurteil und seine Konsequenzen für die Höhe der Kreditzinsen offenlegt. Ebenso muß der Firmenkundenbetreuer seinem mittelständischen Gesprächspartner die Einflüsse der Beurteilungen im Hinblick auf die Zahlen der Vergangenheit und der Planung erläutern. Die Beurteilung der Person gehört ebenfalls zur Transparenz im neuen Umgehen miteinander. Die bisherige Informationspolitik des Herrschaftswissens darf keinen Bestand mehr haben.

Rating ist Kommunikation und Analyse. Die Kommunikation wird durch Transparenz gestärkt. Sie führt aber auch zu einer Angleichung in der Analyse des Unternehmens durch die Bank und durch den Unternehmer. Im Idealfall deckt sich die Analyse der Bank mit der Analyse des Unternehmers.

Von dieser idealtypischen Betrachtung sind beide Parteien noch weit entfernt. Die derzeitige Ratingpraxis ist äußerst vielschichtig. In der Ratingpraxis mischen seit Jahren im internationalen Markt etablierte Ratingagenturen wie Moody´s, Standard & Poor´s oder Fitsch mit. Die neuen auf den nationalen Markt und die mittelständischen Unternehmen ausgerichteten Ratingagenturen versuchen seit kurzer Zeit unter größten Anstrengungen in Deutschland Fuß zu fassen. Zwischen diesen externen Agenturen wird es noch zu Marktbereinigungen kommen. Daher ist jedes Verfahren oder jeder Prozeß dieser Agenturen noch weit von einem Standard entfernt. Das Rating dieser externen Agenturen kommt noch nicht über den Versuch hinaus, die Ergebnisse einer umfassenden Unternehmensanalyse in einer Skala abzubilden. Die Ratingbewertungen sollen in Anlehnung an die international etablierten Agenturen den wahrscheinlichen Erfolg oder Mißerfolg eines Unternehmens durch Nennung einer Klassifikation in Zahlen oder Buchstaben ausdrücken. Während sich die Analyse der externen Agenturen an bisher Bekanntes anlehnt, wirken die Bewertungen als Ausdruck in einer Buchstabenkombination oder Zahl naiv und aufgesetzt.

Die Betrachtung des mittelständischen Unternehmers wird sich daher an die Ratings der Banken auszurichten haben. Hierbei werden sich sehr schnell Standards der Banken herausbilden, die es dem Unternehmer ermöglichen, aus der Einordnung in eine Klassifikation eigene, vergleichbare Schlußfolgerungen zu ziehen. Die Analysen der Banken und des mittelständischen Unternehmers werden sich so über die gewonnene Erfahrung einander anpassen.

Die Analyse des Unternehmers im eigenen Unternehmen ist die beste Vorbereitung auf die Analyse der Bank. Sie ist durch intensive Arbeit gekennzeichnet und sorgt bei richtiger Durchführung für Erkenntnisse, die der Unternehmer in konkrete Handlungen umsetzen kann. Aus der richtigen Unternehmensanalyse lassen sich eine Vielzahl an Empfehlungen für den unternehmerischen Alltag ableiten.

Daher sollten der Unternehmer und seine Verbandsvertreter nicht länger über das Rating lamentieren, sondern sich aktiv damit auseinandersetzen. Das Rating wird kommen, wie auch die Umstellung auf das Jahr 2000 und den Euro gekommen ist. Auch bei diesen Umstellungen wurden viele Schreckensszenarien entworfen. Heute sind diese Tatbestände Vergangenheit, die Schreckensszenarien sind alle nicht eingetreten. Genau diesen Weg wird auch das Rating gehen. Daher ist ein normales Umgehen damit die erste Voraussetzung für eine erfolgreiche Umsetzung. Rating bedeutet Chance und nicht Risiko. Der mittelständische Unternehmer benötigt die Bank, die Bank benötigt den mittelständischen Unternehmer. Wenn dies von beiden akzeptiert wird, kann man sich wieder dem Ziel widmen, das operative Geschäft mit Erfolg voranzutreiben.

# 2. Rating und Due Diligence

In diesem Buch kommen eine Reihe von Begriffen vor, die sich in ihrem Inhalt teilweise decken, teilweise überschneiden. Auch in anderen Veröffentlichungen über das Thema Rating wird eine Reihe von bereits bekannten Begriffen häufig synonym verwendet. Um Unklarheiten und Mißverständnisse zu vermeiden, sollen diese Begriffe im folgenden kurz erläutert werden.

Unter Rating, wie es bislang von den Ratingagenturen und den Banken praktiziert wird, wird die Einschätzung eines Unternehmens auf einer Ratingskala von z. B. AAA bis D unter Risikogesichtspunkten verstanden, wobei AAA für ein absolut vorzügliches Unternehmen – nur 12 Unternehmen weltweit haben zur Zeit diese Einschätzung – und D für ein insolventes Unternehmen steht. Im Ergebnis sagt dieses Rating aus, ob ein Unternehmen in der Lage sein wird, einen Kredit zurückzuzahlen. Es beinhaltet keine Aussage über die Bedienung eines konkreten Kredites. Es werden auch nicht die allgemeinen Aussichten des Unternehmens in der zukünftigen Entwicklung dargestellt.

Unternehmensbewertung beinhaltet die Analyse eines Unternehmens in jeglicher Hinsicht, also sowohl im Hinblick auf die Chancen und Stärken als auch im Hinblick auf die Risiken und Schwächen. Sie schließt in der Regel mit einer Aussage über die Plausibilität der Planung des Unternehmens. Auf der Basis dieser Analyse kann die Berechnung eines Unternehmenswertes nach der Ertragswertmethode, nach der Discounted Cash flow-Methode oder nach anderen Bewertungsverfahren erfolgen. Denkbar wäre auch eine Aussage, ob das Unternehmen in der Lage ist, über einen bestimmten Zeitraum Zins- und Tilgungsleistungen für einen konkreten Kredit aufzubringen. Ebenso könnte eine Aussage erfolgen, ob das Unternehmen in der Lage ist, an Aktionäre eine bestimmte Dividende auszuschütten.

Due Diligence ist der englische Begriff für eine umfassende Unternehmensanalyse. Unternehmensbewertung und Due Diligence sind also Begriffe mit weitgehend gleichem Inhalt.

Qualifiziertes Rating im Sinne dieses Buches schränkt die Analyse nicht auf die schlichte Kreditwürdigkeit des Unternehmens ein, sondern bezieht sich auf alle Erfolgs- und Mißerfolgsfaktoren eines Unternehmens. Es erfolgt also eine Verbindung des Rating mit der Unternehmensbewertung/Due Diligence. Als Ergebnis der Unternehmensanalyse wird nicht die allgemeine Kreditwürdigkeit eines Unternehmens dargestellt, sondern es wird eine Aussage dazu gemacht, ob das Unternehmen einen der Höhe, der Laufzeit und den Zins- und Tilgungskonditionen nach bestimmten Kredit bedienen kann.

Qualifiziertes Rating setzt weiterhin kein passives Erdulden einer Einschätzung, sondern ein aktives Herangehen voraus. Der Mittelständler wird die dazu erforderlichen Formen der Unternehmensberichterstattung aktiv einsetzen. Sie werden in diesem Buch im einzelnen beschrieben. Qualifiziertes

Rating wird also in hohem Maße von einer aktiven Kommunikation zwischen dem Mittelständler und dem Banker bestimmt. Dies wird bei bestimmten Größenordnungen der Kredite durch die Einschaltung eines externen Gutachters unterstützt, der als Spezialist für die Analyse eines Unternehmens in allen Bereichen die Erkenntnisse aus seinen Erhebungen allen Beteiligten zur Verfügung stellt. Die Qualifizierung erfolgt darüber hinaus in einer offenen Diskussion der Analyse zwischen Unternehmen, Gutachter und Bank.

# 3. Ausgangssituation

# 3.1   Situation der mittelständischen Unternehmen

Die mittelständischen Unternehmen sind heute mehr denn je Leistungs- und Hoffnungsträger für Wachstum und Beschäftigung in Deutschland. Sie spielen aufgrund ihrer Flexibilität eine zentrale Rolle für die Dynamik der Volkswirtschaft. Um diese Rolle auch in Zukunft erfolgreich auszufüllen, ist die Stabilität der mittelständischen Unternehmen für die Volkswirtschaft unabdingbar. Die Stabilität wird maßgeblich durch die Finanzierung bestimmt. Das Finanzierungsumfeld war in den vergangenen Jahren einem sehr starken Wandel unterworfen. Hiervon waren etablierte und junge Unternehmen gleichermaßen betroffen.

Seit Mitte der 90er Jahre sind die Finanzierungsverhältnisse der mittelständischen Unternehmen – genau wie heute – durch einen latenten Eigenkapitalmangel und durch eine Dominanz des Fremdkapitals gekennzeichnet. Dennoch gibt es einen wesentlichen Unterschied zur heutigen Situation. Der Boom an den Finanzmärkten, der sich heute als Hysterie darstellt, sorgte zum einen bei einer Reihe etablierter und junger Unternehmen für ausreichende Finanzmittel und zum anderen bei einer Vielzahl von Unternehmen für eine positive Stimmung. Der Beteiligungsmarkt hatte einen Aufschwung erreicht, der bei vielen mittelständischen Unternehmen Hoffnungen weckte, die Finanzierung kurzfristig durch Eigenkapital sicherzustellen.

Die damit gewonnene Unabhängigkeit von Tilgungs- und Zinsbelastung wirkte sich auf alle unternehmerischen Aktivitäten positiv aus. Der Börsenhype schuf allerdings Erwartungen, die sich heute als unrealistisch herausstellen. Die Finanzierungsfolge von Beteiligungskapital über die Börseneinführung und weitere Kapitalerhöhungen über die Börse wurde abrupt gestoppt. Mit dem weltweiten Einbruch der Börsen in 2000 und der parallel verlaufenden Talfahrt der Konjunktur ist der Zugang zu Beteiligungskapital und Börse zur Zeit versperrt.

Das faktische Erliegen des Beteiligungsmarktes in Deutschland ist für die Finanzierung der mittelständischen Unternehmen für sich alleine schon eine Katastrophe. Verstärkt wird diese Entwicklung aber noch durch die fehlende Hoffnung auf eine Besserung in den kommenden Jahren. Ein nicht zu übersehendes (negatives) Signal ist die von der Deutsche Börse AG mit Schließung des Neuen Marktes abgegebene Bankrotterklärung. Die mit erheblichem Aufwand gestartete Kampagne einer Umbenennung der Börsensegmente ist reine Augenwischerei und wird die Attraktivität des deutschen Finanzplatzes nicht wiederbeleben.

Dem mittelständischen Unternehmer bleibt somit nur die Erkenntnis, sich selber wieder auf seine Stärken zu besinnen und die gegebene Finanzierungssituation für sich optimal zu nutzen. Die Aufnahme von Fremdkapital wird wieder im Mittelpunkt der unternehmerischen Finanzierungsüberlegungen stehen müssen.

In dieses Spannungsfeld fällt die Institutionalisierung eines Ratings. Die Banken haben, wie die mittelständischen Unternehmen, bis 2000 in hohem Maße von der positiven Entwicklung der Finanzmärkte profitiert. Die Zeiten der hohen Gewinne sind aber auch im deutschen Bankensektor vorbei. Die Kreditfinanzierung wird heute bei vielen Banken nur noch als ein Geschäft betrachtet, das möglichst schnell auf andere Banken übertragen werden sollte. Die erzielten Margen aus den Kreditgeschäften mit den kleinen, den mittelständischen und den großen Unternehmen sind heute so niedrig, daß die Banken in diesen Bereichen Verluste realisieren. Die Banken können auf Dauer die Unternehmen nicht mit Krediten alimentieren.

## 3.2 Diskrepanz zwischen steigendem Kreditbedarf und höherem Ausfallrisiko

Die Diskrepanz, die zur Zeit besteht, liegt in dem steigenden Bedarf an Kreditmitteln bei den mittelständischen Unternehmen und den gleichzeitig höheren Ausfallrisiken, die zu niedrigeren Margen für die Banken in diesem Geschäft führen. Wenngleich die relativen Steigerungsraten der Kredite an inländische Unternehmen und wirtschaftlich selbständige Privatpersonen laut Angaben der Deutschen Bundesbank seit 1999 kontinuierlich zurückgehen, sind die absoluten Zahlen weiter angestiegen. Für die kommenden Jahre erwartet die Deutsche Bundesbank einen ansteigenden Kreditbedarf der mittelständischen Unternehmen.

Die höheren Ausfallrisiken werden auch durch die steigende Zahl an Unternehmensinsolvenzen bestätigt. So sind in 2002 über 36.000 Insolvenzen bei überwiegend kleinen und mittelständischen Unternehmen zu registrieren. Diese Insolvenzentwicklung bringt für jeden Einzelfall den Verlust von Arbeitsplätzen und die Abschreibung der ausgereichten Kredite mit sich. Davon betroffen ist aber auch der Verlust an unternehmerischem Potential, das eine Volkswirtschaft so dringend benötigt. Allein die Insolvenzentwicklung der beiden letzten Jahre 2001 und 2002 zeigt eine dramatische Entwicklung für die Volkswirtschaft auf. Für 2003 wird ein weiterer Anstieg der Insolvenzen erwartet.

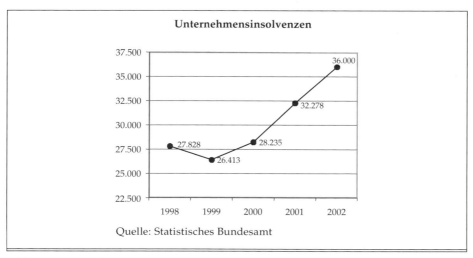

Abb. 1: Unternehmensinsolvenzen

Man könnte bei Interpretation der Insolvenzzahlen einwenden, daß der Staat im Rahmen seiner Mittelstandspolitik korrigierend eingreifen kann. Die mittelständisch geprägte Insolvenzlandschaft legt diese Schlußfolgerung nahe. Allerdings zeigen die Fakten ein anderes Bild. Die massive Unterstützung des Staates bei Großinsolvenzen, wie z.B. Holzmann oder Kirch, zeigt, daß der Staat kein Interesse an der Unterstützung mittelständischer Unternehmen hat. Die Schlußfolgerung für den mittelständischen Unternehmer daraus kann nur darin bestehen, sich auf seine eigene Kraft zu besinnen und mit einer angemessenen Prophylaxe einer Insolvenz vorzubeugen.

Die Untersuchungen über Insolvenzursachen weisen seit Jahren immer wieder auf die gleichen Symptome hin. Hierbei stehen innerbetriebliche Schwachstellen, die zum Teil auf den Unternehmer selbst zurückzuführen sind, im Mittelpunkt. Um gar nicht erst in eine Insolvenzgefahr zu gelangen, ist eine frühzeitige Wahrnehmung von internen und externen Krisensignalen erforderlich. Eine Krisenvorbeugung und eine Krisenvermeidung durch den mittelständischen Unternehmer ist letztlich nur dann möglich, wenn die Krisenursachen systematisch erkannt werden. Dies setzt ausreichend Informationen voraus. Diese Informationen lassen sich im Rahmen der Vorbereitung auf ein Qualifiziertes Rating gewinnen.

Gleichzeitig sind die Unternehmen durch ein höheres Informationsbedürfnis der Banken gefordert. Denn die Banken werden dazu übergehen müssen, ihre Kreditvergabeentscheidung nicht mehr als Einzelfall zu betrachten und von den individuellen Kenntnissen der Firmenkundenbetreuer abhängig zu machen. Durch das Rating wird eine risikoadäquatere Entscheidung erfolgen. Diese Loslösung von den subjektiven Einschätzungen der Firmenkundenbetreuer und die damit verbundene größere Versachlichung einer Kreditentscheidung setzt eine hohe Bereitschaft der Unternehmen voraus, die nötigen Informationen den Banken zur Verfügung zu stellen.

Die Kreditvergabe an die mittelständischen Unternehmen erfolgt somit nur dann, wenn die weitgehend standardisierten Ratingverfahren der Banken zu einer risikoadäquaten Einschätzung der Kreditengagements gelangen. Diese Einschätzung soll das Ratingverfahren den Banken ermöglichen.

## 3.3    Basel II – die Eigenkapitalunterlegung der Kredite

Im Verständnis der Banken bedeutet Rating soviel wie »bewerten« oder »abschätzen«, bzw. »Verhältniszahl« oder »Quote«. Rating umfaßt somit eine Leistungsbewertung eines Unternehmens. Rating im Sinne von »credit rating« ist eine Wertung über die zukünftige Fähigkeit eines Unternehmens zur vollständigen und termingerechten Tilgung und Verzinsung. Damit steht die Schätzung der möglichen Ausfallwahrscheinlichkeit des Kredites im Vordergrund.

Ausgedrückt wird die Bewertung in Buchstaben oder Zahlen. International gebräuchlich sind die Buchstaben-Symbole von Moody's und Standard & Poor's. Beide Gesellschaften sind die größten und international bekanntesten Rating-Agenturen. Symbole wie z.B. AAA, AA-, BBB+, B- bis D (für »Default«) kennzeichnen die klassischen Rating-Skalen. Zahlen-Symbole – eine Klassifikation von 1 bis 15 – verwenden z.B. die Sparkassen. Wobei die Zahl 1 die beste und die Zahl 15 die schlechteste Ratingeinstufung bezeichnet.

Das Rating selbst hat seinen Ursprung in den USA und läßt sich bis zum Ende des 19. Jahrhunderts zurückverfolgen. Ein historischer Meilenstein kam dem Rating mit dem Beginn der Weltwirtschaftskrise in 1929 zu. In den folgenden Jahren entwickelte sich das Rating zu einem festen Bestandteil des amerikanischen Finanzmarktes. Seit den 70er Jahren des letzten Jahrhunderts lassen sich auch zunehmend deutsche Großunternehmen raten, um Anleihen an internationalen Märkten plazieren zu können. Der Bedarf an aktuellen Informationen über die Bonität eines Schuldners wächst mit der Zunahme neuer Finanzierungsformen stetig.

Bedingt durch die hohen Ausfallraten von Krediten mittelständischer Unternehmen, aber auch die tendenziell niedrigen Margen im Kreditgeschäft, haben Banken 1975 bei der Bank für internationalen Zahlungsausgleich in Basel einen Ausschuß für Bankenaufsicht institutionalisiert. Dieser sogenannte Baseler Ausschuß oder Baseler Akkord regelte 1988 die Risikoabhängigkeit von Krediten durch die Festschreibung einer Eigenkapitalreserve für die Herausgabe von Krediten (Basel I).

Zahlreiche Finanzkrisen haben gezeigt, daß die Regelungen von Basel I nicht mehr zur Sicherung der Stabilität des internationalen Finanzsystems beitragen. Diesen Umstand hat der Baseler Ausschuß berücksichtigt und mit Basel II eine neue Eigenkapitalverordnung für international tätige Kreditinstitute verabschiedet. Diese werden über EU-Richtlinien ab 2006 in nationales Recht umgesetzt.

Die neue Eigenkapitalvereinbarung (Basel II) basiert auf drei Säulen einer effektiven Bankenaufsicht. Die erste Säule umfaßt aufsichtsrechtliche Mindeststandards für die Eigenkapitalausstattung der Kreditinstitute, die zweite Säule beinhaltet eine laufende Überprüfung der Eigenkapitalausstattung durch die Bankenaufsicht und die dritte Säule fordert eine umfassendere Offenlegung von Geschäftsdaten zur Verbesserung der Marktdisziplin. Eine direkte Auswirkung auf die Kreditkonditionen mittelständischer Unternehmen wird die erste Säule haben. In Abhängigkeit von einer Ratingeinstufung werden die Kreditkonditionen über eine Risikogewichtung erheblich variieren.

Wird z.B. ein mittelständisches Unternehmen nach einem Ratingprozeß unter »B-« eingestuft, so muß die Bank bei einem Kreditrisikobetrag von 1 Mio. € bei einem festgelegten Risikogewicht von 150% und 8% Eigenkapitalhinterlegungsquote 120 T€ als Sicherheit darstellen können. Der mittelständische Unternehmer wird dann für einen solchen Kredit, in Abhängigkeit von bankenindividuellen Ausfallwahrscheinlichkeiten für die einzelnen Ratingeinstufungen, im Vergleich zur heutigen Kreditpraxis einen bis zu 100% höheren Kreditzins bezahlen müssen.

Die bankenindividuelle Ausfallwahrscheinlichkeit basiert auf historischen Daten der jeweiligen Bank; die Ratingeinstufung auf einem vom Kreditinstitut vorgenommenen internen Rating oder einem von einer anerkannten Ratingagentur vorgenommenen externen Rating. In der Praxis unterscheidet man zwischen zwei Arten von Bonitäts-Ratings. Zum einen gibt es die sogenannten internen Ratings, die von Kreditinstituten über ihre Kreditnehmer erstellt werden. Diese internen Verfahren basieren auf hausinternen computergestützten Systemen, die helfen, Aussagen über die Kreditwürdigkeit bzw. die Ausfallwahrscheinlichkeit von Krediten zu treffen. Das bankeninterne Rating geht weiter als eine reine Kreditwürdigkeitsprüfung, da die Banken nun auch zukunftsgerichtete Informationen in die Bewertung einfließen lassen. Zum anderen existieren bankenunabhängige Ratingagenturen, die sogenannte externe Ratings anfertigen. Diese Ratings sind unabhängig von den geschäftspolitischen Interessen der Kreditinstitute und können daher auch für unterschiedlichste Zwecke eingesetzt werden.

## 3.4 Eigenkapitalsituation der mittelständischen Unternehmen

Wenn man bei der Finanzierung mittelständischer Unternehmen von deren »Achillesferse« spricht, so wird diese besonders deutlich in den Statistiken über die Eigenkapitalquote dieser Unternehmen. Die Diskussion über Basel II hat die Diskussionen über die latenten Eigenkapitalschwächen mittelständischer Unternehmen wieder belebt.

Die Eigenkapitalquoten mittelständischer Unternehmen variieren je nach Unternehmensgröße erheblich.

**Eigenmittel der westdeutschen Unternehmen in % der Bilanzsumme 1998 nach Wirtschaftszweigen und Umsatzgrößenklassen**

| Wirtschaftszweig | Unternehmen mit ... Mill. DM Umsatz | | | | | Insgesamt |
|---|---|---|---|---|---|---|
| | bis < 5 | 5 bis < 10 | 10 bis < 25 | 25 bis < 100 | 100 und mehr | |
| Produzierendes Gewerbe, Handel, Verkehr | 4,9 | 10,1 | 13,1 | 18,2 | 26,4 | 24,7 |
| Gewinnung von Steinen und Erden, Sonstiger Bergbau | 6,6 | 13,1 | 21,0 | 19,0 | 41,1 | 32,5 |
| Verarbeitendes Gewerbe | 10,3 | 11,3 | 14,8 | 20,8 | 29,0 | 27,6 |
| Energie- und Wasserversorgung | 19,5 | | | 30,4 | 26,1 | 26,2 |
| Baugewerbe | -1,3 | 2,6 | 7,6 | 8,3 | 14,8 | 12,6 |
| Großhandel und Handelsvermittlung | 10,3 | 13,1 | 14,5 | 16,6 | 20,2 | 18,8 |
| Einzelhandel, Kraftfahrzeughandel, Tankstellen | -7,1 | 6,0 | 8,6 | 9,7 | 19,6 | 15,9 |
| Verkehr ohne Eisenbahnen | 3,4 | 12,8 | 10,7 | 21,5 | 24,7 | 23,7 |
| Grundstücks und Wohnungswesen | 19,9 | 20,7 | 17,1 | 17,6 | 22,6 | 20,3 |
| Datenverarbeitung und Datenbanken | -3,1 | 13,0 | 22,3 | 29,3 | 36,7 | 35,1 |
| Erbringung von Dienstleistungen überwiegend für Unternehmen | 15,2 | 26,2 | 29,5 | 35,5 | 14,4 | 23,0 |

**Eigenmittel der ostdeutschen Unternehmen in % der Bilanzsumme 1998 nach Wirtschaftszweigen und Umsatzgrößenklassen**

| Wirtschaftszweig | Unternehmen mit ... Mill. DM Umsatz | | | | | Insgesamt |
|---|---|---|---|---|---|---|
| | bis < 5 | 5 bis < 10 | 10 bis < 25 | 25 bis < 100 | 100 und mehr | |
| Produzierendes Gewerbe, Handel, Verkehr | 9,6 | 13,7 | 16,0 | 24,9 | 36,6 | 31,0 |
| Verarbeitendes Gewerbe | 12,8 | 15,8 | 23,3 | 31,0 | 36,5 | 33,0 |
| Baugewerbe | 6,3 | 6,9 | 8,3 | 13,8 | | 10,9 |
| Großhandel und Handelsvermittlung | 11,1 | 15,8 | 14,7 | 17,5 | 32,3 | 20,2 |
| Einzelhandel, Kraftfahrzeughandel, Tankstellen | 1,5 | 7,0 | 8,6 | 20,1 | | 12,8 |

Quelle: IfM Bonn

Abb. 2: Eigenkapitalquoten im Mittelstand

Kleinere Unternehmen sind gezwungen, ihren Eigenkapitalbedarf durch langfristige Kredite und Gesellschafterdarlehen zu substituieren. Durch diesen Tatbestand werden besonders hohe Ansprüche an die Kreditversorgung mittelständischer Unternehmen gestellt. Im Vergleich zum Ausland spielen in der Bundesrepublik Deutschland die hohen Fremdfinanzierungsquoten sowie die langen Laufzeiten der Kredite eine besondere Rolle. So entfallen zur Zeit über 50% der Fremdfinanzierungen auf Kredite mit Laufzeiten von fünf oder mehr Jahren.

Der Kapitalbedarf mittelständischer Unternehmen wird noch weiter zunehmen. Insbesondere durch die zunehmende Internationalisierung, den voranschreitenden technischen Fortschritt, die erhebliche Verkürzung von Produktlebenszyklen sowie die rapide Ausbreitung moderner Informations- und Kommunikationstechnologien werden sich die Anforderungen für die Kapitalbeschaffung weiter erhöhen.

Basel II wird die Rahmendaten für die Fremdfinanzierung in eine nach Bonitätsklassen differenzierte Eigenkapitalunterlegung maßgeblich verändern. Vergegenwärtigt man sich die aktuelle Finanzierungssituation des Mittelstands, so ist erkennbar, daß die mittelständischen Unternehmen vor einer besonderen, existenzbestimmenden Herausforderung stehen. Aus dem Blickwinkel von mittelständischen Unternehmen werden sich durch das Rating die Kreditkosten erheblich erhöhen; sie können sich aber in Einzelfällen auch vermindern.

## 3.5 Anforderungen an ein Rating mittelständischer Unternehmen

Der mittelständische Unternehmer ist immer noch dadurch geprägt, daß er möglichst wenig Informationen über sein Unternehmen an Dritte weitergeben möchte. Durch die weitreichenden Anforderungen, die die Banken an seine Informationsbereitschaft stellen werden, wird sich der mittelständische Unternehmer umstellen müssen. Hierbei wird er seine überwiegend steuerlich ausgerichtete Bilanzierung, die zu einem möglichst niedrigen Gewinnausweis führen soll, zugunsten einer größeren Erfolgsorientierung, die den Kreditinstituten die Möglichkeit der Rückzahlbarkeit der Fremdmittel aufzeigt, ändern müssen.

Weitere Anforderungen werden durch den Rating-Prozeß an den mittelständischen Unternehmer herangetragen. Hierbei stehen die Anforderungen an die Unternehmensorganisation und an das Management, an das Rechnungswesen und Controlling sowie an die Planungskompetenz im Mittelpunkt.

Die organisatorische Aufstellung und die Fähigkeit des Unternehmers, in Krisensituationen zu agieren, sind für die Beurteilung der Qualität der Unternehmensorganisation von besonderer Bedeutung. Gerade die Tatsache, daß eine Vielzahl von Insolvenzen in der mangelhaften Organisation und in Managementfehlern begründet ist, zeigt die Notwendigkeit einer besseren Organisation und eines sachverständigen Managements auf.

Die Dokumentation der Unternehmensorganisation und der betrieblichen Abläufe hat bei einem Rating eine wichtige Bedeutung. Die Nachvollziehbarkeit spielt hierbei eine besondere Rolle. Eine schriftliche Dokumentation durch das Management ist unabdingbar, insbesondere, um die Fähigkeit des Unternehmers, z.B. auf Krisen angemessen zu reagieren, abschätzen zu können.

Eine Beurteilung des Unternehmers selbst und der zweiten Managementebene sind zwingende Voraussetzungen zur Rating-Einstufung. Bei diesem Beurteilungsprozeß stehen die Analysefelder »Leitende Mitarbeiter, Führung und Motivation, Interne Kommunikation, Verhältnis Management/Arbeitnehmer, Beziehungsgeflecht zu Kunden und Lieferanten, Gestaltung der Beziehung zu den Kreditgebern, Auftreten in der Öffentlichkeit und die Öffentlichkeitsarbeit« im Vordergrund.

Ein weiteres notwendiges Instrument für die Risikofrüherkennung und die Möglichkeit, systematisch gegenzusteuern, ist ein zeitnahes und aussagefähiges Rechnungswesen sowie ein leistungsfähiges Controlling. Während das Rechnungswesen zumindest vorhanden ist, wird man bei der Mehrzahl mittelständischer Unternehmen ein Controllinginstrument suchen müssen. Das Rechnungswesen ist meist auf den Steuerberater verlagert. Damit ist zwar die fachliche Qualifikation sichergestellt, allerdings mangelt es immer noch an der zeitnahen Bereitstellung der Informationen. Wichtig in diesem Zusammenhang ist die Effizienz des Mahnwesens, die zeitnahe Erfassung der Geschäftsvorfälle sowie die fristgemäße Vorlage des Jahresabschlusses bei dem Kreditinstitut.

Problematischer verhält es sich mit einem leistungsfähigen Controllingsystem. In der Vorbereitung auf ein Rating muß sich der mittelständische Unternehmer ausführlich mit den vorhandenen Controlling-Instrumenten befassen. Er sollte sich insbesondere mit der Effektivität und der eigenen Nutzung zur Steuerung der Unternehmensabläufe beschäftigen. Hilfreich ist die Aufstellung und permanente Kontrolle unternehmensindividueller Kennzahlen. Die Steuerung eines Unternehmens über Kennzahlen ist immer dann anzuraten, wenn sonst keine weiteren Controlling-Instrumente vorliegen.

Wegen der grundsätzlichen Fragestellung, ob es einem Unternehmen gelingt, die erhaltenen Kredite fristgemäß zu tilgen und die Zinsen zu zahlen, steht die Zukunftsorientierung für den mittelständischen Unternehmer eindeutig im Vordergrund. Die Auseinandersetzung mit Plänen wird für viele Unternehmer etwas völlig Neues darstellen. Wer die unternehmerische Praxis des Mittelstands kennt, weiß, daß hierin die größte Herausforderung im Rahmen eines Rating-Prozesses liegt. Fragen der Strategie, des Wettbewerbs, des Marktes und die Aufstellung von Plänen (Ergebnis-, Liquiditäts-, Cash flow-Pläne etc.) werden erhebliche Anstrengungen erfordern. Wer bisher der Meinung war, daß er sein Unternehmen ohne Planungsrechnungen führen kann, wird sich bei der Anfrage nach Fremdmitteln umstellen müssen.

Diese neuen und vielschichtigen Anforderungen werden den mittelständischen Unternehmer nicht überfordern. Der Druck der Kreditinstitute wird den Mittelstand dazu zwingen, in einem Rating-Prozeß diesen neuen Anforderungen kurzfristig zu entsprechen.

## 3.6 Bedeutung eines Mittelstandsrating für die Volkswirtschaft

Die erfolgreiche Bewältigung des Rating im Mittelstand durch die Banken und die mittelständischen Unternehmen hat unmittelbare Auswirkungen auf die Volkswirtschaft. Beide, Banken und Mittelstand, stehen in einer gegenseitigen Abhängigkeit zueinander. Wenn es nicht gelingt, die mittelständische Wirtschaft mit ausreichendem Kapital zu versorgen, werden sich z.B. die Investitionen vermindern, die Innovationen reduzieren und die Arbeitslosenzahlen weiter zunehmen. Hinzu kommt bei einer weiteren Erschwernis, Kapital für die unternehmerische Stabilität und das Wachstum zu erhalten, daß die Tätigkeit des Unternehmers weiter an Attraktivität verlieren wird.

Die positiven Signale, die von den über 3,3 Mio. Unternehmen auf die Volkswirtschaft eines Landes ausgehen, werden bei einer weiteren Reduzierung der Kapitalbeschaffungsmöglichkeiten keine positive Wirkung auf die Konjunktur entfalten können. Wenn die tragenden Erfolgsfaktoren des Mittelstandes durch einen weiteren Verlust solcher Unternehmen in einer Volkswirtschaft verschwinden, sind erhebliche Auswirkungen zu erwarten.

Gerade die Erfolgsfaktoren, die ein mittelständisches Unternehmen prägen, sind in der Einheit von Eigentum und Haftung begründet. Diese Verknüpfung der wirtschaftlichen Existenz des Unternehmens mit der geschäftlichen und privaten Existenz des Unternehmers sind die Schlüsselfaktoren für ein erfolgreiches Unternehmertum. Weitere Erfolgsfaktoren resultieren aus der Verantwortung des Unternehmers für die Leitung und aller damit zusammenhängenden unternehmensrelevanten Entscheidungen.

Ergänzt werden diese Erfolgsfaktoren noch durch die persönlichen Beziehungen des Unternehmers zu seinen Mitarbeitern, seinen Kunden und Lieferanten. Gerade die persönliche Identifikation des mittelständischen Unternehmers mit seinem Unternehmen ist ein wesentlicher Vorteil, der den mittelständischen Unternehmer positiv von den angestellten Managern der deutschen Großunternehmen abhebt.

Dem mittelständischen Unternehmer kommt hierbei eine stabilisierende Funktion in wirtschaftlicher und gesellschaftlicher Hinsicht zu. Wenn der deutsche Mittelstand die deutsche Wirtschaft prägt, so wird dies nicht nur über die absolute Zahl der Unternehmen deutlich, sondern auch durch seinen Einfluß auf die Beschäftigten (über 60% aller Arbeitnehmer), auf die Auszubildenden (über 80% aller Auszubildenden), auf die Bruttoinvestitionen (über 40% aller Bruttoinvestitionen), auf die Bruttowertschöpfung (über 50% der Bruttowertschöpfung) und auf die steuerpflichtigen Umsätze (rund 50% aller steuerbaren Umsätze).

Wenn man die Bedeutung der Kreditwirtschaft für die Volkswirtschaft ge-
genüberstellt, wird man feststellen, daß sich zwei wesentliche Gruppen, der
Mittelstand und die Kreditwirtschaft, gegenüberstehen. Es kann daher nicht
mehr um Egoismen der einen oder anderen Gruppe gehen. Die Abhängigkeit ist so stark, daß es bei einem Rating nur zwei Sieger oder zwei Verlierer
geben kann.

# 4. Kommunikationsprozeß

Der Ratingprozeß zwischen Unternehmen und Bank wird zunächst einmal als eine Aufforderung an alle Beteiligten verstanden, miteinander auf einem hohen Niveau zu kommunizieren. Informationen dürfen keinen statistischen Abfragewert haben, der abgehakt werden kann, sondern sie müssen individuell vorgetragen und auch entgegengenommen werden. Das ist arbeitsintensiver als die bloße Ablage von Informationen, aber es ist die einzige Möglichkeit, die Informationen auch auszuwerten. Kommunikation setzt ein gewisses Eindenken in die Position des anderen Partners voraus. Nur wenn beide, also Mittelständler und Bank, auch jeweils die Position des anderen verstanden haben, können sie ohne Mißverständnisse kommunizieren.

## 4.1   Informationspolitik des Unternehmers gegenüber der Bank

Der Mittelständler sollte sich mit der Situation der Bank vertraut machen. Das Kreditgeschäft mit dem Mittelstand hat sich in den vergangenen Jahren als äußerst verlustreich entwickelt. Das Ausmaß, in dem gerade in diesen Jahren Kredite notleidend wurden, ist so erschreckend gewesen, daß das Sicherheitsbewußtsein des Bankers extrem angestiegen ist. Der Mittelständler hat darunter zu leiden, selbst wenn sein Unternehmen nicht zu der besonders anfällig gewordenen High-Tech- oder gar der Internet-Branche gehört.

Gerade weil die Banker so sensibel geworden sind, muß sich der Mittelständler besonders um sie bemühen. Die Mühe lohnt sich, weil es die einzige Möglichkeit ist, Vertrauen zu schaffen. Deshalb sollte der Mittelständler den Banker, so oft es geht, in die aktuelle Situation des Unternehmens einbeziehen, und wenn es nur über ein kurzes Telefonat geschieht, bei dem beiläufig Unternehmensinformationen gegeben werden.

Wenn es nicht schon von Anfang an geschehen ist, sollten sich Mittelständler und der zuständige Banker auch persönlich kennen, um jeweils voneinander einen Eindruck zu haben. Je nach Größe des Unternehmens sollte auch immer ein Kontakt mit dem jeweiligen Leiter der Kreditabteilung bzw. der Bankfiliale bestehen, um in schwierigen Situationen einen direkten Ansprechpartner auf der Führungsebene zu haben, der dann das Unternehmen und den Unternehmer kennt.

Wenn es sich irgendwie einrichten läßt, ist eine Betriebsbegehung für den Banker sehr gut geeignet, einen umfassenden Eindruck von dem Unternehmen zu bekommen. Dieser persönliche Eindruck läßt sich durch nichts ersetzen. Eine solche Betriebsbegehung sollte durch den Mittelständler gut vorbereitet werden. Auch wenn es selbstverständlich klingt: Ein aufgeräumter Betrieb macht einen viel besseren Eindruck, als wenn es »drunter und drüber« geht. Die nonverbalen Informationen, die sich anläßlich einer solchen Betriebsbegehung bei dem Banker einbrennen, wirken viel stärker nach, als das bei irgendwelchen Unterlagen der Fall sein kann. Bei dieser Gelegenheit sollte der Banker auch Gelegenheit haben, die wichtigsten Mitarbeiter kennenzulernen. Soweit es sich um Mitarbeiter des Rechnungswesens handelt, ist das auch wichtig, damit der Banker bei eingereichten Unterlagen einen Ansprechpartner hat. Gleichwohl gilt, daß die Verbindung mit dem Banker Angelegenheit des Unternehmers ist.

Sollte der Mittelständler darüber ungehalten sein, daß die Bank aufgrund der Bestimmungen von Basel II wesentlich mehr Informationen haben will, als das vorher der Fall gewesen ist und zudem diesen auch noch kritischer gegenübersteht, sollte er sein Verhalten gegenüber seinen eigenen Kunden bedenken. Viele Mittelständler sind dazu übergegangen, ein rigoroses Forderungsmanagement durchzuführen bis hin zu der Maßnahme, daß Ware nur noch gegen Vorauskasse ausgeliefert wird. Eine solche Maßnahme hat ihren Hintergrund in den schlechten Erfahrungen, die Mittelständler mit der Zahlungsmoral ihrer Kunden gemacht haben. Das wäre in etwa vergleichbar mit einer Maßnahme der Bank, daß sie die Zinsen für den herausgereichten Kredit bei der Auszahlung unmittelbar einbehält und eine 100%-ige Bankbürgschaft zur Absicherung des Kredites zu diesem Zeitpunkt bereits vorgelegt bekommen hat. Vor diesem Hintergrund sollte der Mittelständler den Banker eigentlich besser verstehen.

## 4.2    Verhalten der Bank gegenüber dem Unternehmer

Der Banker sollte sich zunächst gedanklich in die Situation des Unternehmers versetzen. Dieser hat eine Idee eines Produktes oder einer Dienstleistung mit eigenem und fremdem  Geld unter erheblichem wirtschaftlichen und persönlichen  Risiko umgesetzt. Ihm wird auf der einen Seite von den Kräften des Marktes zugesetzt, die versuchen, seine Marktanteile zu erwerben und ihn außer Gefecht zu setzen. Auf der anderen Seite hat er zu kämpfen mit den Widrigkeiten der Verwaltung, der Finanzbehörden und schließlich auch der Bank. Sie alle verlangen von ihm ein Höchstmaß an Dokumentation und zusätzlichen Dienstleistungen, die zeit- und kostenaufwendig sind. Darüber hinaus hat er in der Regel Probleme mit seinen Arbeitnehmern und oft genug handfeste arbeitsrechtliche Streitigkeiten, wenn er versucht, bei schlechter werdenden Marktgegebenheiten seinen Personalbestand zu reduzieren. Bei all diesen Schwierigkeiten soll er noch die Kraft finden, neue Ideen zu entwickeln.

Vor diesem Hintergrund ist der Gedanke an zusätzliche Belastungen durch das Ratingverfahren und die Gefahr einer Verteuerung der Fremdfinanzierung und möglicherweise sogar eine Kündigung der Kreditlinie wenig ermunternd. Aus diesem Grund sollte der Banker alles tun, um den Mittelständler langsam an die neuen Anforderungen heranzuführen. Dazu gehören Aufklärungsschreiben und bankinterne Veranstaltungen, in denen um Verständnis für die Maßnahmen nach Basel II geworben wird. Der Banker sollte dabei auch nicht vergessen, daß der Mittelständler, der einen Kredit in Anspruch nimmt, nicht in einer Bittstellerfunktion auftritt, sondern der Bank die Basis für die Erwirtschaftung von Zinseinkünften gibt. In diesem Zusammenhang ist es für den Banker auch angebracht, einmal über den Wettbewerb zwischen den Banken nachzudenken.

Für eine Aufklärung des Mittelständlers ist auch erforderlich, daß er ausreichende Informationen über das bankinterne Ratingverfahren und insbesondere über sein eigenes Rating erhält. Nur wenn das richtig geschieht, wird der Mittelständler das Rating der Bank auch akzeptieren.

Im Hinblick auf das bankinterne Ratingverfahren sollte der Mittelständler mit allen Parametern vertraut sein, die in das Ratingverfahren einfließen. Er sollte auch wissen, welche dieser Parameter besonders sensibel sind und welche sich im Hinblick auf bessere Konditionen besonders anbieten, verbessert zu werden. Das eigentliche Berechnungsverfahren ist im hohen Maße von mathematischen und statistischen Rechenoperationen begleitet, bei denen die Bank auf eine Vielzahl von Jahresabschlüssen aus der Branche des Unternehmens zurückgreifen und Ausfallwahrscheinlichkeiten aus der Entwicklung anderer Unternehmen ableiten kann, die vor Jahren eine ähnliche Ausgangssituation hatten wie das Unternehmen des Mittelständlers heute und deren weitere Entwicklung verfolgt werden konnte. Natürlich ist es schon zeitlich nicht vertretbar, daß dem Mittelständler das bankinterne Ratingverfahren in allen seinen Verästelungen vorgestellt wird. Aber die Grundzüge müssen nachvollziehbar sein. Möglicherweise kann in seiner Anwesenheit die Auswirkung der Veränderung bestimmter Parameter simuliert werden, um ihm ein Gefühl für die Sensibilität dieser Parameter zu geben.

Wenn die Bank zu einem Rating für das Unternehmen gekommen ist, sollte es dem Mittelständler offengelegt und mit ihm diskutiert werden. Dabei besteht nicht die Gefahr, daß die Bank irgendwelche Interna ihrer Risikopolitik preisgeben müßte. Die Gewichtung könnte der Mittelständler schnell nachvollziehen, indem er ein anderes Bankinstitut um eine Ratingeinschätzung bittet. Anläßlich der Offenlegung sollten nicht nur die relevanten Unternehmenszahlen, die in das Rating eingeflossen sind, sondern auch die weichen Faktoren bzw. Leise Zeichen besprochen werden. Schließlich sollte ihm auch erläutert werden, wo die Bank eine Verbesserung der Ausgangsdaten wünscht und dies dem Mittelständler nahelegt.

In der Folgezeit sollte der Mittelständler von der Bank betreut werden, um sicherzustellen, daß seine Anstrengungen im Hinblick auf die als sensibel eingestuften Parameter auch von der Bank gewürdigt werden. Oft werden bei der Ausreichung des Kredites schon Meilensteine vereinbart, deren Erreichen die Bank überprüfen will.

Zu dem erforderlichen Verständnis, das der Banker dem Mittelständler entgegenbringen sollte, gehört auch, daß er bei der Betrachtung des Unternehmens zwar die relevante Branchenentwicklung mit einbezieht, sie aber nicht überbetont. Es gibt oft Fälle, in denen das konkrete Unternehmen viel besser dasteht als andere Unternehmen dieser Branche. Dann muß das auch berücksichtigt werden. Hier werden oft vorschnell vernichtende Urteile abgegeben, die das Unternehmen unangemessen benachteiligen. Diese Forderung ist insbesondere deshalb gegenüber dem Banker berechtigt, weil er in dem anders gelagerten Fall, in dem das Unternehmen sich schlechter als die Branche entwickelt hat, die konkrete Situation des Unternehmens vorrangig berücksichtigt und keinen Bonus für die Zugehörigkeit zu einer bestimmten Branche gewährt.

Im Hinblick auf die Branchenkenntnis des Bankers gehört es zu seinem Dienstleistungsverständnis, daß er Brancheninformationen an den Mittelständler weitergibt. Dies gilt insbesondere für Branchenresearch-Berichte von Analysten des Hauses, die sich mit der Entwicklung der jeweiligen Branche auseinandersetzen. In diesen Berichten sind oft wertvolle Hinweise für die erforderliche strategische, manchmal sogar die operative Ausrichtung des Mittelständlers enthalten, um nicht hinter der Entwicklung der Wettbewerber zurückzufallen. Dieses Dienstleistungsverständnis findet man bei den sogenannten Unternehmer-Bankern, deren Rolle sich nicht in der simplen Ausreichung eines Kredites und der jährlichen Entgegennahme von Jahresabschlüssen und der Abfrage von Kennzahlen erschöpft.

Gerade dann, wenn der Banker auch andere Unternehmen kennt, die in derselben Branche tätig sind wie der Mittelständler, sollten unter Wahrung der erforderlichen Geheimhaltung die Kennzahlen der anderen Unternehmen ebenfalls mit dem Mittelständler besprochen werden, um ein Benchmarking zu erreichen, das es dem Mittelständler ermöglicht, sich an vergleichbaren anderen Unternehmen messen zu lassen und daraus wieder Handlungsansätze innerhalb seines eigenen Unternehmens umzusetzen. Das gilt sowohl für Kennzahlen der Gewinn- und Verlustrechnung als auch für die der Bilanz. Für den Banker selbst ist eine solche vergleichende Analyse ebenfalls von Bedeutung, kann er doch dadurch den Blick für die Unternehmen dieser Branche schärfen. Auf diese Weise hat er die Möglichkeit, andere erfolgreiche Unternehmen zu erkennen. Denn der Unternehmer-Banker denkt nicht nur daran, seine Risiken zu mindern, sondern auch daran, sein Kreditportfolio so zu optimieren, daß möglichst viele erfolgreiche Unternehmen enthalten sind. Deshalb sollte er sich auch Gedanken über die sogenannten »Hidden Champions« in der jeweiligen Branche machen.

Die sensibelste Situation für den Mittelständler in seiner Beziehung zu seiner Bank besteht immer dann, wenn seitens der Bank eine Anpassung des Kreditvolumens vorgenommen werden soll. Dies geschieht oft zur Unzeit und verstärkt dadurch eine Krise des Unternehmens möglicherweise noch mehr und löst akute Liquiditätsprobleme aus. Für den Banker ist es hier erforderlich, mit großem Verantwortungsbewußtsein und mit Augenmaß vorzugehen. Oft kann eine abgestufte Reduzierung des Kreditvolumens den gleichen Risikominderungseffekt für die Bank haben, verhindert aber ein unmittelbares Auslösen einer Liquiditätskrise, denn der Unternehmer kann eine schrittweise Reduzierung besser überstehen. Manchmal muß kurzfristig die Linie noch einmal angehoben werden, um akute Liquiditätsschwierigkeiten aufgrund verzögerter Zahlungen von Kunden des Unternehmens aufzufangen. Anschließend kann dann besser die Rückführung des Kreditvolumens begonnen werden. Ein solches Verfahren bedingt ein besonders hohes Maß an gegenseitiger Information. Der Banker sollte sich darauf einlassen, denn der Schaden durch abrupte Maßnahmen ist oft größer bei gleichem Risiko. Der Banker sollte auch in jedem Fall vermeiden, daß der Mittelständler das Gefühl bekommt, allein gelassen zu werden. Die Bank hat ja in der Vergangenheit an dem Mittelständler gut verdient, kann also in einer Krisensituation auch in wirtschaftlicher Hinsicht mit Augenmaß reagieren. Wenn sich ein Gefühl des Alleingelassenseins beim Mittelständler festsetzt, wird er nur noch Rettungsmaßnahmen für seine eigene Person ergreifen und möglicherweise Gelder oder Sachen aus dem Unternehmen herausziehen, um sie nicht in ein Insolvenzverfahren gelangen zu lassen. In einem solchen Fall hat die Bank jegliche Mithilfe des Mittelständlers verloren.

## 4.3    »Todsünden« des Mittelständlers

Ein nachlässiger Umgang mit bestimmten Spielregeln der Banken kann fatale Folgen für den Mittelständler haben. Durch die Mißachtung solcher Regeln wird das Rating des Unternehmens unmittelbar radikal verschlechtert, mit der Folge, daß sich die Bank sofort Gedanken über die Möglichkeiten einer Kreditrückführung macht. Da die Bank selbst durch das Kreditwesengesetz (KWG) bestimmte formale Anforderungen erfüllen muß, um nicht ihrerseits Sanktionen der Bankenaufsicht ausgesetzt zu werden, wird sie hier besonders hohe Anforderungen stellen.

Hierbei ist zunächst einmal die turnusmäßige Vorlage des Jahresabschlusses und der Steuererklärung des Unternehmens zu nennen. Kommt das Unternehmen dieser Verpflichtung nicht innerhalb der vorgesehenen Fristen nach, wird die Bank sofort ein Mahnverfahren wegen der ausstehenden Unterlagen einleiten. Gleichzeitig erfolgt ein Eintrag in der Kreditakte, daß sich Unregelmäßigkeiten ergeben. Besonders fatal ist es, wenn das Unternehmen erst die zeitlichen  Anforderungen nicht erfüllt hat und dann einen Jahresabschluß verspätet vorlegt, der eine kritische Entwicklung des Unternehmens im abgelaufenen Jahr aufzeigt, von der die Bank zu dem Zeitpunkt erstmalig erfährt. Dieser Vertrauensschaden wiegt schwer.

Weitaus gravierender ist das Überschreiten der Kreditlinie. Auch hierbei gibt es verschieden schwere Verstöße gegen die Abmachung zwischen Mittelständler und Bank. In der Regel wird die einfache Überziehung schon durch einen wesentlich höheren Zinssatz geahndet. Sie sollte trotzdem so schnell wie möglich wieder zurückgeführt werden. Eine solche Überziehung wirkt sich dann für das Vertrauensverhältnis sehr negativ aus, wenn der Mittelständler es vorher versäumt hat, der Bank die anstehende Überziehung mitzuteilen. In einem solchen Gespräch muß die Überziehung natürlich begründet werden. Dazu ist eine sehr intensive Vorbereitung erforderlich. Am einfachsten sind die Fälle, in denen die Liquidität gespannt ist, weil bestimmte Kunden ausstehende Rechnungen noch nicht bezahlt haben. Erforderlich ist aber der Hinweis, daß diese Forderungen nicht im Streit sind. Andernfalls würde es sich ja um eine längerfristige Liquiditätslücke handeln. Gegebenenfalls ist es für eine solche Überziehung auch sinnvoll, der Bank eine Abtretung der noch ausstehenden Forderungen anzubieten, wenn dies im Rahmen der Absicherung des Kontokorrents nicht schon geschehen ist. In dem Gespräch muß gleichzeitig dargestellt werden, wann die kurzfristige Überziehung wieder zurückgeführt werden kann. Sollte es sich um eine erforderliche Ausweitung des Kreditvolumens für einen längeren Zeitraum handeln, ist es besser, ein solches Gespräch nicht unmittelbar vor einer nicht mehr abwendbaren Überziehung zu führen, sondern sich vorher dafür etwas Zeit zu nehmen. Andernfalls fühlt sich die Bank einem Zugzwang ausgesetzt, was zu Irritationen führen kann.

Außerordentlich kritisch werden geplatzte Wechsel vermerkt. Auch eine laxe Zahlungsmoral gegenüber Kunden, die möglicherweise bei Kreditauskunfteien vermerkt wird, führt zu sofortigen Risikoüberlegungen bei der Bank im Hinblick auf die Gefährdung des eigenen Engagements beim Unternehmen.

Zu den großen Fehlern des Mittelständlers bei der Gestaltung seiner Bankbeziehungen gehört auch, daß dieser sich zu wenig Gedanken macht, mit welchen Banken er zusammenarbeitet. Es kann nicht richtig sein, nur eine Bank zu beanspruchen. Die Kreditverbindungen sollten mit mindestens zwei Instituten bestehen. Es bietet sich an, mit der einen Bank das Kontokorrent und einen langfristigen Kredit zu unterhalten und mit einer weiteren Bank einen langfristigen Kredit. Diese Bank muß dann aber so gut über das Unternehmen informiert sein, daß sie auch für die Erweiterung oder die Einrichtung einer Kontokorrentlinie zur Verfügung stehen kann. Dies empfiehlt sich insbesondere für Krisensituationen, wenn in der Regel kein neues Bankinstitut eine Kreditierung vornimmt, weil die Hausbank dazu nicht bereit ist. Auf der anderen Seite sollten auch größere Mittelständler zu nicht mehr als vier Banken Kreditverhältnisse unterhalten. Wenn es im Krisenfall um die Bildung eines Konsortiums geht, ist es für die Verhandlungen sehr schwer, wenn zu viele Banken einbezogen werden müssen, insbesondere wenn noch eine Reihe von ausländischen Banken dabei sind.

# 5. Standardformen der Unternehmensberichterstattung

Für den mittelständischen Unternehmer wird das Rating der Banken ein Mehr an Arbeit bedeuten. Die damit verbundene »neue« Informationspolitik bietet aber auch gleichzeitig die Chance, die Unternehmenskonzeption auf eine solidere Informationsbasis zu stellen. Wenn der mittelständische Unternehmer die gestiegenen Informationsanforderungen aktiv nutzt, so wird er daraus eine Vielzahl von Erkenntnissen ziehen, die es ihm ermöglichen, den Bestand seines Unternehmens langfristig zu sichern. Damit ist ihm selbst geholfen und gleichzeitig der kreditausreichenden Bank.

Zur Erfüllung der gestiegenen Informationsanforderungen steht eine große Zahl von Hilfsmitteln zur Verfügung. Soweit diese Hilfsmittel noch nicht ausreichend im Unternehmen vorhanden sind, bietet gerade das Rating die Möglichkeit, neue Instrumente einzuführen.

Bei Einführung neuer Informationsinstrumente geht es nicht darum, alles Machbare auch einzusetzen. Der Unternehmer wird hierbei in hohem Maße den Grundsatz der Wesentlichkeit zu beachten haben. Während z.B. bei einem mittelständischen Unternehmen mit einem Umsatzpotential von über 10 Mio. € die Bank eine umfangreiche Planungsrechnung abfordern wird, wird sich der mittelständische Unternehmer mit einem geringeren Umsatzpotential nicht den gleichen Informationsanforderungen stellen müssen. Der Einsatz der Hilfsmittel zur Erfüllung normaler Informationspflichten wird sehr stark von der Höhe des Kreditengagements der Banken abhängen. Nicht immer müssen die Unternehmen neue Instrumente implementieren und neue Informationen erheben. Häufig reicht es schon, die im Unternehmen vorhandenen Informationen anders zu bewerten und zu präsentieren. So ist eine Strategie bei vielen mittelständischen Unternehmern im Kopf vorhanden. Woran es häufig fehlt, ist die schriftliche Formulierung dieser Strategie.

Die in zahlreichen Statements geäußerte Meinung, der mittelständische Unternehmer verfüge über keine Strategie, ist nicht nachvollziehbar. Ein Unternehmer wird sein Unternehmen nicht auf Dauer fortführen können, wenn er sich nicht mit Überlegungen auseinandersetzt, die die Zukunft seines Unternehmens betreffen. Insofern bedarf es lediglich der Erkenntnis, daß der Unternehmer seine Gedanken strukturiert zu Papier bringt.

In den folgenden Ausführungen werden alle Hilfsmittel besprochen, die der Unternehmer einsetzen kann, um seine Berichterstattung zu verbessern. Auch wenn das hier aus dem Blickwinkel der kommunikativen Beziehung zur Bank angesprochen wird, wird der Mittelständler schnell erkennen, daß die vorgestellten Formen der Berichterstattung ihm auch in seiner operativen und strategischen Unternehmensführung sehr wirksam helfen können. Ein gutes Rating zu wollen, heißt eigentlich nichts anderes, als besser werden zu wollen. Insoweit liegt in den verschärften Anforderungen, die auf das Unternehmen im Rahmen des Ratingverfahrens zukommen, tatsächlich eine Chance für den Mittelständler. Das soll kein Anlaß für Euphorie sein, sondern eher der Hinweis darauf, die Ärmel aufzukrempeln und vielleicht den einen oder anderen mittelstandstypischen Schlendrian zu beseitigen.

# 5.1 Vergangenheitsbezogene Unternehmens- berichterstattung

## 5.1.1 Jahresabschluß und Kommentierung

Der Mittelständler muß sich darauf einstellen, daß die Bank nach den durch die Presse gegangenen Bilanzskandalen selbst gegenüber den testierten Jahresabschlüssen Bedenken entwickelt. Dafür gibt es im Rahmen der Bilanzpolitik zu viele Möglichkeiten, das Ergebnis durch Ermessensspielräume zu beeinflussen.

Besondere Bedenken werden gegenüber den nicht testierten Jahresabschlüssen geäußert. Diese werden in der Regel vom Steuerberater der Gesellschaft aufgestellt, also aus den Buchhaltungsunterlagen der Gesellschaft entwickelt, ohne daß es zu einer Überprüfung der Wertansätze kommt. Hier gibt es erstmals zum Jahresabschluß des Geschäftsjahres bis zum 31. Dezember 2002 Aufforderungsschreiben der Sparkassen, aber auch anderer Institute, die erstellten Jahresabschlüsse zusätzlich mit einer Erklärung zu versehen, daß die Zahlen aus der Buchhaltung, die die Basis für die Erstellung des Jahresabschlusses waren, in sich plausibel sind. Die Sparkassen fordern die Unternehmen ausdrücklich auf, entsprechende Aufträge an die Steuerberater zu erteilen, wohlwissend, daß das mit zusätzlichen Aufwendungen verbunden ist. Für den Mittelständler bleibt hier abzuwägen, ob er seinen Jahresabschluß nicht gleich durch einen Wirtschaftsprüfer prüfen läßt, um einen testierten Jahresabschluß vorlegen zu können. Doch werden viele kleinere Mittelständler aus Kostengründen diesen Schritt scheuen.

Unabhängig davon, ob es sich nun um einen testierten Jahresabschluß handelt oder um einen, der lediglich um eine Plausibilisierungserklärung erweitert worden ist, sind im Umgang mit der Bank einige grundsätzliche Regelungen zu beachten: Zunächst einmal ist es wichtig, daß der Jahresabschluß ohne Verzögerung vorgelegt wird. Der Mittelständler sollte bedenken, daß es einen schlechten Eindruck vom Rechnungswesen des Unternehmens vermittelt, wenn der Jahresabschluß erst im 3. oder gar 4. Quartal des Folgejahres vorgelegt wird. In einem solchen Fall wird sich die Bank auch Gedanken darüber machen, ob die Verzögerung möglicherweise darin liegt, daß sich das Unternehmen mit seinem Steuerberater oder Wirtschaftsprüfer nicht über eine »kreative« Bewertung der Bilanzposten einigen konnte. Im übrigen schmälert ein verspäteter Jahresabschluß zusätzlich seine Informationsqualität.

Bei der Kommentierung des Jahresabschlusses sollte formal dafür gesorgt sein, daß sowohl die Gewinn- und Verlustrechnung als auch die Bilanz in einer

Dreijahres-Zusammenstellung dargelegt wird. Zusätzlich sollten die entsprechenden Verhältniszahlen zu den Umsätzen oder der Gesamtleistung und zu der Bilanzsumme aufgezeigt werden. Damit erleichtert man dem Banker die Analyse der einzelnen Positionen.

### 5.1.1.1  Allgemeine Kommentierung der Jahresereignisse

In den Jahresabschlußprüfungsberichten der Wirtschaftsprüfer ist es üblich, eine allgemeine Darstellung des Unternehmens und der Entwicklung im vergangenen Jahr aufzuzeigen. Das betrifft nicht nur die turnusmäßigen Sitzungen der Organe, sondern auch deren wechselnde Zusammensetzung. Soweit es größere organisatorische Änderungen gegeben hat, werden sie dargestellt. Gleiches gilt für die Ausweitung oder Verringerung der Produktionskapazitäten. Auch wenn lediglich ein aufgestellter Jahresabschluß vorgelegt wird, sollte der Mittelständler einige zusätzliche Anmerkungen zur Entwicklung des Unternehmens machen.

### 5.1.1.2  Gewinn- und Verlustrechnung

Bevor die Kommentierung auf Abweichungen eingeht, sollten außerordentliche und aperiodische Posten der Gewinn- und Verlustrechnung bereinigt werden. Außerordentlich sind alle Aufwendungen oder Erträge, die nicht mit dem operativen Geschäft des Unternehmens zu tun haben. Das können z. B. ein Versicherungsschaden oder ein Gewinn aus dem Verkauf von Anlagegegenständen sein. Die Einschätzung der Außerordentlichkeit hängt von der Branche ab. So kann der Verkauf von PKW durch das eine Unternehmen außerordentlich sein, während es bei einem anderen Unternehmen, z.B. einem Autovermieter, zum operativen Geschäft gehört. Aperiodische Posten gehören entweder vollständig zu einem anderen Jahr, ohne daß ein Rechnungsabgrenzungsposten gebildet werden konnte, z.B. kurzfristig auftretende Steuerzahlungen für vergangene Jahre, oder sie verteilen sich auf mehrere Jahre, wie z.B. die Kosten einer Werbekampagne.

Bei den Abweichungen sollte nach den absoluten und den relativen Abweichungen differenziert werden. Für die Umsatzerlöse insgesamt kommt es auf die absoluten Abweichungen an. Erhebliche Steigerungen führen zu der Frage, ob es sich um einmalige operative Geschäfte handelt oder ob man auch für die nächsten Jahre mit entsprechenden Steigerungen rechnen kann. Wenn es tatsächlich nur einmalige Umsatzpotentiale waren, sollte die Bank darauf hingewiesen werden, um nicht für den nächsten Jahresabschluß eine Enttäuschung zu provozieren.

Bei den übrigen Posten der Gewinn- und Verlustrechnung ist die Veränderung der Relation zu den Umsatzerlösen oder der Gewährleistung von Bedeutung. Soweit diese Veränderungen nicht schon im Jahresabschlußprüfungsbericht im einzelnen erläutert worden sind, sollte der Mittelständler sie in einer zusätzlichen Unterlage darlegen und begründen. Dies entspricht einem aktiven Informationsverständnis, das heißt, daß der Mittelständler nicht auf entsprechende Fragen des Bankers wartet, sondern sie durch seine Darstellung vorwegnimmt und gleichzeitig beantwortet. Oft reicht es völlig aus, die einzelnen Positionen nach Konten darzustellen und auf dieser Basis Kostenerhöhungen zu besprechen. Das sollte nicht auf Zahlen beschränkt bleiben. Bei Aufwandserhöhungen sollte auch eine Information zu den Hintergründen gegeben werden. Natürlich lassen sich solche Erhöhungen viel besser darstellen, wenn sie im Grunde eigentlich Investitionscharakter haben, ohne daß sie aktiviert werden können, wie z.B. eine planmäßig durchgeführte Werbekampagne, von der das Unternehmen auch in den nächsten Jahren profitieren kann, oder die Einstellung zusätzlicher Mitarbeiter, mit denen eine neue Abteilung aufgebaut werden soll.

Hier kann auch eine Veränderung des operativen Geschäftes vorliegen, die mit entsprechenden Vorlaufkosten erkauft werden muß. Soweit eine solche Änderung geplant ist, sollte sie dem Banker wenigstens in den Grundzügen dargestellt werden, damit er sich damit auseinandersetzen kann.

Soweit Aufwendungen in ihrer Relation »aus dem Ruder gelaufen sind«, stellt sich für die Bank sofort die Frage, ob diese Aufwendungen wieder reduziert werden können oder ob sich hier ein drohendes Verlustpotential entwickelt. Für diesen Fall wird der Mittelständler gleichzeitig mit der Kommentierung auch seine Vorstellung vermitteln, wie hier Abhilfe geschaffen werden soll, z.B. durch die Verringerung des Personalbestandes, das Anmieten einer kleineren Bürofläche oder andere Sparmaßnahmen. Gerade in der schleichenden Verschlechterung der Aufwandsrelation liegt ein erhebliches Risikopotential für die Aufzehrung des Eigenkapitals und damit einer Schwächung des Unternehmens, der bereits bei den ersten Anzeichen energisch gegengearbeitet werden muß.

|  | Jahr - 3 | | Jahr - 2 | | Jahr - 1 | | Planjahr 1 | |
|  | T € | % | T € | % | T € | % | T € | % |
|---|---|---|---|---|---|---|---|---|
| Umsatzerlöse | 3.200 | 100,0 | 4.500 | 100,0 | 6.200 | 100,0 | 7.600 | 100,0 |
| Materialaufwand | 1.000 | 31,3 | 2.000 | 44,4 | 2.800 | 45,2 | 2.900 | 38,2 |
| Rohertrag | 2.200 | 68,8 | 2.500 | 55,6 | 3.400 | 54,8 | 4.700 | 61,8 |
| Sonstige betriebliche Erträge | 100 | 3,1 | 260 | 5,8 | 50 | 0,8 | 50 | 0,7 |
| Personalaufwendungen | 1.200 | 37,5 | 2.400 | 53,3 | 2.800 | 45,2 | 2.600 | 34,2 |
| Abschreibungen | 200 | 6,3 | 400 | 8,9 | 250 | 4,0 | 250 | 3,3 |
| Sonstige betriebliche Aufwendungen | 800 | 25,0 | 950 | 21,1 | 1.200 | 19,4 | 1.200 | 15,8 |
| Ergebnis vor Zinsen | 100 | 3,1 | -990 | -22,0 | -800 | -12,9 | 700 | 9,2 |
| Zinsergebnis | -200 | -6,3 | 100 | 2,2 | -300 | -4,8 | -180 | -2,4 |
| Ergebnis der gewöhnlichen Geschäftstätigkeit | -100 | -3,1 | -890 | -19,8 | -1.100 | -17,7 | 520 | 6,8 |
| Außerordentliche Ergebnis | 890 | 27,8 | 0 | 0,0 | -100 | -1,6 | -100 | -1,3 |
| Ergebnis vor Steuern | 790 | 24,7 | -890 | -19,8 | -1.200 | -19,4 | 420 | 5,5 |

Abb. 3:  Beispiel einer Gegenüberstellung der Gewinn- und Verlustrechnung
verschiedener Jahre der Vergangenheit mit der des ersten Planjahres

Das Beispiel zeigt die Entwicklung eines Software-Unternehmens in den letzten drei Jahren zum Ende des Jahres -1. Die Umsätze sind in den Jahren der
Vergangenheit von 3,2 Mio. € auf 6,2 Mio. € gestiegen, allerdings mit leicht
fallender Steigerungsrate. Nach den Steigerungen in den Jahren -2 und -1 mit
41% und 38% soll der Umsatz im Planjahr nur um 23% steigen. Die Umsätze
konnten insbesondere im Jahr 2 mit einer sehr starken Erhöhung des Mate-
rialaufwandes und der Personalaufwendungen in Relation zu den Umsätzen
gesteigert werden. Die Ursache lag in erheblich gestiegenen Entwicklungstä-
tigkeiten für eine neue Software durch eigenes, zusätzliches Personal und in
bezogenen Leistungen externer Entwickler auf der Basis einer freien Mitarbeit.
In den Jahren -2 und -1 hat das zu negativen Ergebnissen der gewöhnlichen
Geschäftstätigkeit von -0,9 Mio. € und -1,1 Mio. € geführt. Auch das Ergebnis
des Jahres 3 war mit -0,1 Mio. € negativ. Hier ist allerdings ein außerordentlicher
Ertrag in Höhe von 0,9 Mio. € angefallen, der das Ergebnis vor Steuern positiv

auf 0,8 Mio. € angehoben hat. Im Planjahr soll die Relation zum Umsatz bei den Materialaufwendungen auf 38,2% und bei den Personalaufwendungen auf 34,2% vermindert werden. Diese wesentlichen Relationsverbesserungen sollen zusammen mit dem Einfrieren der Sonstigen betrieblichen Aufwendungen auf 1,2 Mio. € zu einem positiven Ergebnis der gewöhnlichen Geschäftstätigkeit von 0,5 Mio. € führen. Die Gewinn- und Verlustrechnungen zeigen das Bild eines wachsenden Unternehmens mit erhöhten Aufwendungen für das Umsatzwachstum. Ob die Zahlen der Vergangenheit das geplante positive Ergebnis des ersten Planjahres als plausibel darstellen, erscheint fraglich. Das hängt davon ab, ob die Entwicklung der neuen Software abgeschlossen und die Marktakzeptanz der Software zu weiter steigenden Umsätzen führen wird. Vor dem Hintergrund dieser Zweifel wird der Banker kritisch reagieren.

### 5.1.1.3 Bilanz

Soweit in einem Jahresabschluß die Form der Bilanzierung und der Bewertung geändert worden ist, sollte die Bank darauf hingewiesen werden. Das kann sich z.B. auf das Anlagevermögen beziehen, wenn die Abschreibungsraten geändert worden sind, weil entweder andere Nutzungsdauern zugrunde gelegt werden oder aber eine lineare Abschreibung ergebnisverschlechternd durch eine degressive Abschreibung geändert worden ist (oder umgekehrt).

Gerade bei Mittelständlern, die nur einen aufgestellten Jahresabschluß vorlegen, kann die erstmalige Aktivierung von aktivierten Eigenleistungen oder unfertigen Arbeiten zu erheblichen Nachfragen führen. Für den kritischen Banker stellt sich hier sofort die Frage, ob sich die Umsatzsituation des Unternehmens so verschlechtert hat, daß die angesprochenen Aktivierungen erforderlich geworden sind, um bei gleicher Kostenstruktur das Ergebnis zu »retten«.

Bei den Forderungen sollte auf die Fristigkeit eingegangen werden. Entsprechende Informationen müssen in der Offene-Posten-Liste enthalten sein. Soweit Forderungen überfällig sind, kann im Rahmen einer ABC-Analyse, also der Zusammenstellung der Kunden nach Größe der Umsätze und der Forderungen, dargestellt werden, ob hier tatsächlich ein wesentliches Risiko besteht.

Im Zusammenhang mit der Bilanz sollten auch Veränderungen bei den Eventualverbindlichkeiten kommentiert werden, weil hier Risikopotentiale auf längere Sicht bestehen.

Am kritischsten werden aus Sicht der Bank die Positionen Vorratsbestände, Forderungen und Rückstellungen untersucht. Das hängt mit den gerade in diesen Positionen bestehenden Ermessensspielräumen einerseits und der wegen der Vielzahl der Informationen erheblichen Unübersichtlichkeit andererseits zusammen. Wird hier eine Veränderung der Relation zu der Bilanzsumme im Vergleich zu den Vorjahren oder aber eine Abweichung von branchentypischen Relationen festgestellt, wird der Mittelständler mit umfangreichen Nachfragen rechnen müssen. Insoweit wird es möglicherweise auch erforderlich sein, die Jahresabschlußunterlagen der Gesellschaft zu der jeweiligen Bilanzposition aufzubereiten und vorzulegen, um durch eine Darstellung des der Position zugrundeliegenden Mengengerüstes Vertrauen in die zutreffende Bilanzierung zu schaffen.

Zu Planabweichungen sollte das Unternehmen nur Stellung nehmen, wenn der Bank für das betreffende Jahr eine Planung eingereicht worden ist. Dann können hier aber sehr umfangreiche Erläuterungen erforderlich werden.

Der Vorteil einer umfassenden Kommentierung des Jahresabschlusses und der Abweichungen einzelner Posten in absoluter und relativer Hinsicht zum Vorjahr liegt für den Mittelständler – unabhängig von der Erfüllung seiner Informationsverpflichtung gegenüber der Bank – in einer intensiven Auseinandersetzung mit der Ergebnisanalyse. Dadurch wird deutlich, in welchen Ertrags- oder Aufwandspositionen sich das Ergebnis im wesentlichen widerspiegelt. In dieser Erkenntnis liegt auch ein Verbesserungspotential.

## 5.1.2   Kennzahlen

### 5.1.2.1   *Kennzahlen und Kreditwürdigkeitsprüfung*

Kennzahlen bilden seit vielen Jahren die Grundlage für die Beurteilung der Kreditengagements. Die Kreditwürdigkeitsprüfungen, deren Ziel es ist, die Fähigkeit der Unternehmen zu beurteilen, einen gewährten Kredit ohne jede Leistungsstörung zurückzuzahlen, haben ein Vielzahl von Kennzahlen in den Mittelpunkt dieser Beurteilung gestellt.

Die klassische Kreditwürdigkeitsprüfung untergliedert sich nach der Prüfung der wirtschaftlichen Kreditwürdigkeit und der persönlichen Kreditwürdigkeit. Während die persönliche Kreditwürdigkeitsprüfung vom Banker weitgehend subjektiv vorgenommen wurde, orientierte sich die wirtschaftliche Kreditwürdigkeitsprüfung an den eingereichten Unternehmensunterlagen und führte zu einer Bilanz- und Kennzahlenanalyse, zu einer Analyse der Investitions- und Finanzpläne, zu einer Analyse der Branchensituation und zu einer Analyse der Sicherheiten.

Die Bilanz- und Kennzahlenanalyse nahm dabei bisher die zentrale Rolle bei der Kreditwürdigkeitsprüfung ein. Die Bank orientierte sich besonders stark an den quantitativen Angaben des Unternehmens und erhoffte sich tiefe Einblicke in die Vermögens-, Finanz-, Ertrags- und Liquiditätslage eines Unternehmens. Alleine aus diesen Informationen zog die Bank ihre Erkenntnisse bezüglich der Fähigkeit des Unternehmens, seinen Tilgungs- und Zinsdienst vertragsgemäß zu erfüllen.

Als Basis dienten die letzten drei Jahresabschlüsse, aus denen das Zahlenmaterial aufbereitet, nach Gruppen sortiert und dann zu Kennzahlen verdichtet wurde. Anhand dieser von Bank zu Bank unterschiedlichen Kennzahlen wurde eine Einstufung des Unternehmens vorgenommen.

### 5.1.2.2 Typen von Kennzahlen

Die Kennzahlen lassen sich nach folgenden Obergruppen einteilen:

- Ertragskennzahlen versuchen eine Antwort auf die Frage zu finden, ob die Ertragskraft eines Unternehmens ausreicht, die Zinsen und Tilgungen zu erwirtschaften.
- Vermögenskennzahlen sollen einen Aufschluß darüber geben, ob Risiken von der Struktur des Anlage- und Umlaufvermögens ausgehen.
- Finanzkennzahlen sollen Transparenz über die Bonität des Unternehmens vermitteln.
- Liquiditätskennzahlen sollen Informationen bereithalten, ob die Liquidität des Unternehmens jederzeit gesichert ist und Liquiditätsreserven bestehen.

Dargestellt werden absolute Zahlen und Verhältniszahlen. Diese Zahlen können wiederum in einem Katalog von Kennzahlen differenziert werden nach:

- Gliederungszahlen
  Diese Kennzahlen setzen Teilgrößen zu einer Gesamtgröße in ein Verhältnis, z.B. Eigenkapitalquote = (Eigenkapital/Gesamtkapital) x 100%.
- Indexzahlen
  Diese Kennzahlen stellen die zeitliche Entwicklung einer Jahresabschlußposition dar, z.B. Umsatzwachstum = ((Umsatz des laufenden Jahres – Umsatz des vergangenen Jahres)/Umsatz des vergangenen Jahres)) x 100%.
- Beziehungszahlen
  Bei dieser Form der Kennzahlen werden Teilgrößen zueinander in Beziehung gesetzt, z.B. Anlagedeckungsgrad = (Anlagevermögen/Kapital) x 100%.

Die Vorteile solcher Kennzahlen liegen in der einfachen Erhebung und dem Verständnis. Vermeintlich komplexe Sachverhalte sollen so in einer Zahl dargestellt werden und damit Vergleiche von Perioden oder Branchen erheblich vereinfachen. Die Nachteile liegen in der Vergangenheitsorientierung und in der Tatsache, daß sie sich bei Analyse der Bilanz auf Stichtage beziehen und somit immer nur eine Momentaufnahme zeigen.

### 5.1.2.3  Kennzahlenkataloge

Kritikpunkte können durch ein Ratingverfahren beseitigt werden, da die Analyse auch die Planung und die qualitativen Faktoren eines Unternehmens mit einbezieht.

Gleichwohl werden auch im Ratingverfahren die Zahlen der Vergangenheit beurteilt und in die Risikoeinstufung der Bank einfließen. Dazu stehen weiterhin eine Vielzahl von Kennzahlen zur Verfügung, die ein Unternehmer bei seine Vorbereitung auf ein Rating kennen sollte. Den Banken stehen aus der betriebswirtschaftlichen Literatur über 100 Kennzahlen zur Verfügung. Diese große Zahl ist praktisch allerdings nicht relevant. Denn keinem wird sich die Sinnhaftigkeit einer solchen Fülle an Kennzahlen erschließen.

Ohne den Anspruch auf Vollständigkeit zu erheben lassen sich einige gängige Kennzahlen, die bei der Beurteilung von Kreditengagements in der Praxis eine Rolle spielen, anführen. Unterteilt sind diese Kennzahlen in Finanzierungs-, Umschlags-, Rentabilitäts- und Liquiditätskennzahlen.

Diese in der Abbildung 4 aufgelisteten Kennzahlen kommen zwar in unterschiedlicher Intensität bei den Banken zur Anwendung, für den mittelständischen Unternehmer bedeutet dies aber nicht, daß er alle möglichen Kennzahlen ermitteln muß. Zum einen würde dies einen unvertretbaren Aufwand verursachen, und zum anderen ist der Aussagegehalt auch nicht besonders hoch.

### 5.1.2.4  Kennzahlen für die Praxis

Wichtig für den Unternehmer ist die Pflege einiger weniger Kennzahlen, die ihm auch bei der Kontrolle, Steuerung und Entscheidung seines Unternehmen helfen können.

Empfohlen werden sogenannte Quick-Ratio-Kennzahlen, wie z.B. die Eigenkapitalquote zur Beurteilung der Finanzierung, der dynamische Verschuldungsgrad zur Beurteilung der Liquidität, die Umsatz-, Eigenkapital- und

**Finanzierungskennzahlen**

FK zu GK
Offene Rücklagen zu GK
Börsenwert zu FK
EK zu GK
EK zu FK
Kurzfristiges FK zu EK
Kurzfristiges FK zu FK
Abgang Aktiva – Einlagen zu Finanzbedarf
Zugang Aktiva zu Finanzmittel
Entnahme zu Finanzmittel
Gewinn + Einlage – Entnahme zu Entnahme
Gewinn + Abschreibung + Abgang Aktiva + Einlage – Entnahme zu FK
Gewinn + Abschreibung + Abgang Aktiva + Einlage – Tilgung – Entnahme zu Zugang Aktiva
Gewinn + Abschreibung zu Zugang Aktiva + Tilgung + Entnahme

**Umschlagskennzahlen**

FK zu Cash flow
Cash flow zu FK
Cash flow zu kurzfristiges FK
Umsatz zu GK
Durchschnittlicher Kreditbestand zu Wareneinkauf x 365
Durchschnittlicher Lagerbestand zu Materialaufwand x 365
Produktionswert (Gesamtleistung) zu Warenbestand
Umsatz zu Forderungen (einschließlich Wechsel)
Warenverbindlichkeiten + Schuldwechsel zu Wareneinkauf
UV – kurzfristiges Fremdkapital zu Umsatz
Warenvorräte zu Umsatz
EK zu Umsatz

Kasse zu Umsatz
UV zu Umsatz
BVG zu Umsatz
Warenverbindlichkeit zu Umsatz
Vorräte zu Umsatz
AfA zu Sachanlagenanfangsbestand + Zugang
Sachanlagenzugang zu AfA
Wertschöpfung zu GK
Gesamtverschuldung zu Umsatz
Kurzfristige Verschuldung zu Umsatz
Abschreibung Sachanlagen zu Sachanlagen
(Zugang Aktiva zu Abgang Aktiva – Abschreibung) – 1

**Rentabilitätskennzahlen**

Unternehmensgewinn + FK-Zinsen zu GK
Reingewinn zu GK
Gewinnentwicklung
JÜ + Ertragsteuern +/- a.o. Ergebnis zu GK
JÜ zu Innerem Wert des EK
JÜ + Ertragsteuern +/- a.o. Ergebnis zu FK
JÜ + Ertragsteuern +/- a.o. Ergebnis zu Umsatz
Reingewinn vor Steuern und FK-Zinsen zu GK
JÜ zu GK

**Liquiditätskennzahlen**

UV – kurzfristiges FK zu GK
UV zu kurzfristigem FK
BVG – kurzfristiges FK zu betrieblichem Aufwand vor AfA
Liquide Mittel zu GK
Kurzfristiges UV zu kurzfristigen Verbindlichkeiten
Produktionswert zu UV – kurzfristige Verbindlichkeiten
Bankverbindlichkeiten zu FK
Rücklagen zu GK
UV zu GK
BVG zu GK
BVG zu kurzfristigem FK
Kasse zu GK
Kasse zu kurzfristigem FK
BVG zu kurzfristigem EK
Working Capital zu GK

| AFA | = Absetzung für Abnutzung | FK | = Fremdkapital |
| a.o. | = außerordentlich | GK | = Gesamtkapital |
| BVG | = Bald verfügbare Geldmittel | JÜ | = Jahresüberschuss |
| EK | = Eigenkapital | UV | = Umlaufvermögen |

Abb. 4: Beispiele für Kennzahlen aus der Praxis

Gesamtrentabilität zur Beurteilung der Rentabilität und eine Cash flow-Rate zur Messung des unternehmerischen Erfolgs.

Die Berechnung einiger ausgewählter Quick-Ratio-Kennzahlen haben wir in der Abbildung 5 aufgeführt.

$$\text{Eigenkapitalquote} = \frac{\text{Wirtschaftliches Eigenkapital}^{1)}}{\text{Bilanzsumme}} \times 100\%$$

$$\text{Dynamischer Verschuldungsgrad} = \frac{\text{Fremdkapital}}{\text{Cash flow}} \times 100\%$$

$$\text{Umsatzrentabilität} = \frac{\text{Operatives Ergebnis}^{2)}}{(\text{Umsatzerlöse} + \text{Bestandsveränderungen})} \times 100\%$$

$$\text{Eigenkapitalrentabilität} = \frac{\text{Operatives Ergebnis}^{2)}}{\text{Wirtschaftliches Eigenkapital}^{1)}} \times 100\%$$

$$\text{Gesamtkapitalrentabilität} = \frac{\text{Operatives Ergebnis}^{1)} + \text{Zinsaufwand}}{\text{Bilanzsumme}} \times 100\%$$

$$\text{Cash flow-Rate} = \frac{\text{Cash flow}}{(\text{Umsatzerlöse} + \text{Bestandsveränderung})} \times 100\%$$

1) Gezeichnetes Kapital + Kapitalrücklage + Gewinnrücklage +/- Gewinnvortrag/Verlustvortrag +/- Jahresüberschuß/-fehlbetrag.

2) Jahresergebnis vor Ertragsteuern und vor außerordentlichen und betriebsfremden Kosten.

Abb. 5: Quick-Ratio-Kennzahlen

Die mit den Quick-Ratio-Kennzahlen vorgenommene Berechnung erlaubt eine erste Einordnung in die Gedankenstruktur des Bankers. Die wenigen Kennzahlen lassen sich beliebig um weitere Kennzahlen erweitern und sind auf die jeweilige Bank individuell abstimmbar.

Neben solchen Quick-Ratio-Kennzahlen gibt es bei Banken einige grundlegende Finanzierungskennzahlen. Diese Kennzahlen basieren auf Finanzierungsregeln, die der Erhaltung des finanziellen Gleichgewichts dienen sollen. Hierbei geht es

- um das Verhältnis zwischen Eigen- und Fremdkapital bzw. um das Verhältnis zwischen den unterschiedlichen Arten des Eigen- und Fremdkapitals (vertikale Finanzierungsregeln) und
- um die Beziehungen zwischen Vermögen und Kapital (horizontale Finanzierungsregeln).

In bezug auf die vertikalen Finanzierungsregeln gilt je nach Branche ein erstrebenswertes Verhältnis von 1:1 zwischen Eigen- und Fremdkapital. Einem solchen Verhältnis liegt der Grundgedanke zugrunde, daß ein Eigentümer mindestens soviele Eigenmittel seinem Unternehmen zur Verfügung stellt, wie auch die Gläubiger bereit sind, Fremdkapital zu gewähren. Die Realität der deutschen Finanzierungspraxis ist allerdings von anderen Relationen geprägt. Daher gilt für die betriebliche Praxis ein Annähern an die Soll-Relation von 1:1 als erstrebenswert.

Die horizontalen Finanzierungsregeln stellen die Fristenkongruenz zwischen Vermögen und Kapital in den Mittelpunkt. So besagt die goldene oder auch klassische Finanzierungsregel, daß zwischen der Dauer der Bindung des Vermögens und der Dauer der Zuverfügungstellung des Kapitals Übereinstimmung bestehen sollte. In der Praxis findet diese Regel besonders bei Banken Beachtung. Dies kommt in der goldenen Bilanzregel zum Ausdruck. Die goldene Bilanzregel besagt, daß langfristig gebundenes Vermögen, z.B. das Anlagevermögen, mit langfristigem Kapital, idealerweise mit Eigenkapital, finanziert werden soll. Kurzfristig gebundenes Vermögen, z.B. Vorräte, sollten demzufolge mit kurzfristigem Kapital, z.B. durch das Kontokorrent, finanziert werden.

Diese Finanzierungsregeln sind theoretisch wenig fundiert, finden aber dennoch in der Bankenpraxis regelmäßig Anwendung. Daher sollte sich der mittelständische Unternehmer mit der Ermittlung dieser Kennzahlen intensiv befassen.

## 5.1.3 Segmentanalyse

Eine Segmentanalyse wird bei vielen Mittelständlern nicht vorgenommen. Sie ist nach § 297 Abs. 1, 2. HS HGB für börsennotierte Mutterunternehmen im Konzernanhang vorgeschrieben (KontraG). Sie ist gleichwohl auch für Unternehmen des Mittelstandes von Bedeutung, weil sie die Transparenz der unternehmensspezifischen Chancen und Risiken deutlich erhöht.

Unter Segmenten versteht man die Teile des Unternehmens, die geschäftliche Tätigkeiten entfalten, die zu Umsätzen führen oder führen sollen und wegen ihrer Wesentlichkeit von der Geschäftsleitung überwacht werden. Eine Wesentlichkeit ist gegeben, wenn entweder das Umsatzvolumen oder das Ergebnisvolumen oder das Vermögen des Segmentbereiches 10% oder mehr des jeweiligen Gesamtvolumens ausmacht. Bei einer Segmentanalyse wird der Jahresabschluß des Unternehmens je Posten wertmäßig auf die einzelnen Segmente aufgeteilt.

Eine Segmentanalyse wird zunächst auf der Ebene der Gewinn- und Verlustrechnung vorgenommen, greift aber auf eine Segmentbilanz zurück. Diese Analyse besteht im wesentlichen in einer Aufteilung nach regionalen Märkten oder nach einzelnen Produkten oder Dienstleistungen. Denkbar, aber seltener ist eine Segmentanalyse nach Kundengruppen. Die Analyse soll Informationen zu den wesentlichen Geschäftsfeldern des Unternehmens im Hinblick auf die Vermögens-, Finanz- und Ertragslage geben.

### 5.1.3.1  Bildung von Segmenten

Die Bildung möglicher Segmente muß durch die Unternehmensleitung abgewogen werden. Da sie mit zusätzlichen Aufwendungen verbunden ist, macht sie nur Sinn, wenn eine erste Verprobung der Ergebnisse einzelner Segmente deutliche Unterschiede in der Profitabilität der Segmente ergeben hat.

- **Regionale Segmentanalyse**

Hier werden die operativen Tätigkeiten des Unternehmens in unterschiedlichen Regionen, z.B. in Deutschland und in den USA untersucht. Sinnvoll ist eine Segmentbildung bei besonderen und unterschiedlichen Risiken aus einer Währungsproblematik oder aus innenpolitischen Ansätzen. Aber auch bei gleichartigen Währungs- oder Außenhandelsbedingungen und einer räumlichen Nähe kann eine Segmentierung Sinn machen, z. B. zwischen der operativen Tätigkeit in Frankreich und in Deutschland. Hintergrund sind insbesondere andere Marktbedingungen und ein unterschiedliches Wettbewerbsverhalten, das damit auch zu einer anderen Ausgangslage für den Erfolg des Unternehmens führt.

- **Segmentanalyse nach Produkten und/oder Dienstleistungen**

Bei einer Unterscheidung nach Produkten/Dienstleistungen muß sowohl eine Vergleichbarkeit als auch eine Unabhängigkeit der Segmente voneinander bestehen. So lassen sich z.B. der Handel mit Produkten einerseits und eine Serviceabteilung andererseits segmentieren, wie es z.B. im Automobilhandel mit Werkstätten sinnvoll ist. Denkbar wäre auch eine Segmentierung im Handel zwischen Maschinen und Ersatzteilen. Eine solche Segmentierung darf aber nicht zu tief vorgenommen werden, weil der zeitliche Aufwand dafür zu hoch wäre. Selbst wenn der Mittelständler umfassende Produktdeckungsbeitragsrechnungen abfragen könnte, wird deren Aussagewert durch die Vielfalt irgendwann nicht mehr in operative Entscheidungen umsetzbar.

- **Segmentanalyse nach Kunden**

Eine Segmentierung nach Groß- und Kleinkunden läßt sich durchführen, wenn sie aufgrund unterschiedlicher Vertriebswege und unterschiedlicher Abarbeitung sinnvoll ist. Hierzu ist zunächst eine ABC-Analyse vorzunehmen. Dabei werden die Kunden mit den Umsätzen, die das Unternehmen mit ihnen macht, in Größenklassen zusammengeführt. Oft ergibt sich dann, daß das Unternehmen mit wenigen Kunden den größten Anteil der Umsätze erzielt. Bei einer solchen ABC-Analyse kann auch aufgezeigt werden, ob das Unternehmen von einigen wenigen Kunden besonders abhängig ist. Soweit die Information vorhanden ist, sollte der Deckungsbeitrag je Euro Umsatz je Kunde ermittelt werden. In diesen Deckungsbeitrag sollte nicht nur der Aufwand für die bezogenen Produkte oder Leistungen einfließen, sondern auch die Rabatte oder Boni, die dem Kunden vertraglich zugesagt worden sind. Erheblich ist auch der erforderliche Aufwand, der durch die Betreuung des jeweiligen Kunden anfällt. Das können regelmäßige Vertriebsaufwendungen, aber auch z.B. die Nutzung technischer Dienstleistungen sein.

- **Segmentanalyse nach Zulieferern**

Bei Handelsunternehmen besteht die Möglichkeit, statt auf der Ebene von Produkten, auf der Ebene von Zulieferern zu segmentieren. Das bietet sich insbesondere bei stark voneinander abweichenden Einkaufskonditionen an. Hier kann es sich ergeben, daß zwar mit den Produkten eines Zulieferers ein sehr hoher Umsatz erzielt wird, sich bei Betrachtung der zu erzielenden Deckungsbeiträge für diese Produkte ein im Vergleich zu den Produkten anderer vergleichbarer Zulieferer ein deutlich schlechterer Deckungsbeitrag ergibt. Dann kann sich für den Händler durchaus die Frage stellen, ob er die Produkte eines Markenherstellers weiter vertreibt, wenn der Deckungsbeitrag unbefriedigend ist.

### 5.1.3.2 Durchführung der Segmentanalyse

In der Gewinn- und Verlustrechnung werden die Segmenterträge den Segmentaufwendungen gegenübergestellt, um das Segmentergebnis zu ermitteln. Dabei ist die Zuordnung der Erträge und Aufwendungen nach den einzelnen Segmenten oft problematisch, wobei sich die Problematik insbesondere bei den Aufwendungen ergibt. Die Umsätze sind oft durch die Definition des Segmentes schon umfassend zugeordnet. Bei den Aufwendungen ist es z.B. im Personalbereich bei einer Mehrfachtätigkeit einzelner Personen für verschiedene Segmente schwierig, die Tätigkeit dieser Personen für die einzelnen Segmente zutreffend aufzuteilen. Dasselbe gilt für alle organisatorisch und verwaltungsmäßig verursachten Aufwendungen. Hier kann es wie bei einer Kostenstellenrechnung manchmal sinnvoller sein, Schätzungen vorzunehmen als die Aufwendungen mit mathematischer Scheingenauigkeit aufzuteilen.

Bei dem Versuch einer Segmentierung kann sich durchaus auch ergeben, daß eine Segmentanalyse keinen eigenständigen Aussagewert hat, weil zu viele Querbeziehungen zwischen den einzelnen Segmenten bestehen. Voraussetzung für eine sinnvolle Segmentierung ist immer eine Klarheit und Übersichtlichkeit der Zuordnung. Eine weitere Schwierigkeit besteht darin, daß die Segmente auch untereinander Umsätze erzielen und Aufwendungen verursachen. Dann besteht das Problem wie bei einer Konsolidierung innerhalb eines Konzerns darin, daß eine Eliminierung der Innenerträge und -aufwendungen vorzunehmen ist.

Soweit möglich und erforderlich läßt sich auch eine Segmentierung der Bilanz nach den einzelnen Segmenten vornehmen. Eine solche Segmentierung kann sich auf wenige Posten der Bilanz beschränken. Auch hier gilt, daß es sinnvoller ist, eine Segmentierung auf einer Teilebene durchzuführen und zusätzlich einen Teil der Bilanz auf das gesamte Unternehmen zu beziehen, als in Kleinarbeit jeden Bürostuhl auf ein Segment aufzuteilen. Schwierigkeiten können auch daraus entstehen, daß Kunden-/Lieferantenbeziehungen zu mehreren Segmenten gleichzeitig bestehen. Dann können insbesondere die Aufteilung der Forderungen/Verbindlichkeiten nur vorgenommen werden, wenn die entsprechenden Belege segmentspezifisch vorliegen oder innerhalb der Belege segmentspezifisch zugeordnet werden können.

Die Art der Segmentierung sollte in jedem Jahr beibehalten werden. Wenn dies doch geändert werden soll, müssen die Vorjahreszahlen angepaßt werden, um eine Vergleichbarkeit sicherzustellen. Bei einer erstmaligen Segmentierung entfällt diese Anforderung.

Problematisch wird es, wenn ein Segment entfällt, weil die Unternehmensleitung beschlossen hat, die operative Tätigkeit in diesem Segment einzustellen.

Dann muß insbesondere auf der Gesamtunternehmensebene eine Eliminierung dieses Segmentes auch für die Vergangenheit durchgeführt werden, weil die Jahresabschlüsse sonst nicht vergleichbar wären.

Der Vorteil der Segmentanalyse liegt in der Analyse der Ergebnisentstehung. Damit wird die Einschätzung der Chancen und Risiken der einzelnen Geschäftsfelder verbessert. Als Folge lassen sich strategische Entscheidungen über vermehrte Anstrengungen in den unterschiedlichen Segmenten oder auch im Hinblick auf die Aufgabe einzelner Segmente ableiten.

| | Produktgruppe A | | Produktgruppe B | | Produktgruppe C | | Gesamt | |
|---|---|---|---|---|---|---|---|---|
| | T € | % | T € | % | T € | % | T € | % |
| Umsatzerlöse | 3.200 | 100,0 | 6.000 | 100,0 | 3.400 | 100,0 | 12.600 | 100,0 |
| Materialaufwand | 1.000 | 31,3 | 2.000 | 33,3 | 1.800 | 52,9 | 4.800 | 38,1 |
| Rohertrag | 2.200 | 68,8 | 4.000 | 66,7 | 1.600 | 47,1 | 7.800 | 61,9 |
| Sonstige betriebliche Erträge | 100 | 3,1 | 260 | 4,3 | 50 | 1,5 | 410 | 3,3 |
| Personalaufwendungen | 560 | 17,5 | 2.400 | 40,0 | 360 | 10,6 | 3.320 | 26,3 |
| Abschreibungen | 200 | 6,3 | 400 | 6,7 | 250 | 7,4 | 850 | 6,7 |
| Sonstige betriebliche Aufwendungen | 1.000 | 31,3 | 1.400 | 23,3 | 850 | 25,0 | 3.250 | 25,8 |
| Ergebnis vor Zinsen | 540 | 16,9 | 60 | 1,0 | 190 | 5,6 | 790 | 6,3 |
| Zinsergebnis | -200 | -6,3 | 100 | 1,7 | -300 | -8,8 | -400 | -3,2 |
| Ergebnis der gewöhnlichen Geschäftstätigkeit | 340 | 10,6 | 160 | 2,7 | -110 | -3,2 | 390 | 3,1 |

Abb. 6: Beispiel einer Segmentierung nach Produktgruppen

Die Gewinn- und Verlustrechnung des Beispielunternehmens aus dem Handel ist auf die Segmente der Produktgruppen A, B und C aufgeteilt worden. Das Ergebnis des Gesamtunternehmens beträgt in Relation zu den Umsatzerlösen von 12,6 Mio. € 3,1%. Das Ergebnis der Segmentierung zeigt allerdings erhebliche Unterschiede bei den einzelnen Produktgruppen. Das Ergebnis der gewöhnlichen Geschäftstätigkeit der Produktgruppe A mit 3,2 Mio. € Umsatz beträgt 10,6%. Die umsatzstärkste Produktgruppe B mit 6 Mio. € erwirtschaftet lediglich 2,7%. Das liegt an den in der Relation zu den Umsätzen mehr als doppelt so hohen Personalaufwendungen für diese Produkte, die eine umfangreiche Bearbeitung erfordern. Die Produktgruppe C erwirtschaftet bei Umsätzen von 3,4 Mio. € einen Verlust von -3,2%. In dieser Produktgruppe ist der Materialaufwand mit 52,9% im Vergleich zu A und B deutlich höher. Ausgehend von der Segmentanalyse wird sich der Mittelständler überlegen, ob eine Fortführung der Produktgruppe C sinnvoll ist. Ein Argument dafür könnte das hohe Image dieser Artikel für das Unternehmen sein. Gleichzeitig sollte überlegt werden, ob die Personalaufwendungen für die Produktgruppe B durch Rationalisierungen gesenkt werden können. Für die Produktgruppe A ist durch eine Markterhebung nachzuprüfen, ob das Umsatzpotential bei einer Beibehaltung der günstigen Aufwandsstruktur beibehalten werden kann. Alle diese Überlegungen werden durch die Gesamtdarstellung der Gewinn- und Verlustrechnung verdeckt.

Die Ergebnisse einer Segmentanalyse lassen sich aber auch für eine strategische Aufteilung eines Unternehmens verwenden. Das ist dann von Bedeutung, wenn ein Teil des Unternehmens verkauft werden soll oder wenn dieser mit einem anderen Unternehmen in eine Gesellschaft eingebracht werden soll. Dann läßt sich ein Segment wie ein eigenständiges Unternehmen bewerten. Bei einer solchen Verwendung einer Segmentanalyse ist aber zu bedenken, daß der Unternehmensteil die Vorteile einer im Unternehmen bestehenden Verwaltungsorganisation in Anspruch nehmen konnte, die in dem Segment als neuem Unternehmen erst wieder aufgebaut werden müsste. In einem solchen Fall ist auch die Kostenstruktur in dem Segmentunternehmen anzupassen.

Insgesamt wird deutlich, daß sich die Erkenntnisse aus einer Segmentberichterstattung für den Mittelständler nicht nur zur Dokumentation gegenüber seiner Bank eignen, sondern auch intensiv für die eigene unternehmerische Tätigkeit einsetzbar sind.

## 5.1.4　Zwischenberichtserstattung

Die Entwicklung der vergangenen Jahre – insbesondere im High-Tech Bereich – hat gezeigt, wie rasant sich Marktbedingungen und die wirtschaftlichen Aussichten auch innerhalb des Jahres verändern und verschlechtern können. Vor diesem Hintergrund sind die Banken nervös geworden und drängen vermehrt auf aktuelle Informationen auch während des Jahres. Der Mittelständler sollte Verständnis für diese Einstellung der Banken aufbringen und sich im Hinblick auf die gewachsenen Kommunikationsanforderungen überlegen, wie er seine innerjährige Ergebnisdarstellung aufbereitet und strukturiert.

### 5.1.4.1 *Verfahren*

Eine Verpflichtung zur Zwischenberichterstattung gibt es für Mittelständler nur, wenn die Anteile ihrer Gesellschaft an der Börse notiert sind. Das ergibt sich aus dem BörsG i.V.m. den Börsenordnungen der regionalen Börsen und dem Regelwerk der Deutsche Börse AG.

Unter Zwischenberichterstattung wird die regelmäßige innerjährige Information über die Vermögens-, Finanz- und Ertragslage verstanden. Sie beinhaltet die Darstellung der Entwicklung seit dem letzten Jahresabschluß und die Prognose des Jahresergebnisses. In der Regel wird sie vierteljährlich vorgenommen. Dabei werden jeweils die Zahlen des vergleichbaren Quartals des Vorjahres gegenübergestellt. Die Gliederung der Gewinn- und Verlustrechnung und der Bilanz entspricht den wesentlichen Posten des letzten Abschlusses. Die Bilanzierungs- und Bewertungsmethoden entsprechen denen des Jahresabschlusses. Für die Vorlage der Quartalszahlen ist eine Frist von 45 bis 60 Tagen seit dem Stichtag vorgesehen.

Wenn das Rechnungswesen und das Controlling des Mittelständlers ordnungsgemäß funktioniert, werden wenige Tage nach Schluß eines Monats wenigstens die Zahlen der Gewinn- und Verlustrechnung vorliegen. Die Monatszahlen und die kumulierten Zahlen seit Beginn des Geschäftsjahres werden ausgewiesen. Gängige Buchhaltungssoftware und auch die Buchführung über Datev ermöglichen zusätzlich die Darstellung einer Monatsbilanz und die Darstellung von Kennzahlen. Es hat sich gezeigt, daß oft sogar völlig überzogene betriebswirtschaftliche Auswertungen vorgenommen werden, die in ihrer Überdimensionierung und Unübersichtlichkeit keinen relevanten Aussagewert mehr haben. Deshalb lassen sich erfahrene Mittelständler nur einen Überblick über die wichtigsten Veränderungen geben, um gegebenenfalls gegensteuern zu können. Das sind z.B. Informationen über den Kontenstand, über die Höhe der ausstehenden Forderungen und Verbindlichkeiten, über den Entwicklungsstand der jeweiligen umsatzrelevanten Projekte und den Auftragsbestand mit einer Reichweitenangabe.

Da dem Mittelständler die monatlichen Zahlen zur Verfügung stehen, ist die Ableitung eines Zwischenabschlusses damit schon gut vorbereitet. Es ist eine Frage des Risikobewußtseins und der Situation des Unternehmens, ob nun aus den vorliegenden Informationen Quartalsabschlüsse entwickelt oder ob lediglich ein Halbjahresabschluß erstellt wird. Es wird zu einem Halbjahresabschluß geraten, weil auch gegenüber der Bank sonst schnell das Problem einer kurzatmigen Informationspolitik entstehen kann. Wenn der Mittelständler zusätzlich einen Quartalsabschluß erstellen will, sollte das für interne Zwecke geschehen und nicht gegenüber der Bank kommuniziert werden.

Zwischenabschlüsse sind nicht prüfungspflichtig, das gilt auch für die Fälle, in denen ein Zwischenabschluß gesetzlich vorgeschrieben ist. Es empfiehlt sich aber, ausgehend von den Arbeitspapieren für den Jahresabschluß, die Erstellung eines Zwischenabschlusses mit dem Wirtschaftsprüfer oder Steuerberater der Gesellschaft dem Grunde nach abzustimmen.

### 5.1.4.2  Abgrenzungsprobleme

Bei der Erstellung eines Zwischenabschlusses gibt es eine Reihe von Abgrenzungsproblemen, über die sich der Mittelständler Gedanken machen muß, um einen wirtschaftlich aussagefähigen Zwischenabschluß zu erreichen.

Am einfachsten ist die Behandlung der Abschreibungen, die nach den Unterlagen der Anlagenbuchhaltung für die bestehenden Anlagengegenstände fortgeschrieben werden können. Für die neu angeschafften Gegenstände muß die auf den relevanten Zeitraum entfallende Abschreibung ermittelt und eingebucht werden.

Zeitanteilig müssen auch alle Aufwendungen und Erträge erfaßt werden, die zum Ergebnis der gewöhnlichen Geschäftstätigkeit gehören, keinen saisonalen Charakter haben, aber regelmäßig erst am Ende des Geschäftsjahres anfallen. Das sind z.B. Inventurdifferenzen, Pauschalwertberichtigungen auf Forderungen, wirtschaftlich entstandene Mengenrabatte oder Bonuszahlungen, Aufwendungen für die Altersversorgung und die Kosten für die Erstellung des Jahresabschlusses und ggf. die Prüfungskosten.

Für die Ermittlung von Inventurdifferenzen sollte eine Zwischeninventur vorgenommen werden. Möglich ist es aber auch, eine Inventurfortschreibung zugrunde zu legen und einen Abschlag nach den Erfahrungssätzen der vergangenen Jahre vorzunehmen. Bei den Pauschalwertberichtigungen wird der aus dem Jahresabschluß übliche Abschlagsprozentsatz auf den Forderungsbestand per Quartalsende angewendet. Für die Aufwendungen für Boni und Rabatte kann ein hochrechenbarer Umsatz per Jahresende zugrunde gelegt und die sich daraus ableitbaren Vergütungen anteilig auf den Quartalsabschluß aufgeteilt werden. Aufwendungen für die Altersversorgung und die Kosten für Erstellung und Prüfung des Jahresabschlusses können anteilig berücksichtigt werden.

Schwierig ist die Abgrenzung bei Unternehmen, die langfristige Fertigungen vornehmen. Hier stellen sich dieselben Probleme wie beim Jahresabschluß. Die langfristige Fertigung führt zu einem Auseinanderfallen von Umsätzen und den dazugehörigen Aufwendungen. Nach der vertraglichen Ausgestaltung werden oft keine Zwischenabrechnungen vereinbart. Eine Abrechnung des Werkes – dazu gehören auch große Anlagen – soll erst nach Abnahme des Werkes erfolgen. Die kann aber erst nach Jahren möglich sein. Eine anteilige Realisierung der Umsätze kann nicht erfolgen. Möglich ist allenfalls eine Aktivierung unfertiger Leistungen. Dies kann aber nur einen Teil der Aufwendungen abdecken. Für eine Zwischenberichterstattung setzt das ein sehr gut handhabbares Projektcontrolling voraus, um eine Dokumentation des Arbeitsfortschrittes und damit ein Mengengerüst für die Aktivierung der unfertigen Leistungen vorlegen zu können. Soweit das nicht vorliegt, kann im Zwischenbericht nur verbal auf ein Auseinanderfallen der Aufwendungen und der erst später zu realisierenden Umsatzerlöse hingewiesen werden, um ein nicht zutreffendes Bild von der Vermögens- und Ertragslage des jeweiligen Berichtzeitraumes zu vermeiden.

Soweit außerordentliche Ergebnisse angefallen sind, sind sie in dem Quartal zu berücksichtigen, in dem sie angefallen sind. Nach dem Stichtagsprinzip dürfen Gewinne erst bei Realisierung berücksichtigt werden. Verluste werden in dem Quartal berücksichtigt, in dem sie verursacht worden sind, auch wenn sie erst danach erkannt wurden. Beispiele für solche außerordentlichen Erträge und Aufwendungen sind Veräußerungen von Anlagevermögen, einmalige Zuschüsse oder Verluste aus Schadensfällen.

Die außerordentlichen Ergebnisse sind in der Quartalsberichterstattung zu eliminieren, zumindest aber verbal zu erläutern, damit deutlich wird, daß es sich um einen einmaligen Ertrag oder Aufwand gehandelt hat, der auch nicht in eine Hochrechnung des Quartals auf das Gesamtjahr einbezogen werden darf.

Bei Unternehmen, deren Umsätze starken saisonalen Schwankungen unterliegen, besteht das Problem, daß die Quartalsabschlüsse ein verzerrtes Bild von der eigentlichen Ertragslage des Unternehmens abgeben. Die Aufwendungen für die Umsätze verteilen sich in der Regel auf das ganze Jahr, während die Umsätze im wesentlichen in einem bestimmten Quartal anfallen. Besonders extrem wäre das z.B. bei einem Hersteller von Weihnachtsbaumschmuck. Hier muß mit dem Quartalsabschluß eine zusätzliche Information gegeben werden. Die eine Möglichkeit besteht darin, den geplanten Umsatz des Jahres auf die Quartale zu verteilen. Das birgt allerdings erhebliche Unsicherheiten, es sei denn, es besteht ein halbwegs gefestigter Auftragsbestand, der zugrunde gelegt werden könnte. Möglich ist es auch, ausgehend von den bisher angefallenen

Umsätzen, unter Berücksichtigung der innerjährigen Entwicklung der Umsätze in den Quartalen der vergangenen Geschäftsjahre, eine Hochrechnung
vorzunehmen und diese wiederum anteilig auf die Quartale zu verteilen.

| | Jahr -3 T € | Jahr -2 T € | Jahr -1 T € | lfd. Jahr T € |
|---|---|---|---|---|
| Umsatz des Jahres | 1.000 | 1.600 | 2.100 | |
| Umsatz des 1. Quartals | 230 | 420 | 500 | 610 |
| Relation zum Gesamtjahr in % | 23,0 | 26,3 | 23,8 | |
| Durchschnitt der Relationen | | 24,4 | | |
| Planung der Umsätze für das gesamte laufende Jahr | | | | 2.700 |
| Hochrechnung für das laufende Jahr nach dem Durchschnitt | | | | 2.505 |
| Hochrechnung für das laufende Jahr nach der Relation des letzten Jahres | | | | 2.562 |

Abb. 7:  Beispiel einer Hochrechnung der Umsätze des 1. Quartals auf das
Geschäftsjahr

Die Abbildung zeigt die Hochrechnung der Umsätze des ersten Quartals mit
0,6 Mio. € zur Verprobung des geplanten Umsatzes von 2,7 Mio. €. Hierzu
werden die Umsätze der 1. Quartale der vergangenen drei Jahre in Relation
zum Gesamtumsatz des entsprechenden Jahres dargestellt. Der durchschnittliche Anteil am Gesamtumsatz beträgt 24,4%. Teilt man den Umsatz des ersten
Quartals des laufenden Jahres durch diesen Durchschnitt, so erhält man einen
hochgerechneten Gesamtumsatz von 2,5 Mio. €. Legt man die Relation des
Vorjahres zugrunde, so ergibt sich ein Gesamtumsatz von knapp 2,6 Mio. €.
Also wird man eher zu einem Plausibilitätsabschlag in der Planung neigen,
wenn sich nicht Gründe dafür finden lassen, daß im laufenden Jahr der Umsatz im ersten Quartal bei einer wirtschaftlichen Zurechnung eines erst im
nächsten Quartal abrechenbaren Umsatzes eigentlich höher ausgefallen ist.

Die Hochrechnung ist nur bedingt für eine Plausibilisierung des geplanten Gesamtumsatzes geeignet, wenn sie ihn erreicht. Erreicht sie ihn nicht, ergeben sich Zweifel, die möglicherweise zu einem Abschlag des Planungsansatzes führen.

Am sinnvollsten ist es, auf die voraussichtliche Entwicklung der Umsätze bis zum Ende des Geschäftsjahres verbal hinzuweisen. Dabei können die vorstehend ermittelten Umsätze durchaus genannt werden, auch wenn sie mit Unsicherheiten behaftet sind. Aus diesen zusätzlichen Erläuterungen kann die Bank eine positive Ergebnisprognose trotz eines möglicherweise negativen Zwischenabschlusses ableiten.

Andere Aufwendungen, die im wesentlichen bei den Abschlußbuchungen des Jahresabschlusses berücksichtigt werden, sind nicht innerjährig zu berücksichtigen. Das sind z.B. die Bildung von Rückstellungen für Drohverluste oder Prozeßkosten, Restrukturierungsaufwendungen, außerplanmäßige Abschreibungen auf das Anlagevermögen oder auf Beteiligungen und die Wertminderungen bei Vorräten. Die Steuern sind auf der Basis der ausgewiesenen Zwischenergebnisse zu ermitteln.

Für den Mittelständler bietet sich mit der Erstellung eines Zwischenabschlusses nicht nur eine wichtige Grundlage für die innerjährige Kommunikation mit seiner Bank, sondern gleichzeitig eine Information über die aktuelle Ergebnisentwicklung des Unternehmens und eine verbesserte Prognose auf das Jahresergebnis.

## 5.1.5 Darstellung der Sicherheiten und ihrer stillen Reserven

Die Frage nach den Sicherheiten stellt sich bei jeder Kreditvergabe. Der Kreditgeber will durch die Sicherheitenbestellung sein Risiko beschränken und bei einem Ausfall des Kredits durch die Befriedigung aus den Sicherheiten einen möglichst hohen Betrag realisieren. Die Praxis steht aber immer vor dem Problem, daß sich die Sicherheiten nicht in der gedachten Größenordnung zur Risikominderung heranziehen lassen. Dies ist allen Beteiligten seit Jahren bekannt und soll seine Berücksichtigung in dem Ansatz von Beleihungsgrenzen finden. Das bedeutet z.B. für ein Grundstück, daß die Bank den Verkehrswert lediglich mit 60% zur Sicherheit heranzieht.

### 5.1.5.1 Umfang der Sicherheiten

Der Umfang der Sicherheiten wird maßgeblich durch die persönliche Bonität des Unternehmers, durch die Kreditlaufzeit und durch die Unsicherheiten bei der Analyse der Unternehmensentwicklung bestimmt. Die Höhe des Risikos steht immer in engem Zusammenhang mit der Art der Sicherheit und der angesetzten Beleihungsquote.

Positiv ausgedrückt bezeichnet die persönliche Bonität den Ruf des Unternehmers, seinen Zahlungsverpflichtungen vertragsgemäß nachzukommen. Die Frage nach der Bonitätseinstufung des mittelständischen Unternehmers kann völlig losgelöst von einer aktuellen Kreditbeantragung gesehen werden. Eine Beurteilung der persönlichen Bonität wird sich an den Erfahrungen aus der Vergangenheit messen lassen. So sind z.B. die Fragen zu beantworten, ob der Unternehmer seinen Zahlungsverpflichtungen immer nachgekommen ist, ob er die Kreditlinien überzogen hat, und ob er regelmäßig seine Auskunftspflichten gegenüber dem Kreditgeber erfüllt hat. Je positiver die Einschätzung über die persönliche Bonität ausfällt, desto geringer sind die Diskussionen über die Stellung von Sicherheiten.

Weiter mit einbezogen in den Umfang der Sicherheiten wird die Kreditlaufzeit. Je länger der Kredit läuft und eine Tilgung nicht kurzfristig zu einer nachhaltigen Minderung des Kreditvolumens führt, desto umfangreicher werden die zu stellenden Sicherheiten sein. Ein langfristig gewährter Kredit ist schwerer zu beurteilen, da sich zum einen die Sicherheitensituation langfristig verändern kann und zum anderen mit zunehmender Dauer eines Kredites die Prognosegenauigkeit über die Rückzahlungsfähigkeit abnimmt.

Eine solche Prognoseunsicherheit liegt auch bei der Beurteilung der gesamten Unternehmensentwicklung vor. Über das laufende Geschäftsjahr und bei Vorliegen von plausiblen Informationen des Unternehmens auch für die folgenden zwei Planjahre lassen sich noch stabile Beurteilungen über die voraussichtliche Unternehmensentwicklung abgeben. Alles, was über zwei Planjahre hinausgeht, ist hingegen hochspekulativ und wird durch die Bank mit erhöhten Sicherheiten belegt.

### 5.1.5.2 Art der Sicherheiten

Bei der Art der Sicherheiten stehen grundsätzlich Sachsicherheiten und Personensicherheiten zur Verfügung:

**Sachsicherheiten**

Pfandrechte an beweglichen Sachen
und Rechten

Sicherungsübereignungen

Sicherungsabtretungen

Grundpfandrechte

**Personensicherheiten**

Bürgschaften

Garantien

Schuldmitübernahme

Wechsel

Abb. 8: Potentielle Sicherheiten

Sachsicherheiten sind geschützte dingliche Verwertungsrechte an Forderungen und anderen Rechten, beweglichen Sachen und Grundstücken. Sicherungsgeber können der Unternehmer selber oder ein Dritter sein. Der Wert der Sachsicherheit wird sich i.d.R. aus dem Veräußerungserlös zum Zeitpunkt der Sicherheitenverwertung ergeben. Zu den Sachsicherheiten zählen z.B. Pfandrechte an beweglichen Sachen und Rechten, Sicherungsübereignungen, Sicherungsabtretungen und Grundpfandrechte.

Personensicherheiten sind schuldrechtliche Ansprüche gegen dritte Sicherungsgeber, die sich vertraglich verpflichten, daß der Kreditnehmer seine Verpflichtungen vertragsgemäß erfüllt. Bei der Einbeziehung »dritter Sicherungsgeber« ist die Werthaltigkeit einer besonderen Prüfung zu unterziehen. Zu den Personensicherheiten zählen z.B. Bürgschaften, bürgschaftsähnliche Sicherheiten wie Garantie, Schuldmitübernahme und Sicherung durch Wechsel.

Allen Sicherheiten gemeinsam ist das Problem, die Werthaltigkeit der Sicherheiten angemessen zu erfassen. Es nutzt dem Kreditgeber nicht, wenn er eine große Palette von Sicherheiten hat und bei Inanspruchnahme feststellen muß, daß nur ein Teil zum Ausgleich eines ausgefallenen Kredites herangezogen werden kann.

Aus den Sach- und Personensicherheiten ergeben sich verschiedene Möglichkeiten, um zu der Sicherheit zu gelangen und eine Einschätzung über die Sicherheit vorzunehmen. So können als Beurteilungsgrundlage bei einem Grundpfandrecht die Grundschuldbestellungsurkunde, der Grundbuchauszug und eine Verkehrswerteinschätzung herangezogen werden. Bei Bürgschaften sollte die Bürgschaftsurkunde und eine Offenlegung der finanziellen und wirtschaftlichen Verhältnisse des Bürgen vorliegen. Im Einzelfall sind diese Angaben durch weitere externe Auskünfte zu ergänzen. Bei Forderungsabtretungen sind die Abtretungserklärung, der Nachweis des Forderungsbestandes, bei größeren Forderungen eine Auskunft über die Bonität und die Ermittlung von Eigentumsvorbehalten als Beurteilungsgrundlage heranzuziehen. Bei Sicherungsübereignungen stehen der Übereignungsvertrag, Bestandslisten, aktuelle Jahresabschlüsse und eventuell betriebswirtschaftliche Auswertungen im Mittelpunkt. Bei Verpfändungen stellen die Verpfändungserklärung und die Verpfändungsanzeige die relevanten Informationen dar.

### 5.1.5.3  Risiken der Sicherheiten

Die Risiken, die bei Verwertung der Sicherheiten auftreten können, sind vielschichtig. So könnte die Sicherheit fehlerhaft bestellt worden sein. Hierbei ist die Frage der Rechtswirksamkeit einer Sicherheit zum Zeitpunkt der Sicherheitenbestellung zu überprüfen. Mögliche Veränderungen der Rechtspositionen der Sicherungsgeber können während der Kreditlaufzeit zur eingeschränkten Verwertung der Sicherheiten führen. So sind z.B. die Bürgschaften der Ehepartner oder der Kinder häufig wertlos. Die Summe aus der Abtretung einer Lebensversicherung kann sich im Zeitablauf reduzieren. Eine Verminderung des Zugriffs im Falle der Verwertung, aber auch zu hohe Verwertungskosten können die Werthaltigkeit vermindern. Eingetretene Wertminderungen während der Kreditlaufzeit reduzieren ebenfalls die Höhe der Sicherheit und auch Betrugstatbestände können zu einer Minderung der Sicherheiten führen.

All dies führt zu der Forderung an die Bank, die Sicherheiten während der Kreditlaufzeit ständig zu beobachten. Leider sieht die Praxis heute immer noch anders aus. Eine detaillierte formelle und materielle Prüfung der Qualität und der tatsächlichen Höhe der Sicherheiten erfolgt erst bei Kündigung oder bei Eintritt von vertragswidrigem Verhalten des Kreditnehmers. Das Kreditinstitut ist gut beraten, wenn es die Sicherheiten in Zeiten des Wohlverhaltens des Kreditnehmers einer Prüfung unterzieht und in regelmäßigen Abständen, mindestens einmal jährlich, seine Erkenntnisse aktualisiert. Treten z.B. Änderungen in der Sicherheitenqualität auf, so ist der Kreditvertrag an diese Veränderungen anzupassen. Mögliche Änderungen können sich z.B. im Falle einer Ehescheidung aus den Bürgschaften des Ehepartners ergeben.

Die Praxis zeigt eine Fülle von Beispielen auf, die zu einer eingeschränkten Sicherheitssituation der Bank geführt haben. So kann eine fehlerhafte Parzellierung von Grundstücken vorliegen oder eine Verminderung der Verwertung eines Grundstücks durch Nutzungsänderungen eingetreten sein. Mögliche Wertminderungen können auch durch mangelnde Erhaltungsmaßnahmen an Grundstücken und Gebäuden auftreten. Falsche Mietberechnungen können zu einer zu hohen Beleihungsquote führen. Fehlerhafte Bestellungen von Sicherheiten können sich aus ehemals selbständigen Wirtschaftsgütern ergeben, die mit einem Grundstück oder mit einem Gebäude eng verbunden werden und damit ihre eigenständige Verwertbarkeit verlieren. Ein Wertverfall von sicherungsübereigneten Warenlagern wird die Werthaltigkeit erheblich einschränken. Nicht mit einbezogene Eigentumsvorbehalte bei Sicherheiten oder Forderungsverluste bei abgetretenen Forderungen aus Lieferungen und Leistungen mindern die Höhe der Sicherheiten. Bei einer Verpfändung von Wertpapieren kann die Volatilität dieser Papiere zu Minderungen führen. Die erheblichen Kursverluste bei Aktien in den vergangenen Jahren zeigen die rasante Entwicklung von wertvollen zu wertlosen Sicherheiten deutlich auf. Eine eingetretene Vermögenslosigkeit von Bürgen reduziert abgegebene Bürgschaften auf Null.

Aus diesen Beispielen wird deutlich, daß die Abgabe von Sicherheiten häufig nur zu einer eingeschränkten Risikominderung führt. Die Bank sollte sich dieser eingeschränkten Möglichkeiten bewußt sein und eine permanente Sicherheitenbeobachtung vornehmen. Der Unternehmer sollte gleichermaßen bei Änderungen der Sicherheitenlage auf die Bank zugehen. Mit Sicherheiten, die während der Kreditlaufzeit ihre Werthaltigkeit reduzieren, ist keinem gedient. Insbesondere bei einer langfristig angelegten Geschäftsbeziehung zwischen Bank und Unternehmer sollte die einmal erreichte Vertrauenslage nicht vorschnell aufs Spiel gesetzt werden. Wenn der Unternehmer selbst auf seine Bank zugeht und einen Sicherheitentausch anbietet, wird dies die Vertrauensbasis erheblich stärken. Dazu gehört aber auch von seiten der Bank, daß eine vom Unternehmer als Übersicherung wahrgenommene Geschäftspolitik vermieden werden sollte. Die häufig festzustellende Übersicherung der Banken bei der Kreditvergabe an kleine und mittelständische Unternehmen führt nicht zu einer gestärkten Vertrauensbildung. Daher sind diese einseitigen Bevorteilungen nach einem umfangreichen Ratingprozeß nicht mehr gerechtfertigt.

### 5.1.5.4 *Sicherheiten und stille Reserven*

Ein Aspekt, der häufig vom Unternehmen und der Bank in die Sicherheitendiskussion eingeführt wird, sind die stillen Reserven in einem mittelständischen Unternehmen. Aufgrund der in hohem Maße von einer Steuerminimierung geprägten Bilanzierung in der Vergangenheit, wird sich der Unternehmer zunächst schwertun, die über Jahre hinweg angelegten stillen Reserven der

Bank gegenüber offenzulegen. Diese Zurückhaltung ist auch mit der Sorge verbunden, daß sich der Fiskus dieser Informationen bedienen kann. Die immer weiter fortschreitende Aufhebung des Bankgeheimnisses gegenüber den Finanzbehörden macht diese Sorge allzu verständlich.

Stille Reserven, die sich aus dem Gläubigerschutzprinzip ergeben, wie z.B. durch das gemilderte Niederstwertprinzip für das Anlagevermögen, lassen sich gegenüber der Bank offen erläutern. Problematischer hingegen verhält es sich mit den stillen Reserven, die aufgrund von Abwertungen, z.B. im Umlaufvermögen, zu niedrigen Bilanzansätzen geführt haben und deren Abwertungen mit den zu erzielenden Erlösen nicht übereinstimmen. Insbesondere fertige bzw. unfertige Erzeugnisse bieten hier Abwertungspotentiale.

Soweit es sich um offenkundige stille Reserven handelt, sollten diese gegenüber der Bank auch offen kommuniziert werden. Liegen allerdings stille Reserven vor, die einzig und alleine zur Minderung eines steuerlichen Ergebnisses geführt haben und in hohem Maße von der »Kreativität« des Unternehmers bestimmt worden sind, sollten diese auch bei einem Rating unberücksichtigt bleiben.

Häufig werden die stillen Reserven in der Praxis von seiten der Unternehmer als zu hoch veranschlagt und von den Banken aufgrund der Schwierigkeit, die stillen Reserven dem Grunde und der Höhe nach richtig zu erfassen, als zu niedrig angesetzt. Im Rahmen der Sicherheitendiskussion sollten daher die stillen Reserven nur eine untergeordnete Rolle spielen.

## 5.1.6  Zwischenfazit

1.  Der Jahresabschluß sollte mit Vergleichszahlen aus zwei Vorjahren dargestellt und im Hinblick auf wesentliche Veränderungen in den Relationen zu den Umsätzen kommentiert werden.
2.  Soweit im Jahresabschluß Sonderumsätze enthalten sind, die sich in der Höhe nicht wiederholen, sollte darauf hingewiesen werden, um einen Vertrauensverlust im Folgejahr zu vermeiden, wenn diese Umsätze nicht mehr anfallen. Auf außerordentliche Erträge und Aufwendungen ist gesondert hinzuweisen, damit ein echtes operatives Ergebnis dargestellt werden kann. Vorlaufkosten für zukünftige Umsatzsteigerungen sollten ebenfalls dargestellt werden, um den Investitionscharakter dieser Aufwendungen deutlich zu machen.
3.  Kennzahlen bilden seit vielen Jahren die Grundlage für die Beurteilung von Kreditengagements. In der Betriebswirtschaftslehre sind eine Fülle

von Kennzahlen entwickelt worden, die für die Kreditpraxis aber nicht alle relevant sind.

4. Im Rahmen eines Ratingprozesses sollte immer nur eine kleine Auswahl an relevanten Kennzahlen zur Anwendung kommen. Die Auswahl dieser Kennzahlen hat sich an den individuellen Anforderungen der Bank auszurichten. Dabei spielen die klassischen Finanzierungskennzahlen, wie goldene Bilanz- und Finanzregel in der Kreditpraxis immer noch eine Rolle.

5. Bei der Segmentanalyse erfolgt eine Aufteilung der Gewinn- und Verlustrechnung auf einzelne Produkt- oder Dienstleistungsgruppen oder auch nach regionalen Gesichtspunkten. Die Gruppen müssen eine gewisse Eigenständigkeit haben. Die Aufteilung muß wesentlich zur Erläuterung der Gewinn- und Verlustrechnung beitragen können.

6. Die Ermittlung der Segmentergebnisse ermöglicht eine deutliche Ergebniszuordnung und erleichtert Verbesserungen des operativen Geschäftes und strategische Entscheidungen, z. B. bei einer geplanten Ausgliederung eines Segmentes.

7. Durch die Zwischenberichterstattung erfolgt eine innerjährliche Erfolgsdarstellung in der Regel nach Quartalen, die in Verbindung mit den Zwischenergebnissen der jeweiligen Quartale der Vorjahre eine Prognose auf das Gesamtjahr erleichtert. Der Bank sollten nur die Halbjahreszahlen vorgelegt werden.

8. Bei der Zwischenberichterstattung können Abgrenzungsprobleme bestehen, wenn es innerhalb des Jahres zu starken saisonalen Schwankungen kommt. In diesem Fall sollte verbal auf ein Ungleichgewicht der Umsatzverteilung hingewiesen werden. Aufwendungen, die nur im letzten Quartal anfallen, aber wirtschaftlich durch die operative Tätigkeit des ganzen Jahres verursacht worden sind, können zeitanteilig verteilt werden.

9. Die Frage nach den Sicherheiten stellt sich bei jeder Kreditvergabe. Aus der Vielzahl von Sach- und Personensicherheiten ergeben sich unterschiedliche Risiken für die Bank, da diese sich meist erst um die aktuelle Werthaltigkeit kümmert, wenn vertragswidriges Verhalten vorliegt oder die Kündigung des Kreditengagements geplant ist.

10. Die von dem Mittelständler in die Kreditverhandlung eingebrachte Diskussion über stille Reserven bietet für die Bank in den meisten Fällen keine reale Verwertbarkeit. Durch die meist fiskalisch initiierte Bildung der stillen Reserven können diese bei Offenlegung zu steuerlichen Risiken führen.

## 5.2    Gegenwartsbezogene Unternehmens-
berichterstattung

### 5.2.1   Darstellung der Leisen Zeichen

Im Rahmen der Beurteilung eines Unternehmens sowohl bei der erstmaligen Vergabe eines Kredites als auch bei der laufenden Überwachung durch die Bank hat sich auch aus Bankensicht immer mehr herauskristallisiert, daß die präsentierten Zahlen des Unternehmens nur eine gute Grundlage für die Einschätzung bieten. Allenfalls bei offensichtlichen Krisen, die sich in negativen Cash flow-Kennziffern, einer sich anbahnenden Ertrags- oder sogar Liquiditätsverschlechterung widerspiegeln, sind die Zahlen die wesentliche Entscheidungsgrundlage. In allen anderen Situationen des Unternehmens sind es aber die weichen Faktoren oder die sogenannten Leisen Zeichen, die für den Erfolg oder den Mißerfolg des Unternehmens ausschlaggebend sind.

Die Leisen Zeichen gehen in ihrer Aussage weiter als die weichen Faktoren. Während weiche Faktoren alle Sachverhalte sind, die sich nicht unmittelbar in Zahlen ausdrücken lassen, wie z.B. die Motivation der Mitarbeiter oder das Außenbild des Unternehmens, berücksichtigen Leise Zeichen zusätzlich, daß zukünftige ergebnisrelevante Entwicklungen erst in ganz geringfügigen Ansätzen erkennbar sind. Im Bereich der Risikoprophylaxe wird von Früherkennungsmerkmalen gesprochen.

Der Mittelständler sollte im Hinblick auf die Leisen Zeichen ein feines Gespür entwickeln und sich immer vergegenwärtigen, daß die Bank hierauf ein genaues Augenmerk richten wird.

#### 5.2.1.1   *Persönlichkeit des Unternehmers*

Zuallererst muß der Banker von der Unternehmerpersönlichkeit überzeugt sein. Das ist eine Frage der persönlichen Vertrauensbildung. Wenn es der Mittelständler nicht schafft, den Banker von seiner Unternehmensidee und ihrer Durchführung zu überzeugen, wird es im Zweifel schon gar nicht zu einer Ausreichung eines Kredites kommen. Auch während der Laufzeit muß der Mittelständler immer wieder vertrauensbildende und erhaltende Maßnahmen ergreifen, damit der Banker nicht irritiert wird.

Es gibt einige Spielregeln, die der Mittelständler einhalten sollte. Da sind zunächst einmal die archetypischen Bilder, wie ein Unternehmer einer bestimmten Branche auftritt. Der Leiter einer Werkstatt wird ein anderes Bild abgeben dürfen als der Geschäftsführer einer Marketingagentur. Also ist der Mittelständler gut beraten, wenn er sich andere Führungspersonen seiner Branche ansieht und sich damit vergleicht. Vielleicht erhält er so den einen oder anderen Vergleichsmaßstab, an dem er sich messen kann.

Wichtig ist auch, daß man ein Auseinanderfallen von Anspruch und Realität vermeidet. Wer von höchster Qualität spricht und dann bei der Betriebsbegehung einen schmuddeligen und unaufgeräumten Betrieb vorführt, hat schnell Vertrauen verloren.

Bei der persönlichen Beurteilung des Unternehmers werden auch seine Darstellung der Unternehmensphilosophie, sein Führungsverhalten gegenüber den Mitarbeitern, soweit es erkennbar wird, und seine Kommunikationsfähigkeit eine Rolle spielen.

Die Kommunikation des Mittelständlers gegenüber seiner Bank und die Darstellung seines Unternehmens und seiner eigenen Person sollte von einer gelungenen Mischung aus Selbstbewußtsein und Bescheidenheit geprägt sein. Deutlich werden müssen aber Erfolgswille und Sendungsbewußtsein.

Bei der Aufnahme der Kreditverbindung ist es üblich, daß sich die Bank einen Lebenslauf des Mittelständlers vorlegen läßt. Ein solches Papier muß gut vorbereitet werden und gerade die Eigenschaften herausarbeiten, die für die Bank für die Ausreichung des Kredites wichtig sind, nämlich eine profunde Sachkenntnis, die durch Ausbildung und Berufserfahrung gewonnen worden ist, und Erfahrungen in erfolgreicher Menschenführung. Der Mittelständler sollte bedenken, daß ihn der einmal eingereichte Lebenslauf bei der Bank immer begleiten wird. In dem Lebenslauf sollten auch über das Unternehmen hinausreichende Tätigkeiten im politischen Bereich oder in einem Verband vermerkt sein, um damit auf ein auch für das Unternehmen nützliches Netzwerk zu verweisen.

Sehr aufmerksam achten Banken auf die privaten Lebensverhältnisse des Unternehmers und sind kritisch, wenn sie einen unangemessenen Lebensstil feststellen, weil sie dahinter eine charakterliche Labilität und damit auch einen unachtsamen Umgang mit den ihm anvertrauten Fremdgeldern befürchten. Der Mittelständler tut also gut daran, wenn er als Hobby Luxusautos sammelt, mit ihnen nicht gerade zu Bankgesprächen vorzufahren. Es kann auch kritisch vermerkt werden, wenn der Unternehmer eher durch Berichte über seine Parties in Hochglanzmagazinen auf sich aufmerksam macht als durch unternehmerisches Geschick.

Bankintern wird sogar auf den Ehestand geachtet und kritisch vermerkt, wenn der Unternehmer getrennt lebt und dadurch möglicherweise finanzielle Schwierigkeiten durch Unterhaltsstreitigkeiten hat oder sich weniger um sein Unternehmen als um eine neue Partnerin bemüht. Auch hier kann nur zu Dis-

kretion geraten werden. Oft wird auch die Ehefrau oder Lebensgefährtin mit
in die grundsätzliche Prüfung der Kreditwürdigkeit mit einbezogen. Wenn
der Banker eine solche »Einladung« ausspricht, wird sich auch die Partnerin
vorbereiten müssen. Zu den persönlichen Sorgfaltspflichten des Mittelständlers
gehört auch ein Ehevertrag, mit dem der Zugewinnausgleich ausgeschlossen
wird. Andernfalls besteht das Risiko, daß im Scheidungsfall die Wertsteige-
rungen im Unternehmen unter den Ehepartnern aufgeteilt werden müssen,
wenn bei der Ehefrau keine entsprechenden Werte vorhanden sind. Eine solche
Aufteilung führt zu einer erheblichen Belastung des Unternehmens, denn der
geschiedene Ehemann kann den Zugewinnausgleich als Gesellschafter nur
durch hohe Entnahmen aus dem Unternehmen finanzieren. Dadurch verbleiben
der Gesellschaft keine stillen Reserven mehr.

Die Begutachtung der Persönlichkeit des Unternehmers bezieht sich nicht
nur auf die gesamte Geschäftsführung oder den Vorstand, sondern auch auf
die Personen im Beirat oder im Aufsichtsrat des Unternehmens. Auch hier sind
die berufliche Ausbildung und Erfahrungen von Bedeutung. Es wird insbesondere darauf geachtet, ob mit der Besetzung des Aufsichtsrates tatsächlich
beratende Personen für das Unternehmen gewonnen werden konnten oder
ob es sich um Gefälligkeitsmandate handelt. Der Mittelständler sollte daher
– unabhängig von seinen Überlegungen zur Außenwirkung – noch einmal
überlegen, ob der Beirat oder der Aufsichtsrat in diesem Sinne tatsächlich
optimal besetzt ist.

### 5.2.1.2  *Außenbild des Unternehmens*

Zu den Leisen Zeichen, die die Bank kritisch prüfen wird, gehört auch das
Außenbild des Unternehmens. Mittelständler sollten also hin und wieder die
Firmenbroschüre daraufhin überprüfen, ob sie noch aktuell ist und den An-
sprüchen der Zeit entspricht. Hilfreich ist es, dazu auch die entsprechenden
Broschüren vergleichbarer Konkurrenzunternehmen hinzuzuziehen. Die eigene
Broschüre soll in angemessener Form über das Unternehmen berichten. Sie
wird immer auch werbenden Charakter haben. Wichtig ist aber eine gewisse
Ausgewogenheit in der Eigendarstellung.

Neben der allgemeinen Firmenbroschüre sollte das Augenmerk auch auf
die Bestellunterlagen gerichtet werden, also die Übersicht der Produkte eines
Fertigungsunternehmens oder der Waren eines Handelsunternehmens. Auch
hier ist die Ausgewogenheit zwischen selbstbewußter Eigendarstellung und
überzogener Werbung zu beachten. In technisch orientierten Katalogen ist auf
eine umfassende Darstellung zu achten, um den Kunden Entscheidungshilfen

bei der Auswahl der Produkte zu geben. Schließlich sind umfassende Preisinformationen erforderlich, insbesondere dann, wenn verschiedene Komponenten zusammengestellt werden sollen.

Die eigene Homepage eines Unternehmens ist heute fast schon eine Selbstverständlichkeit. Der Mittelständler muß davon ausgehen, daß sich der Banker die Internetseite seines Kreditkunden mit großem Interesse ansieht, denn sie sagt viel über das Außenbild des Unternehmens aus. Oft finden sich noch sehr biedere Seiten. Viele Seiten sind entweder zu wenig aussagekräftig oder so überladen, daß die wichtigen Informationen nicht unmittelbar zugänglich sind. Zudem gibt es häufig technische Probleme mit dem Laden der Seite, weil sie mit graphischen Spielereien überfrachtet ist. Bei manchen Unternehmen wird die Homepage nicht gepflegt, und dies wird peinlicherweise durch den Hinweis dokumentiert, »Letztes Update dieser Seite erfolgte am ...« – und dann folgt ein Datum, das Wochen oder gar Monate zurückliegt. Auch hier ist der Mittelständler gut beraten, sich die Internetseiten der Konkurrenz anzusehen und dann mit seiner Web-Agentur zu besprechen, wie die eigene Seite besser gestaltet werden kann.

Die Pressearbeit, deren Berichte auch der Banker lesen kann, ist auf eine vertrauenswürdige Wirkung hin zu überprüfen. Wenn ein Mittelständler sich mit der Pressearbeit intensiv auseinandersetzt, wird er wissen, wie wichtig die regelmäßige Präsenz in der Öffentlichkeit für das Außenbild des Unternehmens ist. Also wird er sich für den Lauf eines Jahres eine gewisse Abfolge von Pressemitteilungen überlegen. Die Kommentierung des Jahresabschlusses, wesentliche Erkenntnisse aus den Zwischenberichten, Informationen zu neuen Produkten oder Dienstleistungen, die Einrichtung neuer Standorte und Niederlassungen, personelle Veränderungen in der Geschäftsleitung und vieles mehr wird so über das Jahr verteilt, daß regelmäßig über das Unternehmen berichtet werden kann. Wenn es keine aktuellen Meldungen aus dem Unternehmen gibt, kann der Mittelständler sich vielleicht zu drängenden betriebswirtschaftlichen oder wirtschaftspolitischen Themen zu Wort melden. Hierzu eignet sich auch die Mitgliedschaft in einem Verband. Wichtig ist, daß das Unternehmen in den redaktionellen Beiträgen erscheint. Sie sind im Vergleich zu Anzeigen wesentlich glaubwürdiger und auch preiswerter.

Schließlich sollte auch auf Veröffentlichungen durch Journalisten über das Unternehmen geachtet werden. Wenn es sich um einen positiven Artikel handelt, sollte der Mittelständler dem Banker eine Kopie mit einem freundlichen Gruß zuschicken. Das wird den Banker in seiner positiven Sicht des Unternehmens bestärken. Sollte es sich um einen kritischen Artikel handeln, muß abgewogen werden, ob dem Banker der Artikel mit einer sachlichen Gegendarstellung zugeschickt werden soll, um einen Imageschaden vom Unternehmen abzuwenden. Gegebenenfalls sollten auch öffentliche Gegendarstellungen erfolgen. Manchmal ist es auch sehr wirksam, den betreffenden Journalisten einmal in das Unternehmen einzuladen, damit dieser sich vor Ort ein – realistischeres – Bild vom Unternehmen machen kann. Viele unzutreffende Artikel über ein Unternehmen beruhen nur auf der Unkenntnis des jeweiligen Journalisten.

Soweit der Banker sich eine Beurteilung der Produkte und Dienstleistungen des Unternehmens zutraut, wird er seine eigene Meinung dazu bilden. Wenn der Banker z.B. bei einem Fertighaushersteller von der Qualität der Häuser nicht überzeugt ist, wird er Risikoabwägungen kritischer vornehmen, als wenn ihm das Produkt gefällt. Auch hier gibt es ein Bild des Unternehmens in der Öffentlichkeit, das auch der Banker sieht.

### 5.2.1.3 Betriebsklima, Motivation und Zusammenarbeit der Arbeitnehmer

Es dürfte fraglich sein, inwieweit der Banker die Umstände, die die Arbeitnehmer betreffen, überhaupt bei seinen Überlegungen über die Risikoneigung des Unternehmens mit einbeziehen kann. Im Rahmen einer Due Diligence wären diese Umstände und auch die Art der Führung von großer Bedeutung für einen potentiellen Käufer des Unternehmens. Dem Banker stehen im Zweifel aber zunächst keine Informationen zu diesem Thema zur Verfügung. Im Rahmen der üblichen Kommunikation zwischen Bank und Unternehmen muß dieser Themenblock also besonders entwickelt werden, damit der Banker die Erfolgsfaktoren des Unternehmens insoweit wahrnimmt und sie mit in seine Überlegungen im Hinblick auf die Kreditwürdigkeit des Unternehmens einfließen läßt.

Vor diesem Hintergrund ist es wichtig, daß der Mittelständler zunächst einmal Kennzahlen über die Zufriedenheit der Mitarbeiter aufbereiten läßt. Das sind z.B. die durchschnittliche Krankheitsquote und die Verweildauer der Mitarbeiter im Unternehmen. Je geringer die Krankheitsquote ist, desto mehr spricht das für die Zufriedenheit der Mitarbeiter und damit auch für ein entsprechendes Engagement. Anderes gilt nur in dem Ausnahmefall, daß die Arbeitsmarktsituation so schlecht ist, daß es kein Mitarbeiter wagt, krank zu sein. Auch die Tatsache, daß die meisten Mitarbeiter schon sehr lange im Unternehmen sind und die Fluktuationsrate sehr gering ist, spricht für die Zufriedenheit der Mitarbeiter. Es gibt allerdings Branchen, bei denen es völlig normal ist, daß die Mitarbeiter in der Regel nach zwei Jahren das Unternehmen bereits wieder verlassen. Dies sind z.B. Beratungsunternehmen oder Werbeagenturen. Soweit die Kennzahlen jedenfalls positiv zu werten sind, wird der Mittelständler sie auch seinem Banker vorlegen und allein mit diesen Kennzahlen schon aufzeigen können, daß das Unternehmen insoweit gut aufgestellt ist. Soweit die Kennzahlen ein schlechtes Bild auf das Unternehmen werfen, sollte der Mittelständler sich über die Ursachen im klaren werden und dem Banker entweder die vorgesehenen Gegenmaßnahmen erläutern oder sich mit der Herausgabe der Kennzahlen noch etwas Zeit lassen.

Unabhängig von der Information aus den Kennzahlen sollte der Mittelständler von sich aus über die Maßnahmen sprechen, die er praktiziert, um ein gutes Betriebsklima und damit eine entsprechende positive Motivation der Mitarbeiter zu erreichen. Dazu gehört zunächst einmal die Form der Mitarbeiterführung in der Bandbreite zwischen einer streng hierarchischen, auf Befehlen fußenden Führung und einer teamorientierten Arbeitsweise. Dem heutigen Führungsverständnis würde eher eine Führung entsprechen, die sich der teamorientierten Arbeitsweise annähert. Dies ist aber von der Größe des Unternehmens abhängig. Je größer es ist, desto eher wird man allenfalls in kleineren Arbeitsgruppen diese Teamorientierung finden können.

Zu den Motivationsmaßnahmen gehört auch die Entlohnungspolitik innerhalb des Unternehmens. Aus Sicht der Bank werden hier Modelle präferiert, die den Erfolgscharakter einer Entlohnung wenigstens teilweise betonen. Der Banker wird sehr kritisch reagieren, wenn er den Eindruck bekommt, daß die Mitarbeiter überbezahlt werden und sich allein daraus ein Risiko für das Unternehmen ergibt. Da wird eine Information über ein umfangreiches Weiterbildungssystem innerhalb des Unternehmens positiver aufgenommen. Die Ausbildung der Mitarbeiter führt regelmäßig auch zu einer Verbesserung der Arbeitsleistung und damit auch zu einer Verbesserung der Marktposition des Unternehmens.

Im Ergebnis wird aber eine ausgewogene Entlohnungspolitik in Verbindung mit einer eher teamorientierten Arbeitsweise den Banker am meisten überzeugen.

### 5.2.1.4 *Qualität von Organisation und Rechnungswesen*

Die Qualität von Organisation und Rechnungswesen des Unternehmens ist für den Banker auch von außen schneller nachzuvollziehen. Hier kann der Banker schon an dem Zeitpunkt der Abgabe des Jahresabschlusses erkennen, wie zeitnah die entsprechenden Arbeiten erledigt worden sind und hat damit schon einen ersten Anhaltspunkt für die Einschätzung. Dazu gehört auch das sorgsame Einhalten der Kontokorrentlinie und die zeitnahe Übermittlung der aktuellen Forderungen des Unternehmens, wenn der Forderungsbestand zur Sicherung abgetreten worden ist. Im übrigen wird die Bank kaum weitere Gelegenheiten zur Einschätzung bekommen, da sie ja nicht im laufenden Kontakt mit diesen Abteilungen steht. Für den Mittelständler ist aber wichtig, daß die Berührungen, die die Bank zu Organisation und Rechnungswesen hat, keinen Anlaß zu Klagen geben.

Darüber hinaus sollte der Mittelständler aber von sich aus auf die Vorzüge der Organisation hinweisen, damit der Banker sich auch hier ein Bild von den Erfolgsfaktoren des Unternehmens machen kann. Dazu gehört, daß die Zusammenarbeit zwischen den einzelnen Abteilungen und die Qualität der internen Kommunikation erläutert und positiv herausgestellt wird. Dies kann bei einer Betriebsbegehung gut anhand des Organigrammes des Unternehmens geschehen.

Anhand eines solchen Organigramms kann auch dargestellt werden, daß die Organisation für die einzelnen Arbeitsfelder des Unternehmens in sich ausgewogen ist. Für die interne Kommunikation kann die Meetingkultur des Unternehmens dargestellt werden. Wie oft trifft man sich, wer ist an den Meetings beteiligt, wie lange dauern sie in der Regel und wie werden sie vor- und nachbereitet. Wenn das gegenüber dem Banker gut dargestellt werden kann, ist schon ein guter Eindruck erreicht.

### 5.2.1.5  *Zusammenarbeit und Kommunikation mit Kunden und Lieferanten*

Auch in diesem Bereich wird der Banker zunächst keine eigenen Informationen haben, auf die er bei der Beurteilung des Unternehmens zurückgreifen könnte. Um so wichtiger ist es für den Mittelständler, den Banker entsprechend zu informieren, damit er auch insoweit ein positives Bild vom Unternehmen erhält. Anhand einer ABC-Analyse sind gegenüber dem Banker schnell die wichtigsten Kunden dargestellt. Gleichzeitig muß eine Aussage über eine Abhängigkeit gemacht werden. Für die gute Zusammenarbeit und Kommunikation mit den wichtigsten Kunden und Lieferanten sind regelmäßige Treffen und ein intensiver Austausch über die jeweiligen Anforderungen und Interessen wichtig. Dies gilt insbesondere bei Just-in-Time-Lieferverhältnissen. Je umfassender der Banker hier informiert werden kann, um so positiver wird er das Verhältnis zwischen dem Unternehmen und den Kunden und Lieferanten einschätzen und damit zugleich eine Aussage über die Marktstellung des Unternehmens nachvollziehen können.

## 5.2.2 Markt- und Wettbewerbsanalyse

Eine Markt- und Wettbewerbsanalyse gehört mit zu den Hilfsmitteln zur Erfüllung der Informationspflichten, die eigentlich in keinem Ratingprozeß fehlen sollten. Hierzu zählen Beurteilungen über die gegenwärtigen Konkurrenten, über die Hersteller von Substitutionsgütern, über potentielle Wettbewerber sowie über Lieferanten und Kunden. Von diesen Faktoren geht ein direkter Einfluß auf das Branchenumfeld des jeweiligen Unternehmens aus. Die Struktur und die Attraktivität des Marktes werden dadurch erheblich geprägt. Daher muß sich ein Unternehmen damit aktiv auseinandersetzen. Allerdings wird die Beschäftigung mit dieser Thematik häufig nur eingeschränkt erfolgen, da eine umfassende Analyse erhebliche Kosten mit sich bringt.

Eine Analyse durch den Unternehmer wird sich auf die wesentlichen Faktoren beschränken. Diese Faktoren sind von Branche zu Branche unterschiedlich und hängen auch von der Größe des Unternehmens ab.

### 5.2.2.1 Analyse der globalen Umwelt

Eine Unterteilung der Einflußfaktoren auf die Branche und auf das Unternehmen kann sich auf die Analyse der globalen Umwelt, des rechtlichen Markt- und Wettbewerbsumfeldes, des Marktes und auf die Analyse der direkten Wettbewerber erstrecken. Bei der Beurteilung dieser Faktoren muß zwischen einer statischen und einer dynamischen Betrachtung unterschieden werden. Die statische Betrachtung bezieht sich auf einen Stichtag, die dynamische Komponente auf die Entwicklung des Marktes und der Wettbewerber.

Ausschlaggebend bei der Analyse der globalen Umwelt sind die Entwicklungen, die einen direkten Einfluß auf das Unternehmensgeschehen haben. Hierbei sind sowohl nationale als auch internationale Aspekte zu berücksichtigen. Dies hängt auch von der wesentlichen geographischen Ausrichtung des Unternehmens ab. In diesem Zusammenhang sind auch Auswirkungen politischer Vorgänge mit einzubeziehen, die z.B. dazu führen könnten, daß das Unternehmen in seinen wirtschaftlichen Tätigkeiten behindert wird.

Bei der Untersuchung der globalen Umwelt geht es weiterhin um die allgemeine wirtschaftliche Lage und die möglichen Auswirkungen auf das Unternehmen. Hierbei kann es sich um einer Fülle von Einflußfaktoren handeln. Hierzu gehören z.B. die Entwicklung des Bruttosozialproduktes, der Arbeitslosenquote und der Konsumquote. Diese Größen können sich unmittelbar auf das Nachfrageverhalten der Konsumenten auswirken. Ebenfalls wird sich die Entwicklung der allgemeinen Preisindizes auf das Nachfrageverhalten der

Konsumenten auswirken. Im Hinblick auf die Steuergesetzgebung könnte z.B. die Streichung von Verlustvorträgen oder die zeitliche Verlagerung von Steuersenkungen einen direkten Einfluß auf die Plansätze des Unternehmens haben.

### 5.2.2.2 *Analyse des rechtlichen Markt- und Wettbewerbsumfeldes*

Ebenso wie bei der Analyse der globalen Umwelt ist nicht in jedem Fall eine Analyse des rechtlichen Markt- und Wettbewerbsumfeldes erforderlich. Auch hier sind nur die Aspekte relevant, die eine direkte Auswirkung auf das Unternehmen haben können.

Eine besondere Rolle spielen dabei mögliche oder bereits absehbare Gesetzesänderungen. Daraus können sich Einschränkungen oder Möglichkeiten für die Wettbewerbsstruktur ergeben. Beispiele für mögliche oder bereits absehbare Gesetzesänderungen lassen sich aus einer Reihe von praktischen Fällen anführen. So führte die Einführung der Pflegeversicherung in Deutschland dazu, daß sich eine größere Anzahl von privaten Pflegediensten auf einem bisher lediglich von gemeinnützig tätigen Unternehmen geprägten Markt etablierte. Die Branchenstruktur veränderte sich dadurch erheblich. Ein weiteres Beispiel für gravierende Veränderungen zeigt die Einführung eines Dosenpfands für die Getränkeindustrie oder die diskutierte Frage der Preisbindung im Buchhandel.

Teilweise beschränken sich die Analysen über das rechtliche Markt- und Wettbewerbsumfeld nicht nur auf die nationalen Märkte, sondern beziehen in zunehmenden Maße auch die internationale Gesetzgebung mit ein.

Wenn auch nicht in jedem Fall umfangreiche Analysen erforderlich und möglich sind, so ist grundsätzlich zu prüfen, ob auf die Analyse des rechtlichen Markt- und Wettbewerbsumfeldes einzugehen ist.

### 5.2.2.3 *Analyse des relevanten Marktes*

Bei einer Analyse des relevanten Marktes ist es zunächst erforderlich, die Unternehmung im Marktumfeld richtig einzuordnen. Häufig sind Unternehmen mit unterschiedlichen Produkten auf unterschiedlichen Märkten tätig. Bei einem stark diversifizierten Unternehmen kann daher die Zuordnung zu mehreren Branchen in Frage kommen. Eine solche Vorgehensweise ist aber nur dann sinnvoll, wenn die Umsatz- und/oder Ergebnisbeiträge der einzelnen unterschiedlichen Produkte einen erheblichen Anteil am Gesamtunternehmen haben. Ist dies nicht der Fall, so wird man sich auf die Analyse der Hauptprodukte beschränken und von daher eine Branchenzuordnung über diese Konzentration erreichen. So macht es beispielsweise wenig Sinn, bei einem Unternehmen aus der Branche der Informationstechnologie konkrete Schlußfolgerungen aus der Entwicklung des weltweiten Halbleitermarktes zu ziehen. Es ist erforderlich, das Marktsegment so exakt wie möglich abzugrenzen. Diese Abgrenzung muß sowohl produktspezifisch als auch geographisch erfolgen. Die allgemeine Aussage, daß der Halbleitermarkt wächst, muß nicht falsch sein, läßt aber aufgrund seiner Allgemeingültigkeit keine Schlußfolgerungen für das zu beurteilende Unternehmen zu.

Durch die möglichst eindeutige Identifizierung des relevanten Marktes wird die Informationserhebung vereinfacht. Man wird sich hierbei auf sogenannte Sekundärinformationen stützen, die z.B. aus den Unterlagen des Verbandes, zu dem das Unternehmen gehört, entnommen werden können. Hinzugezogen werden können auch allgemeine wirtschaftliche Informationen, die von volks- und betriebswirtschaftlichen Instituten zur Verfügung gestellt werden. Selbst aus Veröffentlichungen und Stellungnahmen der Wettbewerber, z.B. aus Pressekonferenzen und Presseverlautbarungen, lassen sich Rückschlüsse auf die weitere Entwicklung des Unternehmens und des relevanten Marktes ziehen. Gute Informationsquellen stellen auch Fachmessen zur Verfügung. Durch gezielte Interviews mit den Ausstellern als Kunden, Lieferanten oder als Wettbewerber lassen sich effektiv Informationen über den Markt und seine Entwicklung erheben.

Aus Kosten- und Zeitgründen kommen Primärerhebungen nur eingeschränkt zur Anwendung. Denn die Gewinnung originärer Informationen erfordert einen höheren Erhebungsaufwand.

Mit in die Beurteilung des Marktumfeldes gehören Aussagen über das technologische Umfeld. Hierbei läßt sich der Status quo des Unternehmens gut einordnen und mögliche technologische Entwicklungen mit einbeziehen. Daneben können aber auch soziodemographische Entwicklungen und der Wertewandel die relevanten Märkte verändern. Auch Ausbildungstrends und modische Veränderungen haben Einflüsse auf die Märkte.

Besonders nachhaltig haben ökologische Faktoren die Märkte verändert. Dem gestiegenen Umweltbewußtsein der Konsumenten kann sich kein Unternehmen mehr entziehen. Hier entstehen für eine Reihe von Unternehmen neben Marktchancen auch Risiken. Insbesondere aus weiteren Umweltschutzauflagen werden sich zusätzliche finanzielle Belastungen ergeben. Solche komplexen Sachverhalte sollten zumindest in die qualitative Beurteilung eines Rating einfließen.

## 5.2.2.4  *Analyse des Branchenumfeldes*

Direkte Beziehungen im Branchenumfeld werden sich auf die Kunden, auf die Lieferanten und auf die Konkurrenten beziehen.

Dabei spielt der Konzentrationsgrad der Kunden eine wichtige Rolle. Falls wenige Kunden einer großen Zahl von Anbietern gegenüberstehen, ist die Verhandlungsposition des Anbieters erheblich eingeschränkt. Ein weiterer Aspekt, der die Situation des Anbieters beeinflußt, liegt in der Bedeutung der Produkte für die Abnehmer. Leicht austauschbare Produkte schmälern die Verhandlungsposition des Anbieters. Dagegen bedeutet z.B. eine hohe Qualität des Produktes, die von entscheidender Bedeutung für den Abnehmer ist, eine Sicherheit für den Anbieter. Weiterhin führt ein hoher Informationsstand des Abnehmers über die Märkte zu Verhandlungsstärke. Ebenso wird eine angespannte Konjunktursituation der Anbieter zu Preiszugeständnissen bei den Kunden führen.

In Analogie zu den Anmerkungen über die Positionen der Abnehmer werden sich die Analysen über die Lieferanten entwickeln. Eine starke Anbieterposition auf den Beschaffungsmärkten wird zu Preissteigerungen für die Abnehmer führen. Dieser Nachteil wird sich dann überproportional fortpflanzen, wenn die erhöhten Beschaffungspreise nicht an die eigenen Kunden weitergegeben werden können.

Bei der Wettbewerbsanalyse steht die Bestimmung und Analyse der gegenwärtigen und zukünftigen Mitbewerber im Vordergrund. Die Unternehmen haben meist einen guten Überblick über ihre Wettbewerber. Sie werden ihre Wettbewerber im Regelfall gegenüber ihrer eigenen Unternehmung meist negativ abgrenzen.

Aus der Vergangenheit sind die Entwicklungen der Wettbewerber meist bekannt. Informationen über die Entwicklung in der Vergangenheit sind häufig unproblematisch zu erhalten. Aus diesen Informationen läßt sich ableiten, wie lange und wie intensiv die Wettbewerber im Markt agieren. Ableitbar sind auch die Stabilitäten und Flexibilitäten der einzelnen Wettbewerber im Markt.

Jedes Marktsegment hat andere Eintrittsbarrieren für neue Marktteilnehmer. In einigen Segmenten gibt es hohe Markteintrittsbarrieren rechtlicher, wirtschaftlicher oder technologischer Art. Denkbar sind z.B. auch nationale Barrieren, so z.B. Erschwernisse beim Eintritt in die asiatischen Märkte.

Aufgrund dieser Informationen über die Wettbewerber und den Markt wäre z.B. ein geplanter Markteintritt in ein Segment, in dem eine Reihe von Eintrittsbarrieren existieren, mit großen Vorbehalten zu betrachten.

Im günstigen Fall lassen sich die Erschließung von neuen Märkten und damit die Marktchancen bestätigen. Aber auch dann wird man mit erheblichen Markteintrittskosten zu rechnen haben, die die Ertragskraft des Unternehmens trotz einer geplanten Umsatzausweitung in den ersten Planungsperioden belasten.

Bei der Erhebung von Informationen über die Wettbewerber muß man sich zumeist der sekundären Quellen bedienen. Eine direkte Befragung beim Wettbewerber scheidet im Regelfall aus. Ansatzpunkte können hier Verbandsinformationen bieten. Wenngleich solche Informationen immer nur die Branche in ihrer Gesamtheit abbilden, lassen sich hieraus Trends und Tendenzen für die Entwicklung der Wettbewerber ableiten. Die Qualität dieser Informationen hängt auch von der Wettbewerbsstruktur ab. Bei oligopolistischen Wettbewerbsstrukturen, die durch wenige Wettbewerber gekennzeichnet sind, ist es einfacher, aus den Verbandsinformationen Schlußfolgerungen für das eigene Unternehmen zu ziehen als bei polypolistischen Wettbewerbsstrukturen, die durch viele Wettbewerber gekennzeichnet sind.

Eine weitere Möglichkeit, Informationen über die Wettbewerber, aber auch über das zu untersuchende Unternehmen zu gewinnen, bieten Kundenbefragungen. Ausgangspunkt dafür sind die Kunden des zu untersuchenden Unternehmens, die sowohl über das Unternehmen als auch über die Wettbewerber befragt werden können. Durch das Aufstellen von Kundenprofilen, z.B. nach den Kriterien der Lieferfähigkeit, der Liefergeschwindigkeit, dem Service, der Preisgestaltung, und dem Verkäuferverhalten, lassen sich Profile für das eigene Unternehmen und für die Wettbewerber aufstellen.

Weitere Vergleichsmöglichkeiten bieten die unterschiedlichen Größenordnungen der Umsatzerlöse. Hierbei spielen Überlegungen im Hinblick auf langfristige Umsatzentwicklungen eine Rolle. Dies kann zu einer Einschätzung über die Entwicklung der künftigen Marktanteile führen. In diesem Zusammenhang spielen auch die Kapitalverhältnisse und die Standorte der Wettbewerber eine Rolle. Dabei ist es nicht ungewöhnlich, wenn Unternehmen unterschiedlicher Größenordnung konkurrieren. Dies kann dann der Fall sein, wenn ein Großunternehmen in einem kleinen Marktsegment mit einer Abteilung tätig ist und dort mit einem spezialisierten Nischenanbieter konkurriert. In einem solchen Fall ist auch zu überprüfen, ob überhaupt ein echter Wettbewerb vorliegt. Möglicherweise kann das kleine Unternehmen Aufgaben abdecken, die das Großunternehmen nicht übernehmen will. Daneben lassen sich das Vertriebssystem und die Absatzmethoden sowie die Angemessenheit des Werbeaufwandes miteinander vergleichen. Auch Unterschiede im Kundenstamm können für die Aussage, daß eigentlich keine Konkurrenz vorliegt, von Bedeutung sein. Eine unterschiedliche Vergütungsstruktur der Mitarbeiter kann möglicherweise Aussagen über die unterschiedliche Profitabilität der Unternehmen erlauben. Ebenso können in der vergleichenden Betrachtung die Produktivität und die Kapazitätsauslastung in die Analyse einbezogen werden.

Soweit dies anhand der Informationen über die Wettbewerber möglich ist, sollte man neben den überwiegend qualitativen Informationen auch versuchen, quantitative Informationen miteinander zu vergleichen. Als eine zentrale Kennziffer neben den Umsatzerlösen läßt sich dafür die Umsatzrentabilität verwenden. Bei dem Vergleich dieser Kennziffer ist allerdings darauf zu achten, inwieweit außerordentliche und periodenfremde Aufwendungen und Erträge die Jahresergebnisse beeinflußt haben.

Bei der Darstellung der Markt- und Wettbewerbssituation eines einzelnen Unternehmens ist zu beachten, daß die Kreditinstitute auf der Grundlage eigener Branchenratings die Informationen des Unternehmens mit ihren eigenen Informationen abgleichen. Bei den Branchenratings werden Branchenrisiken ermittelt, die auf einer Einschätzung der wirtschaftlichen Situation und Entwicklung der jeweiligen Branche beruhten. Hierbei liegt häufig eine sehr pauschale Einstufung vor. Insbesondere werden auf der Basis von Erfahrungen Ausfallrisiken für Kredite bei Unternehmen der jeweiligen Branche abgeschätzt. Dieses auf der Basis von historischen Ausfallraten festgestellte Risiko hat eine hohe Bedeutung für die Kosten des Kredites. Berücksichtigung finden dabei z.B. Wachstumsraten, Konzentrationsdruck, Eintrittsbarrieren und Wettbewerbsintensität. Angaben über solche Branchenratings sind für jeden zugänglich. Als Beispiel sei hier das sogenannte FERI-Branchenrating genannt. Branchenratings werden von der FERI AG, einem privaten Unternehmen mit Sitz in Bad Homburg, kontinuierlich erhoben. Soweit solche Branchenratings zur Verfügung stehen, ist der mittelständische Unternehmer gut beraten, wenn er sich vor seiner eigenen Markt- und Wettbewerbseinschätzung diese Informationen beschafft. Die Branchenratings von Banken oder von externen Instituten oder Unternehmen haben im Ratingprozeß ein hohes Gewicht und werden von den Banken für glaubwürdiger gehalten. Eine hohe Abweichung der eigenen Einschätzung mit der eines Branchenratings bedarf einer umfassenden Erläuterung durch das Unternehmen.

## 5.2.3 Aufbereitung der rechtlichen Grundlagen und Rahmenbedingungen

Die Banken gehen zunehmend dazu über, auch die rechtlichen Grundlagen und die Rahmenbedingungen des Unternehmens intensiv zu überprüfen. Oft wird eine eigenständige Legal Due Diligence durch einen Rechtsanwalt durch die Bank in Auftrag gegeben. Das erfolgt in der Regel vor der Zusage eine größeren Kredites.

Der Mittelständler wird sich also darauf einstellen müssen, die rechtlichen Unterlagen für eine solche Due Diligence bereits im Vorfeld aufzubereiten und sie ggf. noch einmal mit seinem eigenen Rechtsanwalt kritisch zu hinterfragen, um zu möglichen Risiken zusätzliche Erläuterungen geben zu können. Gerade in rechtlicher Hinsicht ist es für den Mittelständler wegen der hier drohenden möglicherweise hohen Risiken erforderlich, sich vorher umfassend überprüfen und darüber unterrichten zu lassen. Nur so können mögliche Risiken argumentativ aufbereitet werden.

### 5.2.3.1  Rechtliche Grundlagen

Hierbei handelt es sich um die gesellschaftsrechtlichen Grundlagen. Gründung, Umwandlung und ggf. Kapitalerhöhungen müssen durch die entsprechenden notariellen Urkunden und Handelsregisterauszüge im Hinblick auf ihre Ordnungsmäßigkeit nachgewiesen werden. Zweckmäßigerweise befinden sich diese Unterlagen in einem gesonderten Ordner, der auch die Urkunden zu allen weiteren Änderungen enthält. Ein besonderes Augenmerk ist der vollständigen Dokumentation der Kapitalveränderungen zu widmen. Hier können Risiken aus verdeckten Sacheinlagen bestehen, wenn das Unternehmen aus Kostengründen eine Barkapitalerhöhung durchgeführt hat, im unmittelbaren Zusammenhang damit aber Sacheinlagen von einem Gesellschafter erworben hat.

Darüber hinaus sind die Protokolle der Hauptversammlung (bei einer AG) und der Beirats-/ bzw. Aufsichtsratssitzungen zusammenzustellen. Soweit zwischen den Gesellschaftern und den Mitgliedern der Organe einerseits und der Gesellschaft andererseits vertragliche Beziehungen bestehen, z.B. Beratungsverhältnisse, gehören die entsprechenden Verträge ebenfalls in die Unterlagen.

### 5.2.3.2  Genehmigungen

Hierunter fallen alle öffentlich-rechtlichen Genehmigungen zum jeweiligen Standort des Unternehmens, von der allgemeinen Betriebsgenehmigung bis hin zu Genehmigungen der Produktionsanlagen. Es muß jeweils die Laufzeit dargestellt werden. Soweit sich das Unternehmen in einem Genehmigungsverfahren für die Errichtung einer Werksanlage befindet und die Produktionskapazität dieser Anlage Basis für eine Umsatzplanung ist, muß der zeitliche Verlauf eines solchen Genehmigungsverfahrens besonders sorgfältig und mit entsprechenden Puffern eingeplant sein.

### 5.2.3.3  Vermögensgegenstände und Sicherheiten

Die Eigentumsverhältnisse an Grund und Boden müssen durch die entsprechenden Gundbuchauszüge nachgewiesen werden. Immaterielle Rechte sind auf ihre rechtliche und wirtschaftliche Werthaltigkeit zu überprüfen. Besonders kritisch kann das z.B. bei erworbenen Filmrechten sein, die aufgrund der sehr komplexen rechtlichen Gestaltungen insbesondere dann einzeln geprüft werden müssen, wenn sie als Sicherung für einen Kredit dienen sollen. Dasselbe gilt für Lizenzen, Marken oder Patente.

Soweit für die Planung Auftragsbestände als Basis der Umsatzerlöse behauptet werden, sind sie auf ihre rechtliche Verbindlichkeit hin darzulegen. In einzelnen Branchen, z.B. im Automobilzuliefererbereich, gibt es lediglich Erklärungen der Kunden über ein mögliches Abrufpotential, die aber nicht rechtsverbindlich sind. Ähnliche Sachverhalte lassen sich in der Fertighausindustrie feststellen. Hier liegt oft eine sehr große Zahl von rechtsverbindlichen Verträgen vor, die aber regelmäßig unter aufschiebender Bedingung abgeschlossen worden sind, daß z.B. ein Grundstück erworben oder die Finanzierung von einer Bank zugesagt worden ist.

### 5.2.3.4  Wesentliche Verträge

Hier sind nur die Verträge aufzuführen, die für die Entwicklung der Ertragslage der Gesellschaft von wesentlicher Bedeutung sind. Das sind ebenso Verträge mit Kunden über langfristige Lieferbeziehungen und über eine Zusammenarbeit wie bedeutende Einkaufsverträge mit Lieferanten. Dazu gehören auch wesentliche Beratungs- und Werbeverträge. Ferner gehören die wesentlichen Pacht-, Miet- und Leasingverträge dazu. Für den Nachweis des Versicherungsschutzes ist eine Zusammenstellung der Versicherungsverträge zu den einzelnen für das Unternehmen relevanten Risiken sowie eine Erklärung des zuständigen Versicherungsmaklers, daß die Gesellschaft mit dem Versicherungsbestand ausreichend gegen Risiken abgedeckt ist.

Im Hinblick auf die Bankverbindlichkeiten sind alle Kreditverträge und eine Aufstellung der herausgereichten Sicherheiten erforderlich. Um die Eventualverbindlichkeiten des Unternehmens mit abzudecken, sind auch die an Dritte erteilten Bürgschaften und Patronatserklärungen vorzulegen.

Im arbeitsrechtlichen Bereich ist eine Übersicht über alle Beschäftigungsverhältnisse mit einer Beschreibung der Mitarbeiter nach Funktion, Jahresgehalt und Tantiemevereinbarungen, Altersversorgungsansprüchen, Alter und Kündigungsfrist notwendig. Für die leitenden Mitarbeiter, auch wenn es Gesellschafter sind, sollten die Arbeitsverträge vorliegen. Für die anderen Mitarbeiter reicht ein Mustervertrag je Beschäftigungsgruppe, wie z.B. für feste Angestellte, Handelsvertreter oder freie Mitarbeiter.

### 5.2.3.5 Rechts- und Steuerstreitigkeiten

Bei den rechtlichen Streitigkeiten geht es nur um solche Fälle, die die Ertragskraft des Unternehmens erheblich beeinträchtigen können. Das sind z.B. größere Gewährleistungsfälle, wettbewerbsrechtliche Streitigkeiten, handelsrechtliche Streitigkeiten mit Kunden oder Lieferanten oder kartellrechtliche Verfahren, die das Unternehmen in wirtschaftlicher Hinsicht sehr stark belasten können. Arbeitsrechtliche Streitigkeiten haben nur dann eine wesentliche Bedeutung, wenn es um Grundsatzfragen geht, die Auswirkungen auf das Lohn- und Gehaltsgefüge des ganzen Unternehmens haben können, oder wenn es um Streitigkeiten mit leitenden Angestellten geht, die zu hohen Abfindungen führen können. Fatal ist es, wenn erst bei der Legal Due Diligence durch den von der Bank beauftragten Rechtsanwalt rechtliche Risiken aus laufenden Prozessen aufgedeckt werden, nachdem zuvor nur eine Prozeßkostenrückstellung dargelegt wurde. Deshalb muß hier der aktuelle Stand aller Rechtsstreitigkeiten mit einer Einschätzung über die Aussichten durch den betreuenden Rechtsanwalt vorbereitet sein.

In steuerlicher Hinsicht können sich aus laufenden Außenprüfungen hohe Steuernachzahlungen ergeben. Die wesentlichen kritischen Sachverhalte liegen in verdeckten Gewinnausschüttungen, wenn die Gesellschaft den Gesellschaftern oder ihnen nahestehenden Personen Vermögensvorteile zukommen läßt, die so Dritten nicht gewährt worden wären. In Handelsgesellschaften kann die umsatzsteuerrechtliche Einordnung eines Sachverhaltes, insbesondere wenn es um Auslandsumsätze geht, sehr kritisch werden, weil dann immer die Umsätze mehrerer Jahre neu versteuert werden müssen. Lohnsteuerrechtliche Verfahren, insbesondere im Hinblick auf freie Mitarbeiter, die als Scheinselbständige eingestuft werden, haben meistens auch hohe Nachzahlungen zur Folge, weil die nicht abgeführte Lohnsteuer für die betroffenen Mitarbeiter oft einen Zeitraum von mehreren Jahren umfaßt.

Für den Mittelständler hat die vermehrt vorgenommene Prüfung der rechtlichen Rahmendaten anläßlich der Ausreichung eines Kredites und auch während der Laufzeit den Vorteil, daß er sich Gedanken machen muß über eventuell vorhandene Risiken. Dadurch wird für ihn rechtlicher Beratungsbedarf und auch Handlungsbedarf erkennbar. So kann möglicherweise sich abzeichnenden größeren rechtlichen Risiken vorzeitig begegnet werden.

## 5.2.4  Risikoberichtserstattung und -management

Gesetzliche Vorschriften zur Ausgestaltung von Risikoberichterstattung und -management sind durch das Gesetz zur Kontrolle und Transparenz im Unternehmensbereich (KonTraG) unmittelbar in § 91 Abs. 2 AktG aufgenommen worden, wonach der Vorstand einer AG »geeignete Maßnahmen zu treffen (hat), insbesondere ein Überwachungssystem einzurichten (hat), damit den Fortbestand der Gesellschaft gefährdende Entwicklungen früh erkannt werden«. Auch im Lagebericht soll auf die Risiken der künftigen Entwicklung eingegangen werden (§ 289 Abs. 1 HGB). Der Aufsichtsrat hat die Risikopolitik des Vorstandes zu überwachen und seine Darstellung der Risiken im Lagebericht zu überprüfen. Wenn die Verpflichtung des Vorstandes sich auch nur auf die AG bezieht, so wird auch der Geschäftsführer einer GmbH sich mit einer systematischen Risikovorsorgepflicht befassen müssen, um seiner Verpflichtung als Geschäftsführer nachzukommen und Krisensituationen frühzeitig zu erkennen und zu klären. Das Risikomanagement wird zunehmend auch auf ein Chancenmanagement ausgedehnt.

Es ist zunächst ein Risikoerkennungssystem und dann eine Berichterstattung über potentielle Risiken einzurichten. Soweit eine Berichterstattung gegenüber der Bank erfolgt, wird das auf freiwilliger Basis geschehen. Angesichts des Vertrauensverlustes der Banken werden sie an dieser Berichterstattung ein großes Interesse haben.

### 5.2.4.1  Erkennungssystem

Ziel eines Risikomanagements ist die Verbesserung der internen Transparenz zur frühzeitigen Erkennung von Risiken und die Sensibilisierung der Mitarbeiter im Hinblick auf mögliche Risiken. Dazu gehört zunächst die vollständige Aufnahme aller Risikofelder und die Einrichtung von Maßnahmen zur Erfassung und Darlegung der Risiken.

Zweckmäßigerweise erfolgt eine Kategorisierung der Risiken, z.B. nach den spezifischen Branchenrisiken und der Entwicklung des politischen Umfeldes, nach strategischen Risiken, die z.B. die Zusammensetzung des Produktangebotes, die Investitionen oder den Standort betreffen, und nach operativen Risiken, z.B. aus der Produktion oder dem Vertrieb, nach Personalrisiken und schließlich nach finanziellen Risiken.

Spezifische Branchenrisiken können sich z.B. im Anlagenbau aus einer langfristigen Fertigung und der zu komplexen Kalkulation mit der Gefahr einer Fehlschätzung ergeben. Wenn sich dann noch Baustellen in politisch gefährdeten Regionen befinden, besteht zusätzlich das Risiko, daß die Forderung nicht durchgesetzt werden kann. Daneben haben Anlagenbauer das Risiko, daß die Akquisitionskosten durch die Erstellung des Angebotes, die bei den in der Regel sehr großen Projekten immens sind, fehlschlagen.

Spezifische Risiken bestehen auch in den Branchen, die besonders von Modetrends in der Bevölkerung abhängen. Das sind z.B. Unternehmen der Schlager- oder Filmindustrie. Hier ist das Risiko eines Fehlschlages besonders hoch und die Chance, den Geschmack der Kunden mit einem Film oder einem Hit zu treffen, sehr gering. Auf der anderen Seite besteht die Chance außerordentlich hoher Gewinne, wenn dies doch gelingt.

Bei Softwareunternehmen besteht ein außerordentlich hohes Risiko, wenn versucht wird, aus dem Projektgeschäft – Abwicklung einzelner EDV-Aufträge für einen Kunden und Programmierung der Software auf seine speziellen Belange hin – in das Produktgeschäft – Angebot einer von allen gleichermaßen nutzbaren Software, die dann nur noch als Recht verkauft wird – zu gelangen. Das Risiko besteht in der oft nicht einschätzbaren Entwicklungszeit und den damit zusammenhängenden Kosten. Im Projektgeschäft besteht das Risiko der Kalkulation aufgrund der oft unklaren Leistungsvorgaben des Kunden und das Risiko der Kostenüberschreitung aufgrund eines nicht verläßlichen Projektcontrollings.

Marktrisiken können neben dem üblichen Wettbewerb zwischen den Marktteilnehmern in der Entstehung neuer Konkurrenten oder in der Entstehung von Ersatzprodukten liegen. Sie können ebenfalls durch stärker werdende Kunden oder Lieferanten entstehen, z.B. durch die höhere Nachfragemacht nach Zusammenschlüssen solcher Unternehmen. Auch eine starke Abhängigkeit von Kunden oder Lieferanten ist hier als Risiko zu nennen. Gefährlich ist es auch, wenn veraltete Produkte nicht weiterentwickelt werden oder Patente auslaufen.

Im Bereich der Produktion können Risiken z.B. aus vermehrten Produktionsausfällen, aus höheren Gewährleistungen und aus einer schleichenden Überalterung der Produktionsanlagen erwachsen.

Bei dem Einsatz der Informationstechnologie bestehen z.B. Risiken aus einer fehlgeschlagenen Einführung, aus einer überteuerten Lösung, aus unterschätzten Folgekosten, aus einer fehlenden Anpassungsfähigkeit an den schnellen technologischen Wandel und schließlich aus einem Zusammenbruch der Anlage mit der Folge eines Datenverlustes und der Stillegung des Betriebes für die Zeit des Ausfalles.

Rechtliche Risiken können z.B. in gesellschaftsrechtlicher Hinsicht, aus der Veränderung öffentlich-rechtlicher Vorschriften, aus arbeitsrechtlichen, aus steuerrechtlichen und aus allgemeinen handelsrechtlichen Streitigkeiten entstehen.

Finanzielle Risiken können in dem Ausfall von Forderungen, in sinkenden Preisen oder in wesentlichen Zins- oder Währungsänderungen liegen.

Besonders kritisch sind Risiken im Managementbereich selbst, weil sie in einer Tabuzone im Unternehmen liegen, über die nicht gesprochen werden darf. Dies gilt insbesondere für Streitigkeiten innerhalb der Unternehmensführung, die auf Meinungsverschiedenheiten oder auf Konkurrenzerwägungen beruhen können. Dasselbe gilt für Streitigkeiten zwischen der Unternehmensleitung und den Gesellschaftern. Diese können besonders schwer bei Familiengesellschaften ausfallen, bei denen die gesellschaftsrechtliche Problematik noch durch familieninterne Querelen verschärft wird. Hierzu gehören auch Risiken durch gesundheitliche Probleme hochqualifizierter Personen in der Unternehmensleitung.

Bei der Bestimmung der Risiken sollte sich der Mittelständler auch Gedanken machen über die Frühwarnzeichen der Risiken, um möglichst früh gegensteuern zu können. Früherkennungssysteme können auf Kennzahlen beruhen, die mit denen vergangener Jahre verglichen werden, z.B. Akquisitionsversuche je erzielte Aufträge, Aufwandsrelationen oder Umsatzrelationen bestimmter Quartale im Vergleich zum Gesamtjahr. Es können aber auch Indikatoren herangezogen werden, wie z.B. die Kaufkraft einer Kundengruppe oder deren Zahlungsverhalten. Schließlich haben auch Leise Zeichen oder Schwache Signale die Qualität, in einem Früherkennungssystem eingepflegt zu werden. Die Schwierigkeit besteht dann aber darin, die Leisen Zeichen innerhalb oder außerhalb des Unternehmens zu erkennen und zu würdigen. In der Regel haben sie Auswirkungen auf strategische Bereiche des Unternehmens.

### 5.2.4.2   Risikoberichterstattung

Zu berichten ist über wesentliche Risiken, die Entscheidungen des Empfängers eines solchen Berichtes beeinflussen können. Dabei sind Schwerpunkte zu bilden im Hinblick auf die besonderen Gegebenheiten eines Unternehmens und die mit seiner operativen Tätigkeit verbundenen Risiken. Dabei sollte möglichst vermieden werden, pauschale unternehmerische Risiken darzustellen. Die Erfahrung mit den Börseneinführungsprospekten vieler Unternehmen, die ihre Anteile am Neuen Markt eingeführt haben, hat gezeigt, daß die eigentlichen Risiken eines Unternehmens mit diesen allgemeinen Risiken oft verdeckt wurden.

Die Risiken und die daraus folgenden Konsequenzen müssen einzeln und ausführlich beschrieben werden. Wenn sich Risiken gegenseitig bedingen oder sich in ihren Auswirkungen potenzieren, ist auch dies zu vermerken. Das kann z.B. dann der Fall sein, wenn ein Unternehmen mit nur einem Produkt nur einen Kunden hat. Wenn es sich um bestandsgefährdende Risiken handelt, müssen sie als solche bezeichnet werden.

Es sind auch Angaben über die Wahrscheinlichkeit des Eintretens eines Risikos und über die finanziellen Folgen zu machen. Die betragsmäßige Erfassung eines Risikoeintrittes sollte auf einem nachvollziehbaren Mengengerüst beruhen. Bei dem Risiko eines Umsatzeinbruches muß die Zeit und die Wirksamkeit eines dann erforderlichen Kostenabbaus mit einbezogen werden.

Für eine Bewertung der Risiken des gesamten Unternehmens kann eine Darstellung hinzugezogen werden, die die Höhe des Schadens und die Eintrittswahrscheinlichkeit der einzelnen Risiken kombiniert darstellt.

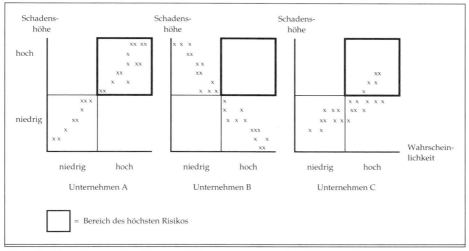

Abb. 9: Verteilung der Einzelrisiken in unterschiedlichen Unternehmen

Bei den dargestellten Unternehmen wird die unterschiedliche Risikoneigung der operativen Tätigkeit deutlich.

Soweit Risiken kompensiert werden, ist eine Darstellung insoweit zulässig. Wenn z.B. ein Schlüsselkunde selbst von dem Unternehmen als Lieferant absolut abhängig ist, dann verbleibt allenfalls ein Restrisiko. Soweit Maßnahmen gegen die Realisierung des Risikos getroffen worden sind, kann auch das angegeben werden. Bestehen im Unternehmen erhebliche Währungsrisiken, wird aber gleichzeitig eine umfassende Kursabsicherung vorgenommen, relativiert das das ursprüngliche Risiko fast auf Null. Risiken dürfen allerdings nicht mit Chancen verrechnet werden, weil diese gleichermaßen in ihrer Entstehung unsicher sind. Bei dem Beispiel von drohenden Währungsverlusten kann also nicht damit argumentiert werden, daß das Unternehmen auch erhebliche Kurschancen hat.

Das Risikomanagement muß die Risiken als unternehmensspezifische Risiken eingeordnet und analysiert haben. Die Risiken müssen nach vorgegebenen Maßstäben bewertet werden. Soweit möglich, sind Maßnahmen zur Steuerung der Risiken vorzusehen und in ihrer Effektivität zu überwachen.

Die relevanten Risiken und ihre Veränderungen, die Maßnahmen und ihre Wirksamkeit sind zu dokumentieren und gegenüber den Adressaten also Aufsichtsrat, Beirat oder der Bank zu kommunizieren. Der Turnus der Beobachtung der Risiken muß festgelegt sein. Er ist entweder zeitlich bedingt oder eintrittsbedingt.

### 5.2.4.3 *Risikobewältigung*

Maßnahmen zur Risikobewältigung müssen ebenfalls in die Risikoberichterstattung eingefügt werden. Eine Risikobewältigung kann in Gegenmaßnahmen im operativen Bereich und/oder in einer Versicherung im weitesten Bereich der jeweiligen Risiken bestehen.

Versicherungen werden aber nur für bestimmte Sachverhalte möglich sein, z.B. für Brand und Betriebsstillegung oder als finanzpolitische Sicherungsgeschäfte. Für normale operative Entscheidungen, die ebenfalls zu einem erheblichen Schaden führen können, z.B. eine Fehlinvestition, wird ein Unternehmen keinen Versicherungsschutz erhalten.

## 5.2.5   Zwischenfazit

1. Leise Zeichen sind alle Faktoren, die lang oder mittelfristig über den Erfolg oder Mißerfolg eines Unternehmens entscheiden, ohne daß sie sich unmittelbar in finanzielle Ströme umrechnen lassen. Leise Zeichen liegen überwiegend im psychologischen und unternehmenskulturellen Bereich. Sie sind nicht meßbar.

2. Leise Zeichen betreffen die Persönlichkeit des Unternehmers und seinen Lebens- und Führungsstil, die Führung und Motivation der Mitarbeiter, die zu einem bestimmten Betriebsklima führen, das Außenbild des Unternehmens und seiner Produkte/Dienstleistungen in der Öffentlichkeit und die Qualität der Unternehmensorganisation.

3. Gerade weil die Leisen Zeichen von großer Bedeutung für die Entwicklung des Unternehmens sind, müssen sie dem Banker im einzelnen dargelegt werden. Der Mittelständler muß insbesondere damit rechnen, daß die Unternehmerpersönlichkeit selbst sehr aufmerksam von dem Banker analysiert wird.

4. Eine Markt- und Wettbewerbsanalyse gehört zu den Informationen, die in keinem Ratingprozeß fehlen sollten. Für den mittelständischen Unternehmer ist es wichtig, sein relevantes Branchenumfeld dem Banker transparent zu vermitteln.

5. Neben der Darstellung des für den Mittelständler relevanten Gesamtmarktes mit seiner Entwicklung in der Vergangenheit und seinem möglichst mit externen Prognosen untermauerten zukünftigen Potential sind die unmittelbaren Wettbewerber und deren Entwicklung und Aussichten im einzelnen darzustellen. Einzugehen ist auch auf Substitute, die in der Lage sein könnten, die Produkte des Mittelständlers zu ersetzen.

6. Die Erläuterungen zum Markt- und Wettbewerb sind auch deswegen so wichtig, weil der Banker im eigenen Haus über eine Fülle von Brancheninformationen verfügt, die er immer zu einem Vergleich heranzieht.

7. Im Rahmen des Rating-Prozesses sind auch die rechtlichen Grundlagen und Rahmenbedingungen des Unternehmens aufzubereiten, weil auch sie für die Bank unter Risikogesichtspunkten von Wichtigkeit sind.

8. Oft wird im Vorfeld einer Kreditentscheidung eine Legal Due Diligence durch einen von der Bank beauftragten Rechtsanwalt durchgeführt. Hier werden die gesellschaftsrechtlichen Grundlagen, vorliegende öffentlich-rechtliche Genehmigungen, die Werthaltigkeit und rechtliche Zuordenbarkeit der Vermögensgegenstände, die für die Vermögens- und Ertragslage wesentlichen Verträge und die Rechtsstreitigkeiten analysiert.

9. Das Verfahren der Risikoberichtserstattung und des -managements der festgestellten Risiken ist gerade für den Mittelständler von großer Bedeutung. Zunächst werden die unternehmensspezifischen Risiken ermittelt und im Hinblick auf ihre mögliche Schadenshöhe und auf ihre Eintrittswahrscheinlichkeit eingeordnet.

10. Über diese Risiken muß in Abständen berichtet werden. Dabei ist eine Kompensation mit konkreten Gegenmaßnahmen, nicht aber mit Chancen, die sich aus der operativen Tätigkeit ergeben können, zulässig.

## 5.3    Zukunftsbezogene Unternehmensbericht-erstattung

### 5.3.1    Strategie und Planung der zukünftigen Ergebnisse

#### 5.3.1.1    *Strategie und Mittelstand*

Eine Strategie und eine Planungsrechnung gehören häufig nicht zu den Hilfsmitteln, derer sich ein mittelständischer Unternehmer bedient. Strategische Überlegungen sind vielleicht einmal angestellt, aber schriftlich nicht fixiert worden. Eine Planungsrechnung gibt es vielleicht in rudimentärer Fassung, aber nicht als in sich abgestimmtes Planungstool. Häufig liegen lediglich die geplanten Umsatzerlöse für das kommende Jahr vor. Weitere Verknüpfungen mit den Aufwandsposten werden nicht vorgenommen. Ein Rating wird dies aber alles einfordern. Der mittelständische Unternehmer muß sich mit strategischen Überlegungen beschäftigen und diese in Form eines Unternehmenskonzeptes dem Banker in verständlicher und schriftlicher Form präsentieren.

Die aus der Betriebswirtschaftslehre stammende Abfolge von

Vision – Unternehmensphilosophie – Strategie – Ziele

wird in der Praxis häufig nur als akademische Übung betrachtet. Die Sichtweise des mittelständischen Unternehmers ist die, daß er, bevor er sich bei der Formulierung einer Vision oder von Leitbildern, die seine Unternehmensphilosophie ausdrücken sollen, intellektuell verkrampft, sich lieber auf das Wesentliche konzentriert. Das Wesentliche bezeichnet die verständliche und plausible Verknüpfung und Präsentation einer Strategie und der Ziele mit der (quantitativen) Planungsrechnung. Diese Sichtweise ist zwar verständlich, sie könnte im Umgang mit der Bank zu einseitig sein. Unternehmer sollten zumindest im Ansatz erkennbare visionäre Vorstellungen entwickeln. Dabei sind nicht notwendigerweise weitschweifige Ausführungen über eine Vision gefragt, sondern vielmehr konkrete Vorstellungen über die langfristige Entwicklung des Unternehmens. Wenn sich die Vision in einer verständlichen Unternehmensphilosophie ausdrücken läßt, so zeigt dies eher die Ernsthaftigkeit des Unternehmers auf.

Die Entwicklung und die Umsetzung einer Unternehmensstrategie wird als das zentrale Element der Unternehmenspolitik bezeichnet. Auf der Grundlage der Ausgangslage einer Unternehmung (Ist-Situation) wird eine Strategie entwickelt, die die grundlegende Ausrichtung des zukünftigen Verhaltens festlegt. Das zukünftige (Soll-Situation) Verhalten findet dabei seinen Ausdruck in der Formulierung von Unternehmenszielen. Der damit festgelegte Inhalt einer Unternehmensstrategie muß dann im Unternehmen implementiert werden. Mit einer Reihe von Maßnahmen und Instrumenten soll die Strategie umgesetzt werden.

### 5.3.1.2 *Analyse der Ist-Situation*

Dem Unternehmer bieten sich aus seinem Rechnungswesen die grundlegenden Informationen, um die Ist-Situation seines Unternehmens abbilden zu können. Für das abgelaufene Jahr kann er auf den Jahresabschluß und die entsprechenden Kommentierungen zurückgreifen. Für innerjährliche Analysen wird der Unternehmer i.d.R. auf die von seinem Steuerberater aufgestellten Summen-Salden-Listen oder auf die betriebswirtschaftlichen Auswertungen zurückgreifen können. Wichtig für die Aktualität der innerjährlichen Zahlen ist eine möglichst zeitnahe Verbuchung. Darüber hinaus sind periodische Abgrenzungen, z.B. für Abschreibungen und Rückstellungen, vorzunehmen. Um aussagefähige Informationen zu erlangen, ist vorab ein Gespräch mit dem Steuerberater über die Aufgliederung der Angaben aus der Summen-Salden-Liste oder den Aufbau der betriebswirtschaftlichen Auswertungen erforderlich.

Um aus einer Ist-Situation Ansätze für eine Strategie zu finden und die Planungsansätze plausibel entwickeln zu können, sind gegebenenfalls Bereinigungen bei den Bilanz- und GuV-Posten vorzunehmen. In einer solchen Bereinigung werden periodenfremde und außerordentliche Posten zu eliminieren sein. Dies ist erforderlich, da i.d.R. im Rahmen einer Planungsrechnung keine periodenfremden und außerordentlichen Posten geplant werden. Beispiele für solche Bereinigungen sind Ansätze für einen Unternehmerlohn bei Einzelunternehmen oder Personengesellschaften, Sonderabschreibungen, Zuschüsse, Fördermittel und bilanzpolitisch initiierte Rückstellungen.

Aus den aufgezählten Beispielen wird deutlich, daß die Entwicklung der Vergangenheit Anlaß für eine Reihe von Änderungen gibt, um das operative Geschäft des Unternehmens in seinen Ertrags- und Aufwandsposten zu vergleichmäßigen und damit eine nachvollziehbare Ausgangslage für die Einschätzung der zukünftig geplanten Entwicklung des Unternehmens zu geben.

Gegenüber dem Banker ist deutlich auf diese Bereinigungen hinzuweisen. Denn es geht nicht darum, das Ergebnis der Vergangenheit besser oder schlechter darzustellen, sondern es geht vielmehr um den Nachweis von Plausibilitäten für die Planansätze.

Die (bereinigten) Ist-Werte zeigen häufig flachere Steigerungsraten auf als die Planansätze. Gerade für die Planansätze gilt aber: Es geht nicht um die Darstellung stetig steigender Wachstumsraten, es geht um die Darstellung realistischer Planwerte. Auch die prognostizierte Zukunft wird sich nach deren Ablauf häufig mit flacheren Steigerungsraten abbilden, als dies einmal geplant worden ist.

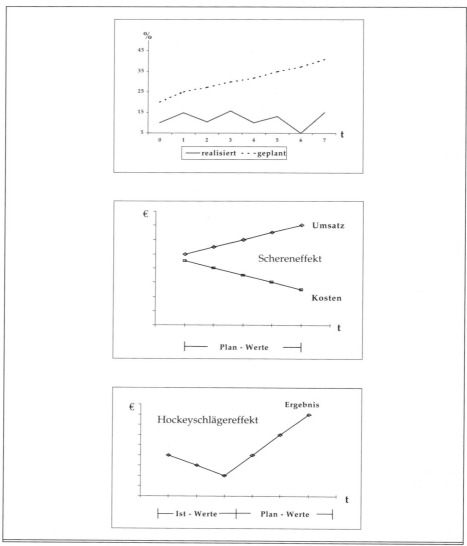

Abb. 10: Typische Planungswachstumsraten und realistische Wachstumsraten

Die erforderliche Realitätsnähe bei der Aufstellung von Planwerten muß die Tatsache mit einbeziehen, daß sich die Ist-Umsatzerlöse und -Ergebnisse in einem Auf und Ab bewegen können. Kontinuierliche Steigerungen über mehrere Planjahre decken sich meist nicht mit der Realität.

### 5.3.1.3 Entwicklung einer Strategie

Erst wenn der Unternehmer sich einen ausführlichen Einblick in die Vergangenheitswerte und die Werte des laufenden Jahres verschafft hat, wird er eine Strategie und eine Umsetzung in Planwerte vornehmen können. Strategien basieren nicht auf Ad-hoc-Überlegungen. Strategien sollten sich langsam und kontinuierlich entwickeln. Sie haben immer einen langfristigen Einfluß auf die Unternehmenspolitik.

Im Rahmen eines Rating wird eine Strategie mindestens für die Kreditlaufzeit beibehalten. Ein jährlicher Wechsel der Unternehmensstrategie zeugt nicht von Glaubwürdigkeit gegenüber der kreditgebenden Bank. Daher sollten sich Änderungen während der Kreditlaufzeit nur auf Anpassungen beziehen. Sollten allerdings die Umstände, wie z.B. Markteinbrüche, verschärfte Konkurrenzsituation, Konjunktureinbrüche, unvorhersehbare Gesetzesänderungen, eine grundlegende Überarbeitung der Strategie erforderlich machen, so wird sich der mittelständische Unternehmer mit einer neuen Strategie auseinandersetzen müssen. Dies bedeutet für den Kontakt mit dem Banker eine umgehende Information durch das Unternehmen mit der Vorlage und Erläuterung einer neuen Planungsrechnung. Diese neue Strategie wird dann immer zu einer neuen Ratingeinstufung führen müssen.

Die Ausformulierung einer Strategie wird sich nach Größe des Unternehmens unterscheiden. Für alle Unternehmen gleichermaßen gilt aber, daß sich eine Strategie bei einem Unternehmen über einen längeren Zeitraum als letztlich einmalige Konstruktion der Unternehmenspolitik ausdrückt. Diese Strategien können ihren praktischen Niederschlag in einer Kostenführerschaft, in einer Differenzierung oder in einer Konzentration auf Schwerpunkte finden. Diese Strategiegruppen lassen sich noch weiter konkretisieren und werden dann auch für kleinere und mittlere Unternehmen relevant.

Die Strategie der Kostenführerschaft bezieht sich direkt auf die Konkurrenten und soll es einem Unternehmen ermöglichen, seine Umsätze durch Preisreduzierungen zu vergrößern oder bei gleichen Preisen den Gewinn zu erhöhen. Die Maßnahmen, die eine solche Kostenführerschaft ermöglichen sollen, können z.B. darin bestehen, Kostensenkungspotentiale aggressiv umzusetzen, die Produktionsanlagen effizient auszurichten, die fixen Kosten permanent zu überprüfen, sowie die variablen Kosten und die Gemeinkosten einer strengen Kontrolle zu unterziehen.

Die Strategie der Differenzierung besteht darin, sich gegenüber den Konkurrenzunternehmen mit seinen Angeboten deutlich abzugrenzen. Eine solche Abgrenzung kann sich durch einen hervorragenden Kundendienst und Serviceleistungen, in einem einprägsamen Markennamen, einem werbewirksamen Auftritt oder in einer hervorragenden Technologie ausdrücken.

Die Strategie der Konzentration auf Schwerpunkte besteht darin, daß sich ein Unternehmen auf Marktnischen ausrichtet. Als Marktnischen kommen z.B. bestimmte Abnehmergruppen, ein ausgewählter Teil des Produktprogramms oder geographisch abgegrenzte Märkte in Frage. Ein Unternehmen, das diese Strategie verfolgt, wird versuchen, sein strategisches Ziel wirkungsvoller und effizienter zu erreichen als seine Konkurrenten.

Wichtig bei der Umsetzung der Strategie und bei der Festlegung der Unternehmensziele ist, daß auch ein kleines oder mittelständisches Unternehmen eine Strategie verfolgt und diese Strategie den anderen möglichen Strategietypen überordnet. So wird z.B. eine Konzentration auf Schwerpunkte eindeutig die Kernkompetenzen des Unternehmens mit einbeziehen und erst auf einer niedrigeren Ebenen zu Kostenreduzierungen und Differenzierungen führen. Eine Vermischung der drei Strategietypen auf einer Ebene sollte daher immer vermieden werden. Eine Kombination einer Strategie mit den Maßnahmen der anderen Strategietypen ist zwar grundsätzlich möglich, sollte aber immer unter der Dominanz einer Strategie stehen.

Mit der unternehmerischen Strategie werden implizit eine Reihe von Unternehmenszielen vorgegeben. Die Umsetzung der Strategie wird sich konkret in Zahlenwerten niederschlagen. So wird z.B. eine Marktanteilsausweitung eine Steigerung der Umsatzerlöse, aber auch eine Erhöhung des Marketing- und Vertriebsaufwandes zur Folge haben. Eine Qualitätsstrategie wird möglicherweise zu einer Erhöhung der Material- und Personalaufwendungen führen. Ein geplanter Preiskampf wird zu sinkenden Umsatzerlösen führen. Wichtig bei dem Ansatz von Planzahlen ist die Abstimmung und die Plausibilität der qualitativ formulierten Strategie mit den quantitativ formulierten Planungsansätzen. Der Unternehmer wird auch gut beraten sein, wenn er seine Wertansätze vor Vorlage bei dem Banker einem kritischen Vergleich mit anderen Branchenunternehmen unterzieht. Die dabei festgestellten Abweichungen sollten einer nachvollziehbaren Erläuterung zugänglich sein.

Die Datenbanken der Verbände und der Kreditinstitute bieten eine Fülle von Informationen für solche Vergleiche. Der Aussagegehalt dieser Branchenvergleiche ist zwar mit der notwendigen Vorsicht zu verwenden, da z.B. das Fehlen bedeutender Unternehmen in einem solchen Branchenfokus zu verzerrten Werten führen kann. Gleichwohl wird der Unternehmer im Zusammenhang mit einem Rating immer wieder mit Branchenvergleichen durch das Kreditinstitut konfrontiert. Daher sollte ein aktives Einbeziehen aus eigenem Antrieb zur Vorbereitung auf ein Rating selbstverständlich sein.

### 5.3.1.4  Umsetzung der Strategie in Plansätze

Ein weiterer wichtiger Planungsansatz besteht darin, mengengerüstgestützte Planwerte einzusetzen. Dies bedeutet, daß der Unternehmer für jeden Umsatz-, Ertrags- und Aufwandsposten ein für den Banker nachvollziehbares Mengengerüst berücksichtigt. Eine mengengerüstgestützte Planung schafft Sicherheit und führt zu Vertrauen bei der Bank.

• **Umsatzerlöse**

Beispiele für die Umsatzplanung bestehen darin, die Produkte nach Gruppen aufzuteilen und die unterschiedlichen Mengen und Preise zu erläutern. Dieser Planungsansatz setzt natürlich voraus, daß das Unternehmen über ein Berichtswesen verfügt, das diese Aufteilung zuläßt. Eine auf Produktgruppen bezogene Planungsrechnung kann dabei die Grundlage für eine Analyse der Profitabilität der einzelnen Produktgruppen oder auch Produkte liefern. Ein Beispiel für eine solche Produktgruppenplanung zeigt die folgende Abbildung 11.

|  | Planjahr 1 | | | Planjahr 2 | | |
|---|---|---|---|---|---|---|
|  | Anzahl Menge | Preis T € | Umsatz T € | Anzahl Menge | Preis T € | Umsatz T € |
| Produktgruppe A | 500 | 6,5 | 3.250 | 650 | 7,0 | 4.550 |
| Produktgruppe B | 120 | 10,5 | 1.260 | 150 | 12,0 | 1.800 |
| Produktgruppe C | 10 | 50,5 | 505 | 20 | 52,0 | 1.040 |
| Σ |  |  | 5.015 |  |  | 7.390 |

Abb. 11: Beispiel für eine Produktgruppenplanung

Dieser einfache Planansatz zeigt eine ABC-Struktur der Produktgruppen auf, die die Grundlage für weitere Planungsannahmen bilden können. So lassen sich z.B. die Mengen- und Preissteigerungen mit einer Marktanteilssteigerung oder eine Erklärung für Steigerungen der Marketing- und Vertriebsaufwendungen in Verbindung bringen.

Ein weiteres Beispiel für eine Erläuterung von Umsatzsteigerungen zeigt die Abbildung 12.

| | letztes Ist-Jahr | Planjahr 1 | | Planjahr 2 | |
|---|---|---|---|---|---|
| | T € | T € | | T € | |
| Umsatzerlöse | 6.512 | 7.814 | + 20 % | 9.768 | + 25 % |
| **Kriterien für die Umsatzsteigerung:** | | | | | |
| Allgemeine Marktentwicklung | | | + 10 % | | + 10 % |
| Abgeschlossene Einarbeitung der Telesales-Mitarbeiter | | | + 5 % | | + 6 % |
| Erhöhte Produktionskapazitäten durch den Neubau der Produktionshalle | | | + 5 % | | + 8 % |
| Einbeziehung weiterer Distributoren | | | + 8 % | | + 12 % |
| ./. Sicherheitsabschlag 30 % | | | 28 %<br>8 % | | 36 %<br>11 % |
| | | | 20 % | | 25 % |

Abb. 12: Beispiel für eine relative Umsatzsteigungsplanung

Die in der Abbildung 12 aufgeführten Kriterien für die geplanten Umsatzsteigerungen sind allgemeiner gehalten als die Produktgruppenplanung. Wichtig in diesem Beispiel ist die Begründung für die einzelnen Steigerungsraten. So könnte z.B. die Plausibilität der Steigerungsrate für die allgemeine Marktentwicklung durch eine ausführliche Erläuterung der Markt- und Wettbewerbssituation dargestellt werden.

Ein weiteres wichtiges Indiz für die Planerfüllung der geplanten Umsatzerlöse im ersten Planjahr können die Auftragsbestände sein. Hierbei werden sich, je nach Branchenzugehörigkeit, kurzfristige, mittelfristige oder langfristige Realisierungen ergeben. Wichtig für den Realisierungsgrad der geplanten Umsatzerlöse durch die vorliegenden Auftragsbestände ist die exakte Einschätzung. Die Realisierung wird von den vertraglich fixierten Aufträgen abhängen und nicht von den Einschätzungen der Vertriebsmitarbeiter über mögliche Umsatzerlöse.

Um die Glaubwürdigkeit der Umsatzplanung weiter abzusichern, kann sich der Unternehmer eines einfachen Analyseinstrumentes bedienen. Die

Darstellung der Kunden in einer ABC-Struktur gibt einen guten Überblick über die Abhängigkeit von Kunden. Die ABC-Strukturierung ist dabei immer unternehmensindividuell vorzunehmen.

|  | Letztes Ist-Jahr | | | |
|---|---|---|---|---|
|  | Anzahl Kunden | % | Umsatz T € | % |
| **A-Kunde**<br>( > 100 T € ) | 5 | 1 | 1.250 | 7 |
| **B-Kunde**<br>( > 50 T € ) | 120 | 21 | 7.375 | 43 |
| **C-Kunde**<br>( < 50 T € ) | 450 | 78 | 8.480 | 50 |
|  | 575 | 100 | 17.105 | 100 |

Abb. 13: Beispiel für eine ABC-Struktur nach Kunden

Die Beispielzahlen der Abbildung 13 zeigen, daß das Unternehmen mit 1% der Kunden 7% der Umsatzerlöse erzielt bzw. mit 78% der Kunden 50%. Bei einer Bewertung dieser Kundenstruktur läßt sich eine Kundenabhängigkeit nicht ableiten.

Die gleiche Analyse kann das Unternehmen mit seinen Lieferanten durchführen. Aus dem Blickwinkel des Unternehmens können sich hier unterschiedliche Abhängigkeiten von den Lieferanten ergeben. So sind die A-Lieferanten dadurch gekennzeichnet, daß sie in enger Verbindung zu dem Unternehmen stehen und durch diese Verbindung im Hinblick auf Zuverlässigkeit, Leistungsfähigkeit, Innovationspotential und Konditionen eine wichtige Rolle spielen. B-Lieferanten haben einen größeren Abstand, eine direkte Abhängigkeit besteht nicht. Die C-Lieferanten sind jederzeit austauschbar.

Die Begründungen für die geplanten Umsatzsteigerungen sind sehr vielschichtig. Der Banker muß sich mit einer Reihe von Argumenten auseinandersetzen, die häufig über Allgemeinplätze nicht hinausgehen. So wird pauschal mit Marktwachstum argumentiert. Aber auch die Umsatzsteigerungen der Konkurrenten werden als Beleg für eigene Steigerungen angeführt. Die Veränderung der Umsatzfaktoren, Menge und Preis, werden im Detail durch umfangreiche Berechnungen erläutert. Diesen Erläuterungen gemeinsam ist der Prognosecharakter, der natürlich immer mit Unsicherheiten verbunden ist.

Die Plausibilitäten solcher Umsatzsteigerungsraten lassen sich häufig durch einfaches Nachfragen nach einigen Kernfaktoren dem Grunde nach ableiten. Dazu gehören z.B. Statistiken über die Marktnachfrage oder eine Erhebung über die Marktanteile der Konkurrenten. Die Fragestellung über die vorhandenen bzw. geplanten Kapazitäten des Personals oder der Produktion, die eine geplante Umsatzsteigerung erst möglich machen, zeigt schnell mögliche Wachstumsraten auf. Ebenso hängt die Realisierung von Umsatzsteigerungen auch mit einer Anpassung der Organisationsgröße zusammen. Häufig liegen hierin Inplausibilitäten. Die Unternehmer unterschätzen das Erfordernis, bei Umsatzwachstum auch die Organisation anzupassen. Ein zentraler Faktor kommt der Finanzierung des Umsatzwachstums bei. Die Planungsrechnungen gehen oft von einer Umsatzsteigerung aus, ohne die Folgerungen auf die Finanzierung, z.B. für ein höheres Kontokorrent, zu berücksichtigen. Weiterhin wird das Zahlungsverhalten neuer Kunden zu optimistisch gesehen.

## • Materialaufwendungen

Um die Plausibilität der Materialaufwendungen abschätzen zu können, ist die zukünftige Preisentwicklung auf der Basis der Ist-Werte abzuschätzen. Hierbei sind Tendenzen einer sich abzeichnenden Verknappung, die Verwendung neuer Rohstoffe oder Technologien, Substitute und mögliche neue Bezugsquellen einzubeziehen.

Neben der Preisentwicklung spielen auch Rationalisierungsmöglichkeiten im Einkauf und in der Produktion eine Rolle. Rationalisierungspotentiale können sich in der Planung direkt in sinkenden Kosten ausdrücken.

## • Personalaufwendungen

Bei der Personalplanung wird man auf den Erfahrungen der Vergangenheit aufbauen können. Die Aufwendungen werden davon abhängen, ob sich die Zahl der Personen und damit die Lohn- und Gehaltszahlungen verändern werden. Hilfreich ist, zunächst die Entwicklung und die Struktur des Personalbestandes zu analysieren. Geplante Umsatzsteigerungen werden sich möglicherweise in steigenden Personalaufwendungen niederschlagen. Eventuell führen geplante Rationalisierungen aber auch zu sinkenden Personalaufwendungen.

Häufig bietet sich ein Vergleich der durchschnittlichen Personalaufwendungen mit den Zahlen des Wettbewerbs an. Die geplante Personalmengen- und Personalaufwandsentwicklung ist nach den einzelnen Gruppen der leitenden Angestellten, der übrigen Angestellten, der Arbeiter und Auszubildenden aufzuteilen. Eventuell sind freie Mitarbeiter zu berücksichtigen.

Für die Qualität des Personalbestandes sind das Alter, die berufliche Qualifikation und der Erfahrungsschatz der Mitarbeiter von Bedeutung. Ebenfalls zu analysieren sind die Fluktuation und die Krankheitsquote. Wichtig ist auch die langfristige Besetzung der Managementpositionen neben dem mittelständischen Unternehmer.

Geplante Personalausweitungen sollten sich aus einem Personalentwicklungskonzept ableiten lassen. Hierbei reichen häufig schon überschlägige Plansätze aus. Daher können Planungen über einen Personalaufbau oder -abbau auch von kleinen Unternehmen geleistet werden.

Gerade für das Beispiel der Personalaufwendungen lassen sich umfangreiche Planungstools erstellen. Dabei ist es nicht erforderlich, daß der mittelständische Unternehmer bis auf den einzelnen Arbeitnehmer eine detaillierte Planungsrechnung aufstellt. Die Personalaufwendungen lassen sich unter dem Grundsatz der Wesentlichkeit auch überschlägig veranschlagen. Eine gruppenbezogene Planung reicht hier aus.

Wichtiger ist die Abstimmung mit der gewählten Strategie. Aus den Planungsansätzen muß erkennbar sein, daß die Abhängigkeiten zwischen der gewählten Strategie und den quantitativen Planungsansätzen berücksichtigt worden sind.

- **Abschreibungen**

Ein weiterer wichtiger Aufwandsposten sind die Abschreibungen. Mit den Abschreibungen korrespondieren die Investitionen. Da ein mittelständisches Unternehmen wegen eines Kredites geratet wird, der zur Finanzierung von Investitionen dient, ist auf die Investitionen und auf die Abschreibungen ein besonderes Gewicht zu legen.

Die Erstellung eines Investitionsplanes ist dabei ein Muß für den Unternehmer. Hierbei sind neben der kreditauslösenden Investition auch mögliche Folgeinvestitionen während der Kreditlaufzeit zu beachten.

Die Planung der Abschreibung sollte in jedem Fall die wirtschaftliche Sichtweise berücksichtigen. Dies bedeutet, daß eine rein steuerliche Abschreibungspolitik nicht im Vordergrund steht. Die Frage der Substanzerhaltung des Anlagevermögens über den Wertansatz der Abschreibungen ist in jedem Fall zu beantworten. Eine zu niedrige Abschreibung würde wegen des Substanzverzehrs möglicherweise kurzfristig weitere Investitionen erfordern und damit die Zahlungsabflüsse erhöhen. Unter solchen nicht direkt erkennbaren Zahlungsabflüssen könnte die Tilgungs- und Zinszahlungsfähigkeit leiden.

- **Sonstige betriebliche Aufwendungen**

Ein weiteres besonderes Augenmerk erfordert der »Sammelposten« der sonstigen betrieblichen Aufwendungen. Bei der Planung dieses Postens gilt auch der Grundsatz der Wesentlichkeit. Die sonstigen betrieblichen Aufwendungen sind bei jeder Planungsrechnung unternehmensindividuell. Ein wichtiges Differenzierungsmerkmal ist eine Unterscheidung nach variablen und fixen Aufwendungen. Dadurch bekommt der Banker einen Einblick über die Aufwandsstruktur, die sich gut mit der Unternehmensstrategie abstimmen läßt.

Aus der Fülle der Aufwandsposten sollten die Aufwendungen mit einem Mengengerüst unterlegt werden, die absolut und relativ eine bestimmte Größenordnung erreichen. Die übrigen Aufwendungen lassen sich durch (pauschale) prozentuale Veränderungsraten belegen.

- **Finanzierungsaufwendungen**

Die Planung der Finanzierungsaufwendungen orientiert sich an den ausgereichten Krediten bzw. an dem Kreditantrag, der der Anlaß für das Rating ist. Wichtig ist eine Aufstellung nach der Art der Kredite, den Kreditgebern, den Zinssätzen und den sonstigen Konditionen. Der Unternehmer sollte ein besonderes Augenmerk auf die Planung der Zinsaufwendungen, aber auch der geplanten Tilgungen haben. Denn Zins- und Tilgungsleistungen sind die Positionen, die der Banker besonders gut nachvollziehen kann und denen er gerade wegen der Kreditausreichung besonders viel Aufmerksamkeit widmet. Während für die Ermittlung eines Planergebnisses lediglich die Finanzierungsaufwendungen berücksichtigt werden, spielen die Rückzahlungsfähigkeiten in der Finanzplanung noch eine besondere Rolle.

- **Betriebliche Steuern**

Die letzte Planposition stellen die betrieblichen Steuern dar. Hierbei sind zwar die Struktur und die Entwicklung aus der Vergangenheit für das Verständnis der geplanten Steuern wichtig. Eine direkte Übertragung aus der Vergangenheit in die Planungsrechnung wird aber nur eingeschränkt gelingen. Die Steuerpolitik in Deutschland entzieht sich weitgehend einer Planung und läßt sich daher lediglich mit pauschalen Prozentsätzen in eine Ergebnisrechnung einstellen. Sicher könnte man den Steuerberater mit einer detaillierten Planung der zukünftigen betrieblichen Steuern beauftragen, die Erkenntnisse würden aber auch nicht mehr Informationsgehalt besitzen, als durch den Ansatz von pauschalen Prozentsätzen. Der Unternehmer sollte bei der Planung der betrieblichen Steuern auf diesen überschlägigen Informationsgehalt hinweisen.

Eine solche Einschränkung ist glaubwürdiger als eine Scheingenauigkeit bei der Planung von Aufwendungen, die sich in der Praxis einer exakten Planung entziehen.

• **Darstellung der Umsätze, Erträge und Aufwendungen**

Um die geplanten Umsatzerlöse, die betrieblichen Erträge und die betrieblichen Aufwendungen einander übersichtlich gegenüberzustellen, kann sich der Unternehmer z.B. an dem Gliederungsschema der Gewinn- und Verlustrechnung nach § 275 HGB orientieren. Dieses handelsrechtliche Gliederungsschema hat den Vorteil, daß sich die Werte der Vergangenheit mit den Werten der Planung vergleichen lassen. Damit entfallen umfangreiche Erklärungen gegenüber dem Banker. Dem Unternehmer steht es grundsätzlich immer noch frei, durch weitere Erläuterungen auf betrieblich bedingte Abweichungen der Rechenwerke Gewinn- und Verlustrechnung und Planungsrechnung hinzuweisen. Allerdings sollte er dabei die Bereitschaft des Bankers, sich in komplexe Planungssachverhalte einzuarbeiten, nicht zu hoch ansetzen. Im Zweifel ist es immer besser, die Planungsrechnung an den Aufbau der handelsrechtlichen Gewinn- und Verlustrechnung anzupassen.

Ein weiteres praktisches Problem kann in der Gegenüberstellung von Rechenwerken bestehen, die sich zum einen am Gesamtkostenverfahren und zum anderen am Umsatzkostenverfahren orientieren. Es mag eine Reihe von betriebsinternen Gründen geben, die eine solche Veränderung im Ausweis rechtfertigen. Für das Verständnis des Bankers gelten die Ausführungen im vorherigen Abschnitt analog. Um ein Verständnis für die Planungsrechnung zu erlangen, sollten die Planungsrechnungen mehr Antworten geben, anstatt eine Reihe von Fragen auszulösen.

Ein anderes Problem, daß aber zur Zeit nur für eine kleine Zahl von mittelständischen Unternehmen eine Rolle spielt, ist die Rechnungslegung nach internationalen Vorschriften. So läßt sich ohne umfangreiche Erläuterungen die handelsrechtliche Rechnungslegung nur eingeschränkt mit der IAS- oder der US-GAAP-Rechnungslegung vergleichen. Für die nächsten Jahre sollte daher in einem Ratingprozeß einer Darstellung nach handelsrechtlichen Vorschriften der Vorzug gegeben werden.

• **Zeithorizont der Planung**

Bei dem Zeithorizont der Planungsrechnung kann die Kreditlaufzeit eine Rolle spielen. Wenn sich die Kreditlaufzeit allerdings über drei Jahre erstrecken sollte, so ist auf den eingeschränkten Informationsgehalt einer Planungsrechnung von über drei Jahren hinzuweisen.

In der Praxis lassen sich dreijährige Planungsphasen insofern vertreten, als daß das laufende Jahr, im Wege der Hochrechnung, sehr exakt planbar ist, das folgende Jahr sich ebenfalls auf der Basis mengengestützter Planungsansätze aufstellen und sich das dritte Jahr meist noch durch eine Fortschreibung darstellen läßt.

Man muß hierbei gegenüber den Anforderungen einiger Banken gewappnet sein, die der Meinung sind, daß ein mittelständisches Unternehmen eine (detaillierte) Planungsrechnung mit einem Zeithorizont von über drei Jahren aufstellen kann. Eine solche Forderung ist wirklichkeitsfremd. Allerdings spricht nichts dagegen, im Wege einer einfachen Hochrechnung das letzte Planjahr fortzuschreiben. Der Prognosegehalt ist dabei zwar erheblich eingeschränkt, wenn es aber lediglich der Erfüllung einer einfachen Forderung im Rahmen eines Ratingprozesses dient, dann sollte man sich auch nicht allzu vehement dagegen stemmen.

## • Szenarien und Sensitivitäten

Ein höherer Informationsgehalt kommt aus der sogenannten Szenarienplanung. Hierbei lassen sich die Planungsansätze nach unterschiedlicher Bewertung in sog. »Worst-case-, Realistic-case- und Best-case-Varianten« abbilden. Ausgerichtet an zentralen Größen, die sich aus der Unternehmensstrategie ableiten lassen, können unterschiedliche Varianten gerechnet werden. Der Vorteil solcher Varianten besteht darin, daß der Unternehmer damit möglichen Einschränkungen der Bank begegnet und selbst auf unterschiedliche Möglichkeiten hinweist. Die Beschäftigung mit Szenarien trägt zur Glaubwürdigkeit bei und schärft die eigene Wahrnehmung für realistische Planungsansätze.

Wenn der Unternehmer über weitere Kapazitäten verfügt, dann kann er die Szenarienplanung mit Sensitivitätsanalysen verknüpfen. Sensitivitäten zeichnen sich dadurch aus, daß sie einen erheblichen Einfluß bei kleinen Änderungen auf eine Zielgröße haben. So wird z.B. bei einem Handelshaus die Wareneinsatzquote einen deutlichen Einfluß auf das Ergebnis haben, während sich die Personalaufwendungen nur geringfügig auswirken. Bei einem Softwareentwicklungshaus werden sich z.B. die Personalmengen und -aufwendungen unmittelbar auf das Ergebnis auswirken oder bei einem Produktionsunternehmen mit hoher Anlagenintensität werden Veränderungen in der Abschreibungspolitik zu erheblichen Veränderungen des Ergebnisses führen.

Die Auseinandersetzung mit solchen Sensitivitätsanalysen könnte ein erster Schritt für die praktische Umsetzung von Risikomanagementsystemen sein. Sie sind daher nicht nur einseitig im Rahmen eines Ratings von Bedeutung, sondern lassen sich darüber hinaus in der täglichen Unternehmensführung einsetzen.

### 5.3.1.5 *Problematik der Teilpläne*

Neben der Umsatz- und Ergebnisplanung können eine Reihe weiterer Teilpläne in einem Unternehmen zur Anwendung kommen. So lassen sich z.B.

- Absatzpläne,
- Produktionspläne,
- Beschaffungspläne,
- Personalpläne,
- Investitionspläne,
- Abschreibungspläne,
- Kostenpläne,
- Aufwandspläne,
- Bilanzpläne,
- Cash flow-Pläne,
- Liquiditätspläne und
- Finanzpläne

unterscheiden. Alleine diese Aufzählung vermittelt einen Eindruck über die Vielschichtigkeit der Unternehmenspläne. Zu dieser Vielschichtigkeit kommen noch die Interdependenzen der Teilpläne hinzu. Die Praxis des mittelständischen Unternehmers zeigt, daß in den meisten Fällen nur wenige dieser Pläne aufgestellt werden. Man mag dies aus Sicht der Bank in Frage stellen, man wird aber nicht an den Unzulänglichkeiten der Praxis vorbeikommen. Nicht bei jedem Kreditengagement ist die Aufstellung solcher Pläne in einem hohen Detaillierungsgrad erforderlich.

Einen Überblick über eine mögliche Form der Aufstellung von Umsatz- und Ergebnisplänen und deren Verknüpfung mit den Teilplänen zeigt die Abbildung 14.

Die Umsatz-, Ertrags- und Aufwandsposten lassen sich in Gegenüberstellung zu den zwei letzten Jahren, dem laufenden Jahr und den zwei folgenden Planjahren in €, T€ oder Mio. € abbilden. Von Interesse ist auch die Berechnung von Verhältniszahlen, wie hier die %-Quote zu den Umsatzerlösen. Auch die relative Veränderung zum jeweiligen Vorjahr ist von Bedeutung. Dadurch lassen sich z.B. die erläuterten Strategien quantitativ ableiten.

Je nach Detaillierungsgrad können die Umsatz- und Ergebnispläne auch auf Monate und Quartale aufgeteilt werden. Damit lassen sich innerjährliche

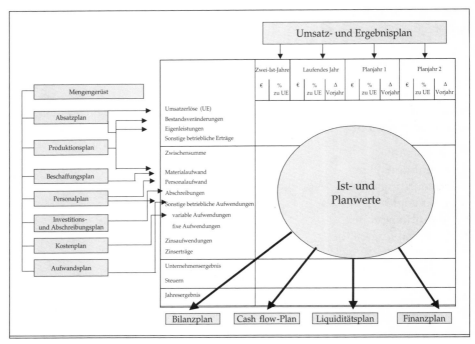

Abb. 14: Teilpläne und deren Verknüpfung

Soll-Ist-Vergleiche anstellen. Solche Soll-Ist-Vergleiche dokumentieren dem Banker gegenüber die Existenz von Controllinginstrumenten.

Die einzelnen Teilpläne zeigen eine mögliche Verbindung zu dem zentralen Umsatz- und Ergebnisplan auf. Wobei nicht alle Teilpläne gleichermaßen bedeutsam sein müssen. Wichtig für die Bank sind in erster Linie aussagefähige Umsatz- und Ergebnispläne, in denen sich der unternehmerische Erfolg widerspiegeln soll, und natürlich Liquiditäts- und Finanzpläne, aus denen sich die Zins- und Tilgungsfähigkeit ablesen lassen sollte.

## 5.3.1.6  Durchführung von Strategietagen

Bei der Kommunikation des Mittelständlers mit seiner Bank sollten auch die Ergebnisse von Strategietagen eingebracht werden. Die Banker wissen aus ihrer Erfahrung, daß Mittelständler sich in der Regel nicht sehr intensiv mit der Planung auseinandersetzen. Deshalb ist der Nachweis der Planung im Factbook des Unternehmens wichtig.

Darüber hinaus möchte der Banker erkennen, daß sich der Mittelständler auch mit strategischen Fragen beschäftigt. Wenn hier ein Defizit besteht, kann es schnell dazu kommen, daß wichtige Entwicklungen in der Branche und im Markt übersehen werden und das Unternehmen Marktanteile einbüßt, weil es sich eben nicht mit den sich abzeichnenden Trends auseinandergesetzt hat.

Im Alltagsgeschäft besteht meistens keine Möglichkeit, sich einmal in Ruhe strategischen Fragen zu widmen. Deshalb muß sich der Mittelständler einen Freiraum schaffen, um mit seinem Partner und/oder den wichtigsten Angestellten über die Zukunft des Unternehmens nachzudenken. Dafür empfiehlt es sich, einmal im Jahr ein bis zwei Tage völlig aus dem Unternehmen herauszugehen und in einem Tagungszimmer in einem Hotel unbehelligt von den Störungen des Unternehmensalltages einen solchen Strategietag durchzuführen. In der Ruhe dieses Tages und den Annehmlichkeiten des Hotels liegt eine besondere Motivation, sich mit zukünftigen Entwicklungen und den erforderlichen Maßnahmen zu befassen.

- **Vorbereitung**

Als Unterlagen sollten im wesentlichen die letzten beiden Jahresabschlußberichte, die Planungsunterlagen und Unterlagen über Wettbewerber und die Entwicklung im Markt mitgenommen werden. In unmittelbarer Vorbereitung des Strategietages sollten die Themen zusammengestellt werden, mit denen man sich auseinandersetzen will. Das können sowohl Problempunkte, wie etwa ein sinkender Umsatz in einem Segment oder die Einführung eines neuen Produktes durch einen Wettbewerber, aber auch positive Überlegungen zu einer Ausweitung des Unternehmens im Produkt- oder Dienstleistungsbereich sein. Die zu besprechenden Themen sollten in einer Sitzung vorher wie bei einem Brainstorming benannt werden, ohne daß es zu einer Wertung kommt. Die Aufstellung sollte von allen Teilnehmern vor dem Strategietag in Ruhe gelesen werden können.

Es können auch zu einzelnen Themen kurze Vorträge ausgearbeitet werden, die zukünftige Trends darstellen und sogar konkrete Vorschläge für Maßnahmen innerhalb des Unternehmens enthalten.

Vor Ort werden bei den Hotels mit Tagungsmöglichkeiten die technischen Hilfsmittel, wie Flipcharts etc., vorhanden sein. Es sollte aber darauf geachtet werden, daß im Tagungsraum ein Internetanschluß zur Verfügung steht. Bei vielen Themen lassen sich durch die großen Suchmaschinen schnell zusätzliche und oft sehr weitreichende Informationen abrufen, die wiederum in die Diskussion eingeführt werden können. Zweckmäßigerweise nimmt einer der Teilnehmer seinen Laptop und einen Drucker mit, um Ergebnisse festzuhalten und vor Ort ausdrucken zu können.

- **Durchführung**

Nach der Anreise sollte vor Ort am ersten Tag nochmals eine Zusammenstellung der Themen erfolgen. Bei dieser Gelegenheit wird eine Gewichtung
vorgenommen und es wird gemeinsam festgelegt, wieviel Zeit jedem Thema
eingeräumt wird. Diese Vorbereitung ist sinnvoll, damit ein Strategietag nicht
mit allgemeinen Überlegungen zerredet wird. Anschließend sollte man mit den
wichtigsten Themenblöcken beginnen, damit am Ende des ersten Tages über
ein Zwischenergebnis resümiert werden kann. Ein gemeinsames Abendessen
und ein geselliges Zusammensein sollten den Tag beschließen.

Am nächsten Tag sollte noch einmal das Zwischenergebnis überprüft werden, ob es so beibehalten werden soll. Dann sind die anderen Themenblöcke
durchzusprechen und zu diskutieren.

Wichtig ist in allen Themenblöcken eine ergebnisorientierte Vorgehensweise. Es sind z. B. die Grundfragen, die in Abbildung 15 aufgelistet sind, zu
beantworten:

---

- Welche Trends zeichnen sich ab, sind sie positiv oder negativ für das Unter-
  nehmen?
- Gibt es eine Bedrohung durch neue Konkurrenten oder durch Substitute?
- Wie intensiv ist der Wettbewerb?
- Wie steht es mit der Verhandlungsmacht und der Preisempfindlichkeit der
  Abnehmer?
- Welche Verhandlungsstärke hat das Unternehmen gegenüber den Lieferanten?
- Wo kann für Kunden und Lieferanten etwas getan werden, das nicht kosten-
  intensiv für das Unternehmen, aber sehr interessant für die Vertragspartner ist?
- Wie soll das Unternehmen auf die erkannten Trends reagieren?
- Sollen Sortiments- oder Servicepolitik verändert werden?
- Müssen Absatz- oder Marketingpolitik neu überdacht werden?
- Was sind die langfristigen und die mittelfristigen Ziele?
- Muß etwas unmittelbar geändert werden?
- Liegt das im Außenbereich oder im Innenbereich des Unternehmens?
- Wer soll dafür zuständig sein und in welcher Zeit soll etwas erledigt werden?

---

Abb. 15: Grundfragen für eine Strategietagung


Dabei geht es nicht nur um strategische, sondern auch um operative Hand-
lungsanweisungen.

Das Ergebnis des Strategietages kann in einer Liste von Feststellungen und Meinungsäußerungen zu Trends vorliegen und in einer To-do-Liste festgehalten werden, anhand derer einzelne konkrete Punkte abgearbeitet werden können. Das können auch weitere Erhebungen sein, die durchgeführt werden sollen, um Trends besser einschätzen zu können.

Die Zusammenstellung der Ergebnisse und der zu erledigenden Aufgaben sollte den Teilnehmern am Ende des Strategietages bereits in ausgedruckter Form vorliegen. In der Schlußbesprechung sind alle Punkte noch einmal durchzusprechen. Wenn es irgend möglich ist, sollte ein Konsens erzielt werden. Für die Verwirklichung der Ziele ist das von großer Bedeutung.

Bei Gelegenheit sollte der Mittelständler seinem Banker über die Durchführung und die Auswirkungen des Strategietages berichten. Er wird feststellen, daß der Banker dies positiv zur Kenntnis nimmt.

## 5.3.2  Cash flow-/Liquiditäts- und Finanzplanung

### 5.3.2.1  *Zahlungspläne und Mittelstand*

Die Bereitstellung von Kreditmitteln betrifft den Finanzbereich des mittelständischen Unternehmens. Die Tilgungen des Kredites und die Zinszahlungen betreffen ebenfalls den Finanzbereich. Der Banker wird daher sein Augenmerk in besonderem Umfang auf den Finanzbereich des mittelständischen Unternehmens richten. Die Transparenz zwischen dem mittelständischen Unternehmer und dem Banker muß daher im Finanzbereich besonders hoch sein. Begriffe wie Liquidität, Cash flow, Kapitalverwendung, Kapitalaufbringung und Finanzierung sollten zwischen den Vertragspartnern offen kommuniziert und mit Leben gefüllt werden.

Die betriebliche Praxis des mittelständischen Unternehmers trägt diesen Erfordernissen allerdings nicht angemessen Rechnung. Bei der Beurteilung der Tilgungs- und Zinszahlungsfähigkeit geht es um die Aussage, ob dies vertragsgemäß in der Zukunft gewährleistet ist. Der Prognosecharakter hat hierbei die gleiche, wenn nicht sogar eine höhere Bedeutung wie bei der Umsatz- und Ergebnisplanung.

Im Mittelstand besteht aber immer noch ein erhebliches Defizit in allen Planungsbereichen. Ein Rating wird zwangsläufig dazu führen, dieses Defizit abzubauen. Nur wird dieser Abbau zunächst nur sukzessive erfolgen. Der Banker sollte daher zu Beginn eines Rating das erforderliche Verständnis für die eingeschränkten Fähigkeiten des Mittelständlers im Planungsbereich aufbringen. Der Mittelständler sollte aber auch verstehen, daß die Aufstellung von Plänen kein Selbstzweck ist, sondern ihm die Möglichkeit bietet, Pläne im Managementprozeß aktiv zur Steuerung, Entscheidung und Kontrolle zu nutzen.

Pläne über die Liquidität, über den Cash flow, über den Finanzbedarf und über die Finanzmittelherkunft sind überlebenswichtig für ein jedes Unternehmen. Der zentrale Insolvenzgrund ist die Zahlungsunfähigkeit. Unabhängig davon, daß auch eine Überschuldung oder eine zukünftige Zahlungsunfähigkeit in die Insolvenzordnung als weitere Insolvenzauslösungstatbestände aufgenommen worden sind, ist die unmittelbare Zahlungsunfähigkeit fast ausschließlich der Auslöser für eine Insolvenz. Allein aufgrund dieser Tatsache könnte man die Legitimität für eine Planung der Zahlungsflüsse herleiten.

Vielfach steuern kleine und mittelständische Unternehmer ihr Unternehmen über die Zahlungsflüsse. Sie beobachten sehr genau den Kontostand und belassen es bei dieser Form der unternehmerischen Kontrolle. Dies geht so lange gut, wie sich der Kontostand im Planbereich bewegt und keine außerordentlichen Zahlungsabflüsse erfolgen.

Sowie aber Ungleichgewichte, z.B. aus dem Leistungsbereich, eintreten, sind die Kreditlinien erreicht oder sogar überzogen. Störungen im Leistungsbereich können sich aufgrund sich verschlechternder Zahlungsmoral, nicht geplanter Gewährleistungsfälle, dem Ausfall wichtiger Kunden oder aufgrund von Steuernachzahlungen ergeben.

Wer solche unternehmerischen Zahlungsrisiken nicht adäquat einplant, wird sein Unternehmen schnell in Existenzgefahr bringen. Eine umfangreiche Planung ist zwar auch keine Garantie für ein langfristiges Überleben, die gedankliche Vorwegnahme der Zukunft schafft aber ein Instrument, diese selbst aktiv zu gestalten und frühzeitig auf erkennbare Gefahren zu reagieren.

Die Betriebswirtschaftslehre bietet dazu eine Fülle von Instrumenten, die in der Praxis zur Anwendung kommen können. Dabei gilt insbesondere für den Mittelständler, daß er nicht alles mögliche auch im Unternehmensalltag umsetzen muß. Theoretische Ungenauigkeiten sind je nach Größe des Unternehmens akzeptabel. So ist die Interdependenz der zahlreichen Teilpläne in einem Gesamtplanungssystem zwar bekannt, es genügt für die praktische Planung aber völlig, wenn der Unternehmer sich dessen bewußt ist und dennoch versucht, eine überschlägige Gesamtplanung aufzustellen. Eine vollständige zahlenmäßige Abstimmung ist bei gegebenen Zeit- und Kostenrestriktionen gar nicht möglich.

Der Unternehmer kann selbst mit überschlägigen Planungsansätzen mehr Informationen in einem Ratingprozeß beisteuern, als wenn er wegen der vermeintlichen Schwierigkeit der (theoretischen) Abstimmung ganz auf eine Planung verzichtet. Das andere Extrem, mit Hilfe von dv-gestützten Planungstools den Eindruck zu vermitteln, alle denkbaren Planungsparameter berücksichtigt und miteinander verknüpft zu haben, suggeriert eine Scheingenauigkeit, die mit der Realität nichts zu tun hat.

Der Planer, aber auch der Empfänger einer Finanzplanung sollte sich der eingeschränkten Möglichkeiten bewußt sein und sich immer vor Augen halten, daß der Umfang einer solchen Planung auch von der Höhe und Laufzeit des Kredites abhängt.

Wenn die Aufstellung von Finanzplänen erfolgt, so werden sich Parameter dieser Pläne zunächst an den Umsatz- und Ergebnisplänen orientieren. Ausgehend von diesen Werten, wird man die zahlungswirksamen Positionen planen.

Hierbei stehen die Kapitalverwendung (Investitionsplan), die Kapitalherkunft (Finanzplan) und die zahlungswirksame Beziehung zwischen der Kapitalverwendung und der Kapitalherkunft im Mittelpunkt (Liquiditätsplan). Der Liquiditätsplan findet seinen Ausgangspunkt in der Cash flow-Planung. Ergänzende Informationen für den Cash flow-Plan kann man aus der Bilanzplanung gewinnen.

### 5.3.2.2 Ratingrelevante Zahlungspläne

Den Zusammenhang zwischen den einzelnen Plänen und ihre Ausprägung auf die ratingrelevanten Pläne zeigt die Abbildung 16.

Die Umsätze, Erträge und Aufwendungen aus der Umsatz- und Ergebnisplanung enthalten eine Reihe von Positionen, die gar nicht oder nur teilweise zu zahlungswirksamen Vorgängen werden und den Zahlungsfluß nie oder später beeinflußen. Hierzu gehören z.B. Abschreibungen oder aufwandsrelevante Rückstellungsbildungen oder ertragswirksame Rückstellungsauflösungen. Darüber hinaus gibt es zahlungswirksame Positionen, die in einer Gewinn- und Verlustrechnung periodenversetzt erfaßt werden, so z.B. Zahlungseingänge aus abgeschriebenen Forderungen.

Informationen, wo solche Positionen ihre Berücksichtigung finden, können im Rahmen einer Cash flow-Ermittlung gewonnen werden. Eine Möglichkeit besteht darin, den sog. operativen Cash flow aus dem Ergebnis zu ermitteln, indem man zahlungswirksame Positionen addiert oder subtrahiert.

Ausgangspunkt ist der Jahresüberschuß/-fehlbetrag bzw. das Jahresergebnis der Plan-GuV vor der Zahlung von Fremdkapitalzinsen. Die Fremdkapitalzinsen werden bei dieser Form der Berechnung eliminiert, um als Cash flow den Betrag auszuweisen, der für die Zins- und Tilgungszahlungen noch zur Verfügung steht.

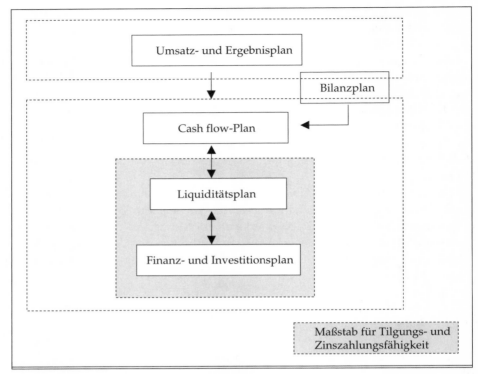

Abb. 16: Ratingrelevante Zahlungspläne

Die Abschreibungen werden zum Jahresergebnis addiert. Abschreibungen resultieren aus der planmäßigen Verteilung der Anschaffungskosten der abnutzbaren Vermögensgegenstände des Anlagevermögens auf die Jahre ihrer Nutzung. Auszahlungen sind mit Abschreibungen nicht verbunden. Dementsprechend werden sie als auszahlungsloser Aufwand zum Jahresergebnis addiert. Darüber hinaus werden auch die Abschreibungen für Vermögensgegenstände des Umlaufvermögens, soweit sie die üblichen Abschreibungen überschreiten, eliminiert.

Weiterhin werden Veränderungen bei den Rückstellungen herausgerechnet. Rückstellungen sind Passivposten für bestimmte Verpflichtungen des Unternehmens, die am Bilanzstichtag dem Grunde und/oder der Höhe nach ungewiß sind und deren zugehöriger Aufwand der Verursachungsperiode zugerechnet werden muß. Zuführungen zu den Rückstellungen werden bei der Cash flow-Ermittlung addiert, da der aus der Rückstellungsbildung resultierende Aufwand erst in Folgeperioden zahlungswirksam ist. Löst das zu bewertende Unternehmen die Rückstellungen in einer künftigen Periode auf, ist dieser erfolgsneutrale Vorgang bei der Cash flow-Ermittlung als Cash flow-Minderung zu berücksichtigen.

Investitionen sind als Zahlungsabfluß zu berücksichtigen. Die Investitionsausgaben sind in voller Höhe als Auszahlung bei der Cash flow-Ermittlung zu berücksichtigen.

Rechnungsabgrenzungsposten werden ebenfalls bei der Ermittlung eines Cash flows erfaßt. Hierbei sind aktive und passive Rechnungsabgrenzungsposten zu unterscheiden. Aktive Rechnungsabgrenzungen stellen Auszahlungen dar, die einen Aufwand für spätere Geschäftsjahre betreffen. Zunahmen (Abnahmen) werden bei der Cash flow-Ermittlung subtrahiert (addiert). Passive Rechnungsabgrenzungen stellen Einzahlungen dar, die einen Ertrag für spätere Geschäftsjahre betreffen. Zunahmen (Abnahmen) werden bei der Cash flow-Ermittlung addiert (subtrahiert).

Posten aus der Bilanz, die den Cash flow beeinflussen werden, sind Vorräte, Forderungen, Wertpapiere und Verbindlichkeiten aus Lieferungen und Leistungen. Diese werden bei der Cash flow-Ermittlung zum Working capital zusammengefaßt. Das Working capital berechnet sich als Differenz zwischen den Posten Vorräte, Forderungen und Wertpapiere und den Verbindlichkeiten aus Lieferungen und Leistungen. Bei der Cash flow-Ermittlung wird lediglich die Veränderung des Working capitals zwischen zwei aufeinanderfolgenden Bilanzstichtagen berücksichtigt. Eine Zunahme des Working capitals wird dabei als Mittelabfluß und eine Abnahme als Mittelzufluß berücksichtigt.

Ein Berechnungsschema für den operativen Cash flow ist in der Abbildung 17 aufgeführt.

| |
|---|
| = Jahresergebnis vor Fremdkapitalzinsen |
| + Abschreibungen |
| +/- Zuführung / Auflösung Rückstellungen |
| +/- Zunahme / Abnahme aktive RAP |
| +/- Zunahme / Abnahme passive RAP |
| +/- Zunahme / Abnahme des Bestandes liquider Mittel |
| - Investitionen |
| +/- Zunahme / Abnahme des Working-Capitals |
| = Operativer Cash flow |

Abb. 17: Ermittlung des operativen Cash flows

Das in Abbildung 17 aufgezeigte einfache Ermittlungsschema zeigt als Ergebnis den Betrag, der u.a. zur Tilgung von Krediten und zur Zahlung der Fremdkapitalzinsen zur Verfügung steht.

Der Cash flow läßt sich auf zwei Arten ermitteln. Wenn er, wie im oben dargestellten Berechnungsschema aus den Unternehmensergebnissen abgeleitet wird, so wird diese Vorgehensweise als die indirekte Methode bezeichnet. Diese Methode findet in der Praxis überwiegend Anwendung.

Demgegenüber besteht die Möglichkeit, die jährlichen Cash flows direkt aus einer Cash flow-Planung zu ermitteln. Eine solche Vorgehensweise ist immer mit mehr Aufwand verbunden und setzt umfangreiches Planungs-Know-how im Unternehmen voraus.

Wenngleich der Cash flow eine bessere Aussage über die Rückzahlungsfähigkeit ermöglicht, müssen hohe Cash flows nicht ausschließlich auf Stärken hinweisen. So könnte bei einem Unternehmen mit einem hohen Cash flow-Ausweis bereits die Sättigungsgrenze des Marktes erreicht sein und daher kurzfristig kein weiteres Kapital benötigt werden. Im Vergleich dazu könnte ein niedriger Cash flow auf ein positive Marktentwicklung hinweisen, die in einem Wachstumsmarkt höhere finanzielle Mittel erfordert. Eine Verbindung zwischen hohem Cash flow und Erfolg bzw. niedriger Cash flow und Mißerfolg ist daher nur nach Analyse weiterer Informationen angeraten.

### 5.3.2.3 Aufbau von Liquiditäts- und Finanzplänen

Während man den Cash flow-Plan zeitlich mit dem Umsatz- und Ergebnisplan in Einklang bringt, wird sich die Aufstellung eines Liquiditätsplanes meist in kurzfristigen Zeitspannen abspielen. Diese Zeitspannen können monatlich, wöchentlich oder sogar täglich sein. Informationen aus einem Cash flow-Plan können dann in ihrem zeitlichen Anfall mit in den Liquiditätsplan aufgenommen werden. In der Praxis werden Liquiditätspläne meist nur in indirekter Verbindung mit den Cash flow-Plänen erstellt. D.h., es werden die Informationen aus dem Cash flow-Plan zur Abstimmung und Plausibilisierung der Liquidität herangezogen.

Einen einfachen Aufbau eines Liquiditätsplanes zeigt die Abbildung 18.

Der Liquiditätsplan zeigt zunächst den Anfangsbestand an liquiden Mitteln auf Bank-/ Postkonten und der Kasse. Dieser Anfangsbestand wird zu Beginn einer Periode, z.B. am Anfang einer Woche, in den Liquiditätsplan eingetragen. Während der laufenden Woche werden dann die erwarteten Ein- und Auszahlungen aus dem operativen Geschäft berücksichtigt. Während sich die Einzahlungen aus den Umsatzerlösen nur aufgrund von Erfahrungen ange-

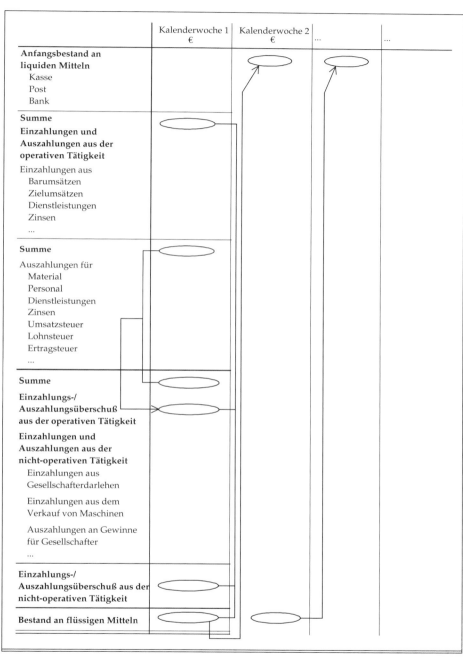

Abb. 18: Liquiditätsplan

ben lassen, sind die Auszahlungen exakter planbar, da sie vom Unternehmen gesteuert werden können. Ebenfalls sicher planbar sind die Steuerzahlungen, da diese mit festen Fristen verbunden sind, die aus eigenem Interesse des mittelständischen Unternehmers eingehalten werden sollten. Hinzu können noch Einzahlungen und Auszahlungen aus nicht-operativer Tätigkeit kommen, so z.B. für Einzahlungen der Gesellschafter aus Darlehen oder für Gewinnauszahlungen an die Gesellschafter.

Die Summe der Einzahlungs- oder Auszahlungsüberschüsse bildet den Endbestand der Periode bzw. den Anfangsbestand der Folgeperiode.

Die kontinuierliche Fortschreibung eines wöchentlichen Liquiditätsplanes kann dann zu jedem Zeitpunkt auf Wochenbasis für Informationen über die Tilgungs- und Zinszahlungsfähigkeit eines Darlehens herangezogen werden. Als Zeitrahmen bietet sich z.B. eine vierteljährliche oder halbjährliche Unterteilung an, da sich die Tilgungs- und Zinszahlungszeiträume meist auf diese Perioden erstrecken.

Hierzu werden die Cash flow- und Liquiditätsstände in einen Finanzplan überführt, der die Darstellung der Mittelherkunft und der Mittelverwendung zur Aufgabe hat. Eine einfache Darstellung eines Finanzplanes zeigt die Abbildung 19.

| | 1. Quartal €  | 2. Quartal € | ... | ... |
|---|---|---|---|---|
| Cash flow | | | | |
| + Bestand an liquiden Mitteln | | | | |
| Saldo | | | | |
| + Finanzzufluß aus Kredit | | | | |
| - Finanzabfluß aus Kredit | | | | |
| Überdeckung/Unterdeckung | | | | |

Abb. 19: Einfacher Finanzplan

Die Cash flows können aus der Cash flow-Planung, die liquiden Mittel aus der Liquiditätsplanung entnommen werden. Der Finanzzufluß kann sich aus dem ausgereichten Kredit speisen, der Finanzabfluß könnte sich zum Beispiel aus den Tilgungen und Zinsen ergeben.

## 5.3.2.4 Beispiel für einen einfachen Finanzplan

| Tilgungs-zeitpunkt | Restwert €| Tilgung €| Zinsen €| Tilgung und Zinsen €|
|---|---|---|---|---|
| Summe y [1] | 3.000.000,00 | | 0,00 | 0,00 |
| 31.03.y2 | 2.812.500,00 | 187.500,00 | 75.000,00 | 262.500,00 |
| 30.06.y2 | 2.625.000,00 | 187.500,00 | 70.312,50 | 257.812,50 |
| 30.09.y2 | 2.437.500,00 | 187.500,00 | 65.625,00 | 253.125,00 |
| 31.12.y2 | 2.250.000,00 | 187.500,00 | 60.937,50 | 248.437,50 |
| Summe y [2] | | 750.000,00 | 271.875,00 | 1.021.875,00 |
| 31.03.y3 | 2.062.500,00 | 187.500,00 | 56.250,00 | 243.750,00 |
| 30.06.y3 | 1.875.000,00 | 187.500,00 | 51.562,50 | 239.062,50 |
| 30.09.y3 | 1.687.500,00 | 187.500,00 | 46.875,00 | 234.375,00 |
| 31.12.y3 | 1.500.000,00 | 187.500,00 | 42.187,50 | 229.687,50 |
| Summe y [3] | | 750.000,00 | 196.875,00 | 946.875,00 |
| 31.03.y4 | 1.312.500,00 | 187.500,00 | 37.500,00 | 225.000,00 |
| 30.06.y4 | 1.125.000,00 | 187.500,00 | 32.812,50 | 220.312,50 |
| 30.09.y4 | 937.500,00 | 187.500,00 | 28.125,00 | 215.625,00 |
| 31.12.y4 | 750.000,00 | 187.500,00 | 23.437,50 | 210.937,50 |
| Summe y [4] | | 750.000,00 | 121.875,00 | 871.875,00 |
| 31.03.y5 | 562.500,00 | 187.500,00 | 18.750,00 | 206.250,00 |
| 30.06.y5 | 375.000,00 | 187.500,00 | 14.062,50 | 201.562,50 |
| 30.09.y5 | 187.500,00 | 187.500,00 | 9.375,00 | 196.875,00 |
| 31.12.y5 | 0,00 | 187.500,00 | 4.687,50 | 192.187,50 |
| Summe y [5] | | 750.000,00 | 46.875,00 | 796.875,00 |
| Summe gesamt | | 3.000.000,00 | 637.500,00 | 3.637.500,00 |

Abb. 20: Beispiel für Zins- und Tilgungsleistungen

Stellt man den Cash flow-, den Liquiditäts- und den Finanzplänen die auszahlungswirksamen Kreditkonditionen gegenüber, so hat man einen permanenten Überblick über die Rückzahlungsfähigkeit.

Das folgende Zahlenbeispiel soll dies noch einmal verdeutlichen. Wir gehen dabei von einem beantragten Darlehen von 3 Mio. € aus. Die Auszahlung soll zum 31. Dezember $y^1$ erfolgen. Vereinbart sind 10% Zinsen p.a., Zinsen und Tilgung erfolgen vierteljährlich. Die ersten Zahlungen sind am 31. März $y^2$ fällig. Die Laufzeit beträgt 4 Jahre. Die Zins- und Tilgungsleistungen sind in der Abbildung 20 aufgeführt.

Aus der Abbildung 21 sieht man den gleichmäßigen vierteljährlichen Tilgungsbetrag sowie den sinkenden Zinsbetrag. In Gegenüberstellung zum vierteljährlichen Finanzplan läßt sich dann die finanzielle Über- oder Unterdeckung ablesen. In Abbildung 21 ist diese Zahlenreihe mit den Werten und graphisch an einem Beispiel aufgelistet.

Aus der Graphik wird deutlich, zu welchem Zeitpunkt innerhalb der Laufzeit des Kredites es zu Über- und Unterdeckungen kommt. Hierbei sind natürlich die Unterdeckungen von besonderer Aufmerksamkeit. Aus den Unterdeckungen wird deutlich, daß der mittelständische Unternehmer in diesen Zeiträumen seine Zinsen und die Tilgung nicht vertragsgemäß bedienen kann. Nach Vorliegen dieser Informationen sind Planungsanpassungen vorzunehmen. Hierbei kann der Mittelständler bei der Umsatz- und Ergebnisplanung ansetzen und in fortschreitender Reihenfolge den Cash flow-, den Liquiditäts- und dann den Finanzplan anpassen.

Es ist sicher nicht abwegig, wenn man bei dem Beispiel über vier Jahre von planerischen Ungenauigkeiten ausgehen muß und diese auch argumentativ gegenüber dem Banker vertreten könnte. Allerdings gilt – bei aller Unsicherheit einer Planung – für die Vorlage bei der Bank im Rahmen eines Ratingprozesses, daß der erstmals eingereichte Finanzplan niemals eine Unterdeckung aufweisen sollte.

Da der Banker in Finanzplangrößen denkt und entscheidet, ist größte Sorgfalt auf die Aufstellung des Finanzplanes zu richten und plausibel die vertragsgemäße Tilgungs- und Zinszahlungsfähigkeit nachzuweisen.

| | 31.12.y[1] T€ | 31.03.y[2] T€ | 30.06.y[2] T€ | 30.09.y[2] T€ | 31.12.y[2] T€ | 31.03.y[3] T€ | 30.06.y[3] T€ | 30.09.y[3] T€ | 31.12.y[3] T€ |
|---|---|---|---|---|---|---|---|---|---|
| Cash flow | 1.000,0 | 500,0 | 400,0 | 200,0 | 800,0 | 200,0 | -200,0 | -300,0 | -400,0 |
| Bestand an liquiden Mitteln | 500,0 | 600,0 | 300,0 | 300,0 | 400,0 | 500,0 | 200,0 | 150,0 | 350,0 |
| Saldo | 1.500,0 | 1.100,0 | 700,0 | 500,0 | 1.200,0 | 700,0 | 0,0 | -150,0 | -50,0 |
| Finanzzufluß aus Kredit | 3.000,0 | 0,0 | 0,0 | 0,0 | 0,0 | 0,0 | 0,0 | 0,0 | 0,0 |
| Finanzabfluß aus Kredit | 0,0 | 262,5 | 257,8 | 253,1 | 248,4 | 243,8 | 239,1 | 234,4 | 229,7 |
| Überdeckung/Unterdeckung | 4.500,0 | 837,5 | 442,2 | 246,9 | 951,6 | 456,2 | -239,1 | -384,4 | -279,7 |

| | 31.03.y[4] T€ | 30.06.y[4] T€ | 30.09.y[4] T€ | 31.12.y[4] T€ | 31.03.y[5] T€ | 30.06.y[5] T€ | 30.09.y[5] T€ | 31.12.y[5] T€ |
|---|---|---|---|---|---|---|---|---|
| Cash flow | 300,0 | 400,0 | -600,0 | 300,0 | 400,0 | 450,0 | 350,0 | 850,0 |
| Bestand an liquiden Mitteln | 400,0 | 500,0 | 250,0 | 300,0 | 500,0 | -250,0 | -200,0 | -200,0 |
| Saldo | 700,0 | 900,0 | -350,0 | 600,0 | 900,0 | 200,0 | 150,0 | 650,0 |
| Finanzzufluß aus Kredit | 0,0 | 0,0 | 0,0 | 0,0 | 0,0 | 0,0 | 0,0 | 0,0 |
| Finanzabfluß aus Kredit | 225,0 | 220,3 | 215,6 | 210,9 | 206,3 | 201,6 | 196,9 | 192,2 |
| Überdeckung/Unterdeckung | 475,0 | 679,7 | -565,6 | 389,1 | 693,7 | -1,6 | -46,9 | 457,8 |

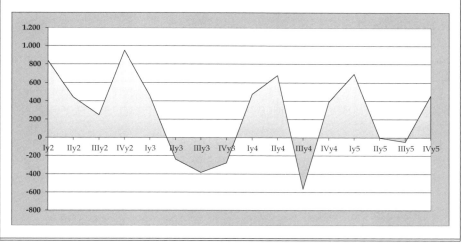

Abb. 21: Beispiel für einen einfachen Finanzplan

## 5.3.3  Factbook

### 5.3.3.1  *Zweck des Factbook*

Der mittelständische Unternehmer hat für die Bank, die das Rating durchführt, eine Fülle von Informationen aufzubereiten, zu analysieren und zu bewerten. Die Bank wird aus diesen Informationen, die standardisiert von dem
zuständigen Banker erhoben werden, Schlußfolgerungen für die individuelle
Ratingeinstufung vornehmen. Damit der Banker die richtigen Schlüsse aus
den Informationen ziehen kann, ist es wichtig, die Informationen so aufzubereiten, daß sie verständlich und nachvollziehbar sind. Es geht damit um eine
ansprechende schriftliche Präsentation des Unternehmens. Die schriftlichen
Ausführungen können dann anhand der Angaben im Factbook mündlich
gegenüber dem Firmenkundenbetreuer erläutert werden.

Basis für eine solche Information ist ein Factbook. Mit Hilfe einer solchen
schriftlichen Präsentation können die eigenen Erkenntnisse des Bankers über
das Unternehmen nicht ersetzt werden. Es wird aber bei richtiger und verständlicher Aufbereitung die Ratingeinstufung positiv beeinflussen.

Ein Factbook ist ein Verkaufsprospekt. Es findet seit Jahren Anwendung
im Rahmen von M&A-Transaktionen. In einem Verkaufs-Factbook wird ein
Unternehmen positiv mit seinen wesentlichen Chancen und Stärken präsentiert.
Risiken und Schwächen werden aus verständlicher Sicht des Verkäufers meist
nur rudimentär erwähnt. Ein Factbook in einem Ratingprozeß unterscheidet
sich gerade im Hinblick auf die gesamte Präsentation von Chancen, Stärken
und Risiken sowie Schwächen. Da die Transparenz zwischen der Bank und
dem mittelständischen Unternehmer das wichtigste Gut in einem Ratingprozeß
ist, muß auch ein Factbook dem Rechnung tragen.

Qualitativ sollen in einem Factbook die Informationen möglichst objektiv
und nachvollziehbar dargestellt und in optisch ansprechender Form präsentiert werden.

Die Anforderung an eine objektive Darstellung verlangt nicht, daß der
Unternehmer seine Sichtweise über sein Unternehmen ausschließlich an der
Risikoorientierung des Bankers ausrichtet. Er sollte aber Übertreibungen, z.B.
im Hinblick auf geplante exorbitante Umsatzsteigerungen oder Hinweise auf
das Fehlen jeglichen Wettbewerbs, vermeiden. Gerade die Factbooks, die im
Zusammenhang mit Börseneinführungen in den letzten Jahren präsentiert
wurden, haben bei den Banken eine gehörige Portion Skepsis für solche »Pla-
nungsträume« mit sich gebracht. Objektive Darstellung heißt wahrheitsgemäße Darstellung, die natürlich vom mittelständischen Unternehmer positiv
»verpackt« werden kann.

Eine weitere wichtige Anforderung ist die Nachvollziehbarkeit der präsentierten Informationen durch den Banker. Es hilft nichts, wenn z.B. die
technischen Produktbeschreibungen in einer technischen Sprache zwar
optisch gut aufbereitet sind, der Leser aber davon nichts versteht. Der mittelständische Unternehmer muß diese Informationen so präsentieren, daß
sie zunächst im Überblick von einem Finanzfachmann verstanden werden.
Dabei ist das Festhalten an technischer Kompetenz durch vermeintlich gute
technische Erläuterungen eher schädlich. Es ist aber auch nicht hilfreich, wenn
der Unternehmer reine Platitüden der Werbebranche verwendet. Gut ist die
Information, die auch verstanden wird. Der Empfängerhorizont des Bankers
und die Zielrichtung der Information sollten immer im Mittelpunkt stehen.
Hierbei gilt es auch noch zu berücksichtigen, daß der Firmenkundenbetreuer
i.d.R. eine Fülle von Unternehmen betreut. Seine zeitlichen Kapazitäten sind
also beschränkt. Daher ist es um so wichtiger, das Interesse an dem Unternehmen durch verständliche Informationen möglichst lange aufrechtzuerhalten. Die Informationen konkurrieren immer mit den Informationen anderer
Unternehmen. Wenn man, aus der Sicht des Bankers, Informationen nicht
vollständig versteht, dann wird man versuchen, dieses Informationsdefizit
mit einer höheren Risikogewichtung zu versehen.

Eine weitere Anforderung an ein Factbook liegt in der optisch anspre-
chenden Aufbereitung der Informationen. Wenn ein Anforderungsprofil von
der Bank für die einzureichenden Informationen und Unterlagen vorgegeben
wird, dann sollte sich der mittelständische Unternehmer sehr stark an dieses
Anforderungsprofil halten. Das bedeutet, daß er z.B. die von der Bank vorgegebene Gliederung der Erläuterungen und der dazugehörigen Anlagen einhält.
Darüber hinaus steht es dem Mittelständler frei, ergänzende Informationen
und Unterlagen aufzubereiten. Möglichkeiten dazu bieten eine Reihe von Prä-
sentationsprogrammen, mit denen eine professionelle graphische und verbale
Darstellung des Unternehmens, seiner Produkte, der Planungsrechnung, des
Managements und weiterer Informationen möglich ist.

### 5.3.3.2 *Inhalt des Factbook*

Der Aufbau eines Factbooks wird sich an der Umsetzung der Vision in betriebswirtschaftliche Daten orientieren. Es muß aussagekräftig, logisch gegle-
dert, verständlich, kurz, lesefreundlich und ansprechend sein. Ein Factbook
sollte die Erkenntnisse des Unternehmers über den Markt und Wettbewerb
enthalten und den relevanten Zielmarkt beschreiben. Die Ausführungen über

die Markteinschätzung und die gesamte Planungsrechnung muß von dem Banker nachvollzogen werden können.

Der Unternehmer muß daher z.B. Angaben über seine Absatzplanung, über die angestrebten Marktanteile, die Produkte, die Preispolitik, die Logistik, die Personalkonzeption und die Marketing- und Vetriebskonzeption machen. Weiterhin sind Ausführungen über die zu finanzierenden Investitionen anzuführen. Wenn der Unternehmer die Kredittilgungen und die zu zahlenden Zinsen in einen Finanzplan aufnimmt und Aussagen über die Rückzahlung macht, wird dies erheblich zur Ratingeinstufung beitragen. Als Anlage sind sämtliche Pläne mit aufzunehmen. Hilfreich ist es auch, wenn im Factbook ein detailliertes Zeitraster, das sich mit der Kreditlaufzeit deckt, über die Investitionen und deren Finanzierung angeführt wird.

Für die Formulierungen im Factbook ist eine sprachliche und inhaltlich einfache, verständliche und einleuchtende Darstellung geboten. »Bandwurmsätze« sollten vermieden werden. Für den Aufbau empfiehlt sich eine qualitative und quantitative Differenzierung. Der Aufbau eines Factbooks könnte nach dem in Abbildung 22 aufgeführten Schema erfolgen. Sicherlich gibt es auch Argumente für einen anderen Aufbau. Die hier vorgestellte Gliederung orientiert sich an den Erfahrungen der Firmenkundenbetreuer und besitzt daher eine Akzeptanz bei den Bankern.

Die Konkretisierung der in Abbildung 22 angeführten Punkte ist abhängig von der Größe des Unternehmens sowie der Höhe und der Laufzeit des Kredites. Nicht alle Punkte müssen in jedem Fall zutreffen. Es wird immer vom jeweiligen Einzelfall abhängen, wie ausführlich die Detailangaben sind und ob überhaupt zu den einzelnen Punkten Angaben gemacht werden können. Die vorgestellte Maximalvariante wird daher nur im Ausnahmefall zur praktischen Umsetzung gelangen.

Die Aufteilung in einen qualitativen und in einen quantitativen Teil hat den Vorteil, daß umfangreiche Zahlenwerke den Lesefluß nicht stören und nur wesentliche Positionen im qualitativen Teil erklärt werden müssen. Wenn es sich bei dem Zahlenteil um umfangreiche Anlagen handelt, kann man das Factbook auch in zwei Bände aufteilen. Dies hat den Vorteil, daß der Leser beide Teile nebeneinander legen und damit besser abstimmen kann.

Die Angabe eines Inhaltsverzeichnisses sollte eine Selbstverständlichkeit sein. Um einen direkten Eindruck vom mittelständischen Unternehmer zu gewinnen, bietet sich zu Beginn eine kurze Selbstdarstellung des Unternehmers an, ergänzt werden sollte diese Selbstdarstellung durch einen Kurzlebenslauf der in chronologischer Reihenfolge aufgebaut ist. Die Selbstdarstellung sollte über die Angaben im Lebenslauf hinaus einen Überblick über die beruflichen, die unternehmerischen und die produkt- bzw. dienstleistungsspezifischen Erfahrungen geben.

**Qualitativer Teil**

- Inhaltsverzeichnis
- Selbstdarstellung des Unternehmers mit beruflichem Lebenslauf
- Produktbeschreibung
- Erläuterungen über die Zielmärkte
- Darstellung der Markt- und Wettbewerbsstruktur
- Erläuterungen über die rechtlichen und wirtschaftlichen Grundlagen des Unternehmens
  - Rechtsform
  - Organe
  - Organisation
  - Personal
  - Rechnungswesen und Controlling
  - ...

- Beschreibung der zweiten Managementebene (mit beruflichen Lebensläufen)
- Erläuterungen über die zu finanzierenden Investitionen
- Erläuterungen über die vergangenheits-, die gegenwarts- und die zukunftsorientierten Informationssysteme
  - Jahresabschluß
  - Kennzahlen
  - Segmente
  - Zwischenberichte
  - Sicherheiten
  - Leise Zeichen
  - Risikosparten
  - Strategie und Pläne
  - ...

**Quantitativer Teil**

- Markt- und Wettbewerbsdateien
- Umsatz- und Ergebnispläne
- Absatzpläne
- Produktpläne
- Beschaffungspläne
- Personalpläne
- Investitions- und Abschreibungspläne
- Kostenpläne
- Aufwandspläne
- Bilanzpläne
- Cash flow-Pläne
- Liquiditätspläne
- Finanzpläne
- Plan über die Deckung des privaten Lebensunterhalts des Unternehmers

Abb. 22: Gliederung eines Factbook

Daran anschließend kann eine Beschreibung der Produkte des Unternehmens erfolgen. Die Beschreibung der Produkte kann direkt zur Erläuterung führen, in welchen Zielmärkten das Unternehmen aktiv ist bzw. aktiv werden will. Hierbei sollte herausgestellt werden, inwieweit die Leistungen des Unternehmens über die Leistungen der Wettbewerber hinausgehen. Mögliche Risiken sollten nicht verschwiegen werden. Ehrlichkeit sichert die Glaubwürdigkeit.

Die Markt- und Wettbewerbsstruktur sollte in einer ausführlichen Erläuterung erfolgen. Dies insbesondere unter dem Aspekt, daß die Bank ein hohes Gewicht auf die eigenen Brancheninformationen aus ihren Datenbeständen legt. Zur Marktbeschreibung gehören die aktuellen und potentiellen Kunden, die relevanten Märkte, die Anforderungen der Kunden, die Konzeption des Marktauftritts, mögliche Abhängigkeiten von Kunden, die Frage der Markterwartung, Angaben zu möglichen Ersatzprodukten usw. Die Erläuterungen zur Wettbewerbsstruktur sollten die direkten Wettbewerber, die positiven und negativen Unterschiede der eigenen Produkte im Vergleich zum Wettbewerb, mögliche Reaktionen der Wettbewerber auf die Produktpolitik und, wenn möglich, einen Vergleich wesentlicher Kennzahlen enthalten.

Die Erläuterungen über die rechtlichen und wirtschaftlichen Grundlagen sollen eine kurze Angabe zur Gesellschafterstruktur, wesentliche Auszüge aus dem Gesellschaftsvertrag, eine Beschreibung der Organe und Angaben über wesentliche Verträge enthalten. Ein Organigramm kann einen guten Überblick über die innere Struktur des Unternehmens vermitteln. Angaben zum Personal, zur Qualität des Rechnungswesens, zur Produktion, zur Logistik, zur Qualität und zu weiteren wichtigen Teilen des Unternehmens runden die wirtschaftlichen Erläuterungen ab. Eine Darstellung der Investitionen, die mit den Kreditmitteln finanziert werden sollen, ist eine wichtige Information und soll dem Banker die Sinnhaftigkeit der Verwendung der Kreditmittel verständlich machen. Soweit möglich, können die Erläuterungen durch eine Investitionsrechnung ergänzt werden. Eine Darstellung der Lebensläufe der zweiten Managementebene und die Beschreibung der jeweiligen Position der Mitarbeiter kann im Einzelfall hilfreich für den Leser sein.

Eine direkte Verbindung des qualitativen mit dem quantitativen Teil besteht in den Erläuterungen über die vergangenheits-, die gegenwarts- und die zukunftsorientierten Informationssysteme. Hier werden, soweit nicht in den vorstehenden Punkten des Factbooks bereits erfolgt, der Jahresabschluß, die wesentlichen Kennzahlen, die Segmentdarstellung, die vorhandenen Zwischenberichte, die Sicherheiten, die Leisen Zeichen, das Risikosystem sowie die Strategie und die Pläne erläutert. Der quantitative Teil enthält die aufgestellten Pläne sowie einen Plan über die Deckung der privaten Lebenshaltungskosten des Unternehmers.

Der qualitative Teil des Factbooks sollte 50 Seiten nicht überschreiten. Die Anzahl der Anlagen im quantitativen Teil wird immer vom Einzelfall abhängen. Aufgrund der Bedeutung eines Umsatz- und Ergebnisplanes sowie Finanzplanes für die Beurteilung der Tilgungs- und Zinszahlungsfähigkeit sollten diese Pläne im Factbook enthalten sein. Der Detaillierungsgrad wird natürlich von der Höhe und der Laufzeit des Kredites beeinflußt.

## 5.3.4 Einsatz einer Balanced Scorecard

Unter Balanced Scorecard wird ein System von unternehmensspezifischen Kennziffern verstanden, mit denen der Mittelständler sein Unternehmen im Hinblick auf das Erreichen bestimmter vordefinierter Erfolgsparameter führen kann. Unter dem Primat der Kundenperspektive sollen interne Geschäftsprozesse so optimiert und die Mitarbeiterpotentiale so entwickelt werden, daß

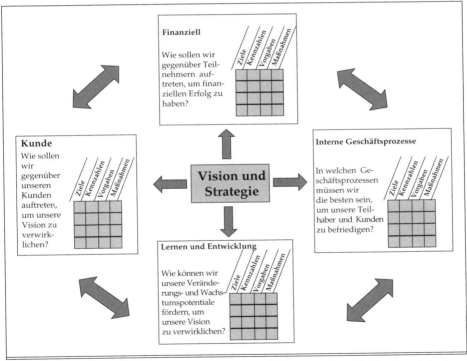

Abb. 23: Die vier Perspektiven der Balanced Scorecard nach Kaplan/Norton, Balanced Scorecard, 1997, S. 9.

sich die finanziellen Ziele des Unternehmens verwirklichen lassen. Dieses Ziel führt auch dazu, daß das Unternehmen im Ratingverfahren besser eingestuft wird. Für den Banker ist damit der Nachweis erbracht, daß das Unternehmen mit einer modernen Führungsmethode arbeitet und die Zielerreichung durch kleine, meßbare Schritte vorantreibt.

Im Prinzip geht es bei der Entwicklung der unternehmensspezifischen Kennzahlen darum, aus den Leisen Zeichen für die wichtigsten Prozesse der operativen Tätigkeit meßbare Kennzahlen zu entwickeln, die sich beobachten lassen. Wenn die Leisen Zeichen definiert sind, lassen sich aus ihrer strategischen Durchsetzung operative Ziele ableiten, die für die Mitarbeiter handlungsrelevant sind.

### 5.3.4.1  Die Kundenperspektive

Die Grundkennzahl bezieht sich auf den Marktanteil des Unternehmens, der noch regional aufgeteilt werden kann. Die Schwierigkeit besteht darin, den relevanten Gesamtmarkt zu ermitteln und die jeweilige Veränderung nachzuhalten, um eine Aussage über die Entwicklung der Relation der Umsätze des Unternehmens zum Umsatzpotential des Gesamtmarktes darzustellen.

Durch eine Marktuntersuchung müssen die spezifischen Wünsche der Kunden im Hinblick auf Preis, Qualität, Funktionalität, Image und Service im Zusammenhang mit den Produkten oder Dienstleistungen ermittelt werden. Bei der Untersuchung der Wünsche der Kunden kann sich durchaus ergeben, daß das Unternehmen eine bestimmte Gruppe von Kunden mehr berücksichtigt, weil es daraus einen höheren finanziellen Nutzen ziehen kann.

Für den Vertrieb sind Kennzahlen über die Kundenakquisition von Bedeutung, z.B. die Erfolgsquote von Akquisitionsgesprächen oder die Dauer vom ersten Gespräch bis zum ersten relevanten Umsatz. Wichtig sind auch die Entwicklung der Kundenumsätze im Laufe der Zeit und die durchschnittliche Dauer einer Kundenbeziehung. Auch die Zahl der neu gewonnenen Kunden je Jahr kann relevant sein, wenn es statistische Durchschnittswerte je Kunde gibt.

Aus Sicht des Kunden ist z.B. die Erreichbarkeit eines kompetenten Mitarbeiters im Verkauf oder im Service von Bedeutung. Im Hinblick auf die Lieferung der Produkte an die Kunden lassen sich meßbare Kennziffern definieren, die die Zeit zwischen der Bestellung und der Auslieferung darstellen. Die Zeit für die Erledigung von Kundenanfragen läßt sich unmittelbar messen. Aus Sicht der Qualitätssicherung sind Zahlen über Mängelrügen und deren Berechtigung wichtig. Die Einschätzung des Unternehmens durch die Kunden kann auch durch Kundenbefragungen ermittelt werden. Der Grad der positiven Einschätzung kann wiederum zu einer Kennzahl verdichtet werden.

Weiterhin müssen neue Produkte entwickelt werden, die aufgrund der Anforderungen der Kunden innerhalb vertretbarer Zeit marktfähig sind und erworben werden können. Hier können Kennzahlen entwickelt werden, die die Zeit von der ersten konkreten Anfrage nach einem neuen Produkt oder einem Produkt mit erweiterten Eigenschaften bis zur Marktfähigkeit darstellen.

Neben der Zufriedenheit der Kunden, die durch verschiedene Kennzahlen gemessen werden kann, ist die Rentabilität der Umsätze mit den einzelnen Kunden von herausragender Bedeutung. Nur wenn das Unternehmen diese beiden Ziele miteinander optimieren kann, ist auch das Erreichen der finanziellen Ziele möglich.

Schwierig wird es für ein Unternehmen, wenn seine Kunden Zwischenhändler sind. Dann müssen nämlich nicht nur die Interessen der Zwischenhändler an einer ausreichenden Rentabilität, einer guten Schulung und Unterstützung beim Verkauf und an einem guten Service, sondern auch die Interessen der Endkunden berücksichtigt werden.


## 5.3.4.2 *Die Perspektive der internen Prozesse*

Bei dem internen Prozeß werden die Innovation, der eigentliche Betrieb und der Service unterschieden. Kennzahlen sind hier z.B. Qualitäts-, Ausbeute- oder Durchlaufzahlen.

Im Innovationsprozeß muß der Markt identifiziert und das Produkt- und Dienstleistungsangebot entwickelt werden. Hier lassen sich der Anteil des Umsatzes mit neuen Produkten, die Einführung neuer Produkte im Vergleich zu Konkurrenzunternehmen und die Zeitspanne bis zur Entwicklung einer neuen Produktgeneration messen. Darüber hinaus muß hier die Kompetenz für die Behandlung des Kundenwunsches dargestellt werden

Im Betriebsprozeß selbst geht es um die Produktion der Waren und um die Veräußerung an die jeweiligen Kunden. Dazu ist zunächst eine Öffentlichkeit herzustellen, damit die Informationen über die lieferbaren Produkte und Dienstleistungen an die potentiellen Kunden gelangt. Nach der Bestellung muß die Auslieferung des Produktes so durchgeführt werden, daß sie dem Kundenwunsch entspricht. Auch hier muß die Behandlung des Kundenwunsches durch kompetente Leistungsträger erreicht werden.

Der Servicebereich betrifft die Bedürfnisse der Kunden nach der Auslieferung im Hinblick auf die Bereitstellung erforderlicher Informationen und auf die Möglichkeit der Reparatur oder einer Wiederinstandsetzung gelieferter Produkte bis hin zu dem Angebot von attraktiven Zusatzprodukten.

### 5.3.4.3   Die Mitarbeiterperspektive

Bei dem Feld Mitarbeiterperspektive geht es zunächst um die Entwicklung der Mitarbeiterpotentiale. Als Kennzahlen können z.B. Zufriedenheit, Fluktuation und Produktivität der Mitarbeiter dienen. Zufriedenheit kann am einfachsten durch Befragungen ermittelt werden. Dabei können die Möglichkeit, bei Entscheidungen mitbestimmen zu können, die Anerkennung der Leistung und die aktive Unterstützung durch das Unternehmen und die Personalabteilung, die Möglichkeit eines unmittelbaren Zugriffes auf die erforderlichen unternehmensinternen Informationen und eine allgemeine Zufriedenheit anhand einer Punkteskala abgefragt werden. Voraussetzung ist allerdings, daß sich die Mitarbeiter ohne Furcht vor Repressalien äußern können. Weiterhin werden hier Potentiale aus Informationssystemen genannt, die unmittelbar in den Kundengesprächen umgesetzt und akquisitorisch genutzt werden können.

Für die Motivation der Mitarbeiter und die Zielausrichtung sind als Kennzahlen z.B. die Zahl der eingereichten und die der umgesetzten Verbesserungsvorschläge je Mitarbeiter relevant. Mit Verbesserungsvorschlägen lassen sich sowohl Verbesserungen im Hinblick auf Zeit, Qualität und Leistung als auch Kostensenkungen durch eine Verringerung der Fehlerquote, den Materialabfall oder durch Abwesenheitszeiten erreichen.

### 5.3.4.4   Die Finanzperspektive

Die finanziellen Ziele unterscheiden sich je nach der Phase, in der sich das Unternehmen gerade befindet. Während der Wachstumsphase, in der sich die Produkte in der Anfangsphase ihres Lebenszyklus befinden, ist es nach den hohen, bereits erbrachten Ausgaben erforderlich, daß sie in zunehmendem Maße Umsätze erwirtschaften. Während der Reifephase soll der Marktanteil bei hoher Rentabilität zumindest gehalten werden. Hier sind Engpässe durch Kapazitätsausweitungen zu vermeiden und Produktverbesserungen durchzuführen. In der Erntephase soll noch eine gute Rendite erreicht werden, ohne daß es zu weiteren Ausgaben für Kapazitätserweiterungen oder die Entwicklung neuer Produkte kommt.

Die Grundkennzahlen beziehen sich auf Liquidität, Rentabilität und Wirtschaftlichkeit. Spezifische Kennzahlen setzen sich mit der Struktur bestimmter

Erlöse und Aufwendungen auseinander. Hier werden für bestimmte Posten der Planung die einzelnen Parameter des Mengengerüstes zusammengestellt, die für das Erreichen der vorgegebenen Ziele erforderlich sind.

Die Vorteile der Balanced Scorecard liegen für den Mittelständler nicht nur in einer Dokumentation gegenüber der Bank, daß er die dort niedergelegten Kennzahlen erreicht oder in der Entwicklung stetig verbessert, sondern zuallererst darin, daß er für sein Unternehmen individuelle Kennzahlen entwickelt hat, die es ihm ermöglichen, die von ihm erkannten Erfolgsfaktoren aktiv zu managen. Ausschlaggebend ist, daß der Mittelständler durch den Einsatz der Balanced Scorecard die finanziellen Ziele, insbesondere die Verbesserung der Ertragslage, erreicht.

## 5.3.5 Folge-Due Diligence

Die Banken gehen verstärkt dazu über, nicht mehr nur einmalige Dokumentationen für die Vergangenheit und die Planung des Unternehmens in ihre Risikoüberlegungen mit einzubeziehen. Für die Anforderungen an eine aktuelle Berichterstattung über eine zukünftige Entwicklung ist ein völlig neuer Ansatz gefunden worden. Bestehende Planungen sollen regelmäßig auf ihre Plausibilität geprüft werden. Die neue Unternehmensberichterstattung gibt Auskunft über die sich in der Zukunft ändernden Chancen und Risiken sowie Stärken und Schwächen des Unternehmens.

Ein solches Verfahren ist die Folge-Due Diligence, eine regelmäßig zu wiederholende Begutachtung eines Unternehmens, die zu einer sich verändernden Einschätzung des Unternehmenswertes, seiner Chancen und Risiken und seiner Kreditwürdigkeit führt.

Bei einer Folge-Due Diligence wird überprüft, wie sich das Unternehmen mit seinen Chancen und Risiken sowie Stärken und Schwächen seit der letzten Due Diligence entwickelt hat. Bei der Soll-Ist-Analyse müssen die Abweichungen begründet werden. Möglicherweise wird die alte Planung angepaßt. Die Folge-Due Diligence enthält oft konkrete Managementempfehlungen.

Gegenüber den kreditgebenden Banken zeigt ein Unternehmen mit einer regelmäßig durchgeführten Folge-Due Diligence, daß es auch im Interesse der Bank risikobewußt mit den anvertrauten Fremdmitteln umgeht. Die somit entstehende Vertrauensbildung erleichtert eine Erweiterung der Kreditlinie und ermöglicht das Verhandeln günstigerer Zins- und Sicherungsbedingungen. Gerade in einer vertrauensvollen kommunikativen Zusammenarbeit zwischen

Mittelständler, Banker und Gutachter im Hinblick auf die aktualisierte Einschätzung des Unternehmens liegt der große Vorteil der Folge-Due Diligence. Mit der Durchführung einer Folge-Due Diligence hat der Mittelständler die höchste Kommunikationsstufe gegenüber der Bank erreicht.

### 5.3.5.1  Das Verfahren der Folge-Due Diligence

Die Folge-Due Diligence sollte einmal jährlich durchgeführt werden. Kürzere Zeiträume können sich in Krisensituationen empfehlen, wenn die Durchführung kurzfristig erforderlicher Maßnahmen überprüft werden soll. Für den Zeitpunkt der Folge-Due Diligence sollte der Zeitraum nach Vorlage des Jahresabschluß- prüfungsberichtes mindestens im Entwurf und vor der Aufsichtsratssitzung und der Hauptversammlung gewählt werden. Dies gibt den Beteiligten Zeit, über notwendige Konsequenzen nachzudenken oder Begründungen für die Entwicklung der Umsätze und Ergebnisse vorzubereiten.

Die Analyse des Unternehmens im Rahmen einer Folge-Due Diligence sollte durch spezialisierte externe Unternehmensbewertungsgutachter vorgenom- men werden. Der Jahresabschlußprüfer kommt dafür nicht in Betracht, weil bei ihm regelmäßig ein „conflict of interests" vorliegt und zum anderen sein Fokus eher rückwärts gerichtet ist und für eine Einschätzung der Marktge- gebenheiten bei der Plausibilität einer Planergebnisrechnung in der Regel nicht ausreicht.

### 5.3.5.2  Erforderliche Unterlagen

Bei der Zusammenstellung der erforderlichen Unterlagen kann der Gutachter in der Regel auf die Unterlagen der letzten Due Diligence zurückgreifen. Im übrigen sind alle Unterlagen vorzulegen, die die Entwicklung des vergangenen Jahres betreffen. Das sind zunächst einmal der Jahresabschlußprüfungsbericht des Wirtschaftsprüfers, die Quartalsberichte und die Monatsauswertungen, um die Entwicklung der Umsätze und des Ergebnisses innerhalb des Jahres nachzuvollziehen.

Die Ad hoc-Mitteilungen der Gesellschaft und die aktuellen Presseberichte sollten zusätzlich mit einbezogen werden. Die Aufsichtsrats- oder Beiratspro- tokolle geben, wenn sie ausführlich gehalten sind, einen guten Einblick in die Entwicklung des Unternehmens, und sie zeigen gegebenenfalls erkennbare Risiken auf. Für die Marktforschung sind aktualisierte Unterlagen über den Markt und die Wettbewerber zusammenzustellen. Im rechtlichen Bereich sind die geänderten bzw. die neuen Verträge vorzulegen, soweit sie wesentlich für die Einschätzung der Zukunftsaussichten des Unternehmens sind.

### 5.3.5.3 Die Prüfungsschwerpunkte

Die Prüfungsschwerpunkte der Folge-Due Diligence liegen in der Vergangenheit, also dem letzten Jahr, der Zukunft, also der unmittelbaren Planung des laufenden Jahres und der mittelbaren Planung, und gesondert in den Risiken, die möglicherweise noch nicht ergebnisrelevant sind.

- **Die Vergangenheit**

Ausgehend von der Planung für das vergangene Jahr ist das Erreichen von geplanten Meilensteinen der Unternehmensentwicklung zu untersuchen. Hierbei handelt es sich nicht nur um strategische Zielsetzungen, wie zum Beispiel die Besetzung eines neuen Marktsegmentes auf Produktebene oder in regionaler Hinsicht oder die Ausweitung von bestimmten Marktanteilen. Es geht auch um die Umsetzung von geplanten operativen Vorhaben, wie zum Beispiel die Einrichtung einer neuen Fertigungsstätte oder die Einführung eines neuen Qualitätssicherungssystemes. Soweit solche Vorgaben nicht erreicht worden sind, sind die Ursachen dafür darzustellen und zu kommentieren. Oft nehmen die Banken selbst in die Kreditverträge Vorgaben auf, die innerhalb bestimmter Zeit zu erfüllen sind. Das gilt insbesondere dann, wenn sich vor der Kreditvergabe einige Punkte ergeben haben, die aus der Sicht der Bank zwar nicht die Ausreichung der Mittel verhindern, aber gleichwohl als erkannte Schwachstellen innerhalb des Unternehmens kurzfristig beseitigt werden sollen.

In einem nächsten Schritt ist die Ergebnisrechnung des vergangenen Jahres aus dem Jahresabschluß mit den einzelnen Posten der Planergebnisrechnung einer Soll-Ist-Analyse zu unterziehen.

Bei den Umsatzerlösen sind die absoluten Zahlen, aber auch die Aufteilung auf einzelne Umsatzbereiche miteinander zu vergleichen, um die unterschiedlichen Entwicklungen aufzeigen zu können. Für die Aufwandsposten sind eher die relativen Verhältniszahlen zum Umsatz von Bedeutung. Insbesondere eine Verschlechterung der Aufwandsrelation ist im einzelnen darzustellen. Soweit es wesentliche Abweichungen gibt, sind sie detailliert zu begründen.

Aus den Abweichungen sind Schlußfolgerungen für die Entwicklung in der Zukunft zu ziehen. Daher ist es erforderlich, die Abweichungen auf ausserordentliche und aperiodische Posten hin zu untersuchen. Möglicherweise führt die Eliminierung dieser Posten zu einer Nivellierung der Abweichung, eventuell verdecken außerordentliche Erträge aber auch negative Abweichungen von der Planergebnisrechnung. Nur aus der Analyse eines um die außerordentlichen und aperiodischen Erträge und Aufwendungen bereinigten operativen Ergebnisses lassen sich Schlußfolgerungen für die Zukunft ziehen. In diesem Zusammenhang ist auch die Entwicklung wesentlicher Kennzahlen im Vergleich zu den Vorjahreswerten von Bedeutung.

Soweit es Änderungen im operativen Bereich der Gesellschaft gegeben hat, sei es in der Produktion, dem Vertrieb oder der allgemeinen Organisation, sind sie zu analysieren und zu würdigen.

Aus Sicht einer Bank ist die Verwendung der Kapitalzuflüsse von herausragender Bedeutung. Das gilt insbesondere, wenn die Kreditvergabe für einen bestimmten Zweck vorgesehen ist.

Soweit im Rahmen einer vorhergegangenen Folge-Due Diligence oder einer Vorgabe des Aufsichtsrates oder anderer Gremien ein Maßnahmenkatalog zur Beseitigung von Schwachstellen im Unternehmen aufgestellt wurde, muß dessen Umsetzung begutachtet werden und es müssen gegebenenfalls noch ausstehende Maßnahmen in einen aktualisierten Katalog einbezogen werden.

## • Die Zukunft

Das Umfeld des Unternehmens ist ausgehend von den aktualisierten Markt-/ Wettbewerbsdaten neu zu definieren. Denn hieraus können sich erhebliche Auswirkungen auf die strategische und operative Ausrichtung des Unternehmens ergeben. Wenn zum Beispiel ein Substitut für Produkte des Unternehmens neu auf den Markt gebracht wurde, kann dadurch ein ganzer Produktbereich in Frage gestellt werden.

Ausgehend von der Entwicklung in der Vergangenheit ist der gegebenenfalls fortgeschriebene Plan zu analysieren. Die Einzelpläne zur Produktion, zum Umsatz, zu der Personalentwicklung, zu den einzelnen Aufwendungen bis hin zu einem differenzierten Liquiditätsplan sind auf die Stimmigkeit des Mengengerüstes zu überprüfen. Die Aktualisierung des Planes folgt den Anforderungen einer Plausibilitätsprüfung im Rahmen jeder Unternehmensbewertung. Dabei wird auch begutachtet, ob für die Planung Szenarien gerechnet werden müssen, um Sensitivitäten besonders kritischer Ertrags- oder Aufwandspositionen Rechnung zu tragen.

Die Plausibilität der Planung des laufenden Jahres unterliegt besonderen Anforderungen. Soweit hier bereits ein Quartalsergebnis vorliegt, ist es ebenso wie die Ergebnisrechnung des vergangenen Jahres zu analysieren. Außerordentliche und aperiodische Erträge und Aufwendungen sind zu bereinigen, bevor das Quartalsergebnis – unter Berücksichtigung aus der Vergangenheit deutlich gewordener saisonaler Schwankungen – auf Umsatz und Ergebnis des ganzen Jahres hochgerechnet werden kann.

In die Planung des Unternehmens sind auch die Ergebnisbeiträge der Beteiligungen mit einzubeziehen. Bei wesentlichen Beteiligungserträgen ist. die Analyse der Beteiligung durch eine eigenständige Due Diligence erforderlich.

### 5.3.5.4 *Die Risiken*

Im Rahmen einer rechtlichen Überprüfung sind die wesentlichen neu abgeschlossenen Verträge daraufhin zu untersuchen, ob es feststellbare oder latente Risiken gibt, die in Ertrags- oder Aufwandsposten der Planung berücksichtigt werden müssen. Dies ist auch für Veränderungen des bereits vorhandenen Vertragswerkes notwendig, wenn daraus zusätzliche Aufwendungen auf die Gesellschaft zukommen können, die noch nicht in der Planung enthalten sind.

Bei Außenprüfungen ist das Risiko möglicher Steuernachzahlungen zu überprüfen. Der mögliche Ausgang schwebender Rechtsstreitigkeiten ist nach den letzten Erkenntnissen zu aktualisieren. Gegebenenfalls sind in der Planung Zuführungen zu den Rückstellungen zu berücksichtigen.

Risiken können sich auch aus Beteiligungen ergeben, ohne daß ein Ergebnisabführungsvertrag vorliegt, wenn eine starke wirtschaftliche Verflechtung zwischen Mutter- und Tochtergesellschaft vorliegt. Wenn das Umsatzpotential der Muttergesellschaft zum Teil darin begründet wird, daß die Tochtergesellschaft ihrerseits die Produkte weiter vertreibt, kann ein erhebliches mittelbares Risiko für die Muttergesellschaft entstehen, wenn die Tochter einem plötzlichen verstärkten Wettbewerb ausgesetzt wird. Wenn diese Umsätze durch Warenforderungen oder Darlehensforderungen an die Tochtergesellschaft gestützt werden, kann sich bei einer Schieflage der Tochter ein unmittelbarer Wertberichtigungsbedarf bei den Aktiven der Mutter ergeben.

Im Rahmen der Organisationsprüfung bei einer Folge-Due Diligence ist eine Analyse des Rechnungswesens, des Controllings und des internen Kontrollsystems anhand der Monatsabschlüsse und anderer Informationen für den Vorstand erforderlich, um insbesondere sicherzustellen, daß deren Umfang mit dem operativen Geschäft mit gewachsen ist.

Schließlich ist auch bei der Folge-Due Diligence im Rahmen der psychologischen Due Diligence auf die sogenannten Leisen Zeichen einzugehen, um festzustellen, ob latente Risiken entstanden sind. Die Leisen Zeichen sind die

Faktoren, die über den Erfolg oder Mißerfolg eines Unternehmens entscheiden, ohne daß sie durch Ertrags- oder Aufwandsposten unmittelbar wirksam werden. Sie liegen z.B. in den Bereichen der Kultur des Unternehmens, der Motivation des Managements und der Mitarbeiter, der reibungslosen Zusammenarbeit der einzelnen Abteilungen des Unternehmens, der Einbindung neuer Beteiligungen und der Öffentlichkeitsarbeit.

Für das mittelständische Unternehmen ist das Gutachten über die Folge-Due Diligence zunächst einmal ein wirksames Überwachungsinstrument für den Beirat oder den Aufsichtsrat und für den Vorstand, das weit über die sonst anzutreffenden, eher spärlichen Unterlagen im Form eines Jahresabschlußprüfungsberichtes und der Planungsunterlagen hinausgeht. Es fehlt vor allem an einer kritischen externen Prüfung. Für den Aufsichtsrat, der durch eine Haftung nach dem KonTraG belastet wird, ist die Vorlage von Folge-Due Diligence-Berichten gleichzeitig ein Nachweis, daß er seiner Aufsichtspflicht in einem Maße nachgekommen ist, das über die normale Aufsichtstätigkeit eines Aufsichtsrates deutlich hinausgeht.

Für die Zusammenarbeit des Mittelständlers mit einer Beteiligungsgesellschaft ist die Folge-Due Diligence ein wichtiges Aufsichtsinstrument im Rahmen der Beteiligungsführung. Aus ihr läßt sich auch ableiten, ob eine Beteiligung schon für einen Exit reif geworden ist, sei es durch eine Börsenplazierung oder durch den Verkauf an einen industriellen Investor.

Soweit das Unternehmen für Kunden tätig ist, mit denen es einen Großteil seiner Umsätze macht, kann die Dokumentation des Unternehmens im Rahmen einer Folge-Due Diligence vertrauensbildend sein.

Sollte sich im Zusammenhang mit den Feststellungen einer Folge-Due Diligence eine Krise des Unternehmens oder das Vorhandensein von Management- oder Organisationsfehlern herausstellen, so kann ein rechtzeitiger Anstoß für erforderliche Anpassungsmaßnahmen gegeben werden.

Bei einer geplanten Veräußerung des Unternehmens zeigen die Ergebnisse der regelmäßig durchgeführten Folge-Due Diligences die Entwicklung des Unternehmens in der Vergangenheit auf. Eine solche Verhandlungsgrundlage gegenüber Investoren schlägt sich unmittelbar in einem potentiell höheren Verkaufspreis nieder.

## 5.3.6  Zwischenfazit

1. Eine Strategie und eine Planungsrechnung gehört häufig nicht zu den Hilfsmitteln, derer sich der mittelständische Unternehmer bedient. Eine Rating wird dies allerdings einfordern.

2. Die erheblichen Defizite des Mittelstandes in allen Planungsbereichen muß für ein Rating kurzfristig behoben werden. Sollte das dazu erforderliche Know-how im Unternehmen nicht vorliegen, wird sich der Unternehmer der Hilfe Externer bedienen müssen. Planung wird im Rating zu einem Muß.

3. Die Unternehmensstrategie sollte mindestens einmal im Jahr auf der Tagesordnung des Mittelständlers und seiner Managementebene stehen. Hilfreich ist die Abhaltung von Strategietagen, die zeitlich und räumlich losgelöst vom Büroalltag stattfinden sollten.

4. Der Mittelständler tut gut daran, wenn er seine Strategie und die Umsetzung nachvollziehbar dem Banker präsentiert. Bei dem Ansatz der Wachstumsraten sind konservative Planungsansätze eher gefragt. Überproportionale Steigerungen des Umsatzes und des Ergebnisses schmälern die Glaubwürdigkeit erheblich.

5. Bei der Aufbereitung der Zahlen für die unterschiedlichen Teilpläne und der Zusammenfassung in einen Gesamtplan ist eine wichtige Forderung die Plausibilität der Zahlen. Nachvollziehbare Mengengerüste schaffen Sicherheit in der Beurteilung.

6. Eine der zentralen Pläne ist der Finanzplan. In einem solchen Plan sollte sich die Tilgung- und Zinszahlungsfähigkeit ablesen lassen. Da der Banker in Finanzplangrößen denkt und entscheidet, ist größte Sorgfalt auf die Aufstellung des Finanzplanes zu richten.

7. Die Fülle an Informationen, die der Mittelständler dem Banker zur Verfügung stellt, muß verständlich nachvollziehbar sein. Eine schriftliche Präsentation in einem sogenannten Factbook kann dies leisten. Wichtigste Anforderung an den Inhalt eines Factbook ist eine möglichst objektive Darstellung. Objektive Darstellung heißt wahrheitsgemäße Darstellung, die aber durchaus positiv »verpackt« werden kann.

8. Mit der Balanced Scorecard lassen sich die unternehmensspezifischen Kennzahlen als Führungsinstrument einsetzen, die von den strategischen Zielen abgeleitet, in meßbare Parameter umgesetzt werden können, die von jedem Mitarbeiter in der operativen Tätigkeit eingesetzt werden können. Die Kennzahlen der Balanced Scorecard betreffen die finanzielle Perspektive, die Kundenperspektive, die Perspektive der internen Geschäftsprozesse und die Lern- und Entwicklungsperspektive der Mitarbeiter.

9.  Mit der Folge-Due Diligence, die jährlich durchgeführt wird, wird die zukünftige Entwicklung des Unternehmens ausgehend von der Entwicklung des letzten Jahres analysiert und die Planung ggf. angepaßt. Das ist die einzige Form der Unternehmensberichterstattung, die sich umfassend jeweils aktuell mit der zukünftigen Entwicklung des Unternehmens auseinandersetzt. Sie wird durch Managementempfehlungen abgerundet.

10. Die Folge-Due Diligence ist Leistungsnachweis der Geschäftsführung, Überwachungsmittel des Beirates/Aufsichtsrates und gibt der Bank die Möglichkeit im Rahmen einer Kreditbeziehung das Erreichen vorgegebener Meilensteine nachzuhalten. Sie dient im übrigen zur Früherkennung von Risiken und im Verkaufsfall zur Wertkonkretisierung des Unternehmens durch eine lückenlose Dokumentation der Entwicklung in der Vergangenheit.

# 6. Sonderformen der Unternehmens- berichterstattung

Die Erfüllung der normalen Informationspflichten bedeuten für den mittelständischen Unternehmer schon eine große Aufgabe. Der Unternehmer muß in einem Ratingprozeß erhebliche Anstrengungen unternehmen, um das Informationsbedürfnis der Bank zu befriedigen. Er muß sich zum Teil mit völlig neuen Anforderungen auseinandersetzen. Die Frage nach einer Planungsrechnung oder die Einbeziehung persönlicher Charaktereigenschaften und beruflicher Fähigkeiten in den Beurteilungsprozeß wird für viele Unternehmer neu sein. Gerade bei der ersten Erhebung haben beide, Unternehmer und Bank, zu lernen. Beide werden die Erfahrung machen, daß gegenseitige Transparenz eine wichtige Voraussetzung für eine störungsfreie Geschäftsbeziehung sein wird.

Wenn aber nun noch weitere Forderungen aufgrund spezifischer Besonderheiten auf beide zukommen, so werden die Informationspflichten noch erheblich steigen. Diese steigenden Informationspflichten können sich bei dem ersten Abschluß eines Kreditvertrages ergeben oder während der Kreditlaufzeit zusätzlich auftreten.

Die kritischsten Phasen sind die Gründungsphase und die Sanierungsphase, weil hier die Unsicherheit am größten ist. Insbesondere aus Sicht der Bank ist aber auch die Phase der anstehenden Nachfolgeregelung risikoreich, da hier ein Bruch im Management ansteht, weil der alte Unternehmensführer mit seiner Tätigkeit aufhört und ein neuer Unternehmensführer in das Unternehmen eingewiesen werden muß. Besonders kritisch ist diese Phase oft auch deshalb, weil der alte Unternehmer seine unternehmerische Verantwortung nicht loslassen kann und dadurch die Suche nach einem Nachfolger selbst vereitelt. Banken wissen aus leidvoller Erfahrung, daß eine fehlgeschlagene Nachfolgeregelung das Unternehmen im hohen Maße insolvenzanfällig macht. Dramatisch kann sich auch ein Wechsel der Bankbeziehung gestalten. Banken sehen es als äußerst kritisch an, wenn die Beziehung zur Hausbank nicht mehr gehalten werden kann.

Die anderen aus Sicht der Bank kritischen Situationen liegen in der Ausweitung des operativen Geschäftes, die zu einer Erhöhung des kurzfristigen Kontokorrents führt, und in geplanten und längerfristig zu finanzierenden Investitionen, z.B. in das Anlagevermögen, in den Vertrieb, in neue Produkte/Dienstleistungen oder in neue Märkte. Zu den großen Investitionen, die als fremdfinanzierte Investitionen als besonders risikoreich angesehen werden, gehört auch der Kauf eines Unternehmens.

In allen Sonderfällen wird der Ratingprozeß besonders sensibel ablaufen müssen, da jeder angeführte Fall bei positiver Betrachtung erhebliche Chancen beinhaltet, im negativen Fall aber die Existenz des Unternehmens gefährden kann.

## 6.1    Gründung

Die vergangenen Jahre haben gezeigt, wie schwer es ist, die Chancen und die Risiken von solchen Unternehmen einzuschätzen, die sich in einer Gründungsphase befinden. Eine Gründungsphase kann dabei bis zu drei Jahre andauern. Banken, Finanzanalysten, Journalisten und Gutachter haben eine Reihe von Fehleinschätzungen über junge Unternehmen, die den Weg an den Neuen Markt gegangen sind, abgegeben. Wenn sich bei den zahlreichen jungen Unternehmen in innovativen Branchen auch am Anfang die Chancen für alle Beteiligten als grenzenlos darstellten, so hat die Realität diese Einschätzungen sehr schnell korrigiert. Getragen von der Euphorie der Börsengänge waren die realen Blicke auf die Gründungsunternehmen nicht erwünscht und wurden, wenn sich kritische Stimmen zu Wort meldeten, ignoriert.

Nach diesen Erfahrungen ist man heute wieder zu realistischeren Beurteilungen zurückgekehrt. Die Eigenkapitalmärkte für junge Unternehmen sind nur noch über Fördermittel aktiv. Venture Capital-Gesellschaften haben sich fast ganz aus dem Eigenkapitalmarkt zurückgezogen. Der Weg der Eigenkapitalfinanzierung ist damit für die jungen Unternehmen in ihrer Gründungsphase zur Zeit verschlossen.

Damit gewinnt das Fremdkapital wieder an Bedeutung. Die Finanzierung über Banken wird bei Gründungen somit ebenfalls auf einer Ratingeinstufung basieren müssen. Allerdings gelten bei einer Gründung andere Anforderungen. Das Gründungsunternehmen wird sich erheblich höheren Anforderungen stellen müssen als bereits etablierte Unternehmen, die schon über eine gewachsene Beziehung zu ihrer Bank verfügen.

Diese erhöhten Informationsanforderungen und die weitgehende wirtschaftliche Unerfahrenheit der Gründungsunternehmer führen zu einem erheblichen Dilemma für die Bank und für die Unternehmer. Ohne Hilfestellung sind die Kreditbemühungen der jungen Unternehmer von Anfang an zum Scheitern verurteilt.

Daher wird man zum gegenwärtigen Zeitpunkt nur dann eine Finanzierung für Gründungsunternehmen im Rahmen eines Ratingverfahrens beurteilen können, wenn ein Teil des Risikos der Banken durch Fördermittel abgedeckt wird und sich der Gründungsunternehmer auf fachkundige Hilfe einläßt.

## 6.1.1 Problemfelder von Gründungsunternehmen

Eine Gründungsphase läßt sich nach unterschiedlichen Zeitphasen strukturieren. Verbunden mit diesen Zeitphasen sind auch unterschiedliche Informationsansprüche, die eine Kreditbeantragung mit sich bringen.

Idealtypisch lassen sich vier Phasen unterscheiden:

- die Seed-Phase (Vorgründungsphase),
- die Start-up-Phase (Gründungsphase),
- die First-stage-Phase (Beginn des operativen Geschäftes),
- die Second-stage-Phase (Fortentwicklung des operativen Geschäftes).

Der Eigen- und Fremdkapitalbedarf ist in den einzelnen Phasen zum Teil erheblich. Beträge zwischen 0,5 Mio. € und bis über 10 Mio. € sind insbesondere im Biotechnologie- und im Medizintechnikbereich keine Seltenheit. Die Notwendigkeit der Finanzierung in der oberen Bandbreite liegt in der kostenintensiven Forschung und Entwicklung begründet, aber auch im Aufbau solider Marktpositionen mit erheblichem Kapitalbedarf für den Vertrieb.

Erfahrungen aus der Vergangenheit zeigen, daß über 50% der Gründungsunternehmen über die Zeitdauer ihrer Gründungsphase nicht hinauskommen.

Die Erfolgsaussichten des Kapitalengagements können daher erheblich variieren. Die Frage nach der innovativen Idee, nach einem marktfähigen Produkt oder einer Dienstleistung ist bei einem jungen Unternehmen immer zukunftsorientiert und stellt wegen der Prognoseproblematik erhebliche Ansprüche an die Beurteilung des Kapitalengagements. Die Beantwortung dieser Frage ist für den Gründungsunternehmer die einzige Chance, um überhaupt zu Kreditverhandlungen zu gelangen.

Die Beurteilung eines Kapitalengagements bei jungen Unternehmen ist heute weniger ein Problem der quantitativen Beurteilung der Unternehmenskonzeption als vielmehr eine Frage, inwieweit man dem Management und den Mitarbeitern die Realisierung des Unternehmensplanes zutraut und das Unternehmen über Marktpotential und Absatzchancen verfügt. Die Überzeugungskraft des Gründers gegenüber der Bank hat daher eine besondere Bedeutung.

Eine damit verbundene Beurteilung der Leisen Zeichen ist daher unabdingbar. Dies wird auch immer wieder bestätigt durch die Besonderheiten bei der Beurteilung von jungen Unternehmen. Die Analysefelder der Leisen Zeichen finden sich überwiegend im psychologischen Bereich, aber auch in der Unternehmensphilosophie. Basis einer jeden Analyse ist die Erkenntnis, daß ein Unternehmen, unabhängig von Fragen der Marktfähigkeit der Produkte, überwiegend von den Personen bestimmt wird, die die Grundidee des

Unternehmens verkörpern und die Mitarbeiter anleiten und motivieren. Da Organisationen und das Miteinanderumgehen der Personen in den Organisationen ein Eigenleben entwickeln können, ist die Art, wie ein Unternehmen organisiert ist, ausschlaggebend für bestimmte Verhaltensweisen der Menschen in dem Unternehmen. Aus der Organisation heraus gestalten sich auch die Beziehungen zu den Kunden und Lieferanten des Unternehmens. Die Grundphilosophie des Unternehmens wiederum ist ausschlaggebend für das Auftreten der Vertreter des Unternehmens nach außen hin. Auch hier sind eine Reihe von Leisen Zeichen zu untersuchen, die über Erfolg oder den Mißerfolg des Unternehmens entscheiden. All diese Leisen Zeichen deuten auf die Stärken oder Schwächen der einzelnen Personen hin, die für das Unternehmen tätig sind, und bilden damit die Human Resources des Unternehmens.

## 6.1.2   Besonderheiten von Gründungsunternehmen

Junge Unternehmen agieren zumeist in einem sehr dynamischen Umfeld. Sie rekrutieren sich sehr häufig aus dynamischen Branchen, wie z.B. der Biotechnologie, der Medizintechnik, des Multimediabereichs, der Kommunikation oder der Informationstechnologie. Die Problematik liegt in besonderem Maße in der Beurteilung der prognostizierten Unternehmensdaten.

Eine Beurteilung dieser Unternehmensdaten ist deshalb so schwierig, weil junge Unternehmen häufig vor folgender Ausgangssituation stehen:

- Hohe Investitionen in Human- und Sachkapital
- Unique Produkt- oder Leistungsinnovationen
- Erhebliche Vorleistungen im Entwicklungs-, Produktions- und Absatzbereich
- Wachsender Kapitalbedarf
- Dynamische Veränderung der Unternehmensorganisation.

- **Hohe Investitionen in Human- und Sachkapital**

Die im Regelfall hohen Investitionen in das Human- und Sachkapital führen erst nach längerer Zeit zu einem Mittelrückfluß. Durch die damit verbundene Langfristigkeit der Prognose stehen die Eigen- und Fremdkapitalgeber vor dem Problem einer Beurteilung dieser Planungsansätze. Die Beurteilung eines Planungszeitraums von über drei Jahren ist sehr problematisch. Planungszeiträume über drei Jahre entziehen sich in der Praxis meist einer Beurteilung. Sie können höchstens mögliche Entwicklungstendenzen des Unternehmens aufzeigen.

### • Unique Produkt- oder Leistungsinnovationen

Die vom Unternehmen häufig vorgetragene »unique« Produkt- oder Leistungsinnovation stellt sich allzu oft als reine Wunschvorstellung der Unternehmensverantwortlichen heraus. Hier liegt es an denen, die die Konzeption zu beurteilen haben, mit dem erforderlichen Realitätssinn aufzuwarten.

### • Erhebliche Vorleistungen im Entwicklungs-, Produktions- und Absatzbereich

Die erheblichen Vorleistungen, z.B. im Entwicklungs-, Produktions- und Absatzbereich, beinhalten weitere Beurteilungsprobleme. Durch die meist zunächst nur auf dem Papier formulierten Maßnahmen und die damit verbundenen Aufwendungen sind die Kapitalgeber für eine Urteilsfindung auf Informationen von außerhalb des Unternehmens angewiesen. Eigene Analysen auf der Basis externer Informationen sollten dabei im Mittelpunkt stehen.

### • Wachsender Kapitalbedarf

Der wachsende Kapitalbedarf bedeutet für die Kapitalgeber, daß sie zur Beurteilung eines jungen Wachstumsunternehmens eine detaillierte Finanz- und Liquiditätsplanung benötigen. In vielen Fällen liegen solche Pläne nicht vor. Hier sind Externe gefordert, Hilfestellungen bei der Erstellung solcher Pläne zu geben.

### • Dynamische Veränderung der Unternehmensorganisation

Besondere Anforderungen ergeben sich aus der mit dem Unternehmenswachstum einhergehenden dynamischen Veränderung der Unternehmensorganisation. Hierbei schwelgen die Unternehmer meist in der unrealistischen Vorstellung, daß sich die Mentalität der Gründer und Mitarbeiter auch für ein stark wachsendes Unternehmen aufrechterhalten ließe. Diese Vorstellung ist wirklichkeitsfremd. Durch das Wachstum, die Aufnahme von weiterem Kapital und die dynamische Entwicklung in allen Bereichen erfährt das Unternehmen eine radikale Veränderung. Dieser Veränderung ist auch bei der Beurteilung des Kapitalengagements Rechnung zu tragen, insbesondere durch realistische Planungsansätze, aber auch durch Maßnahmen im organisatorischen Bereich. Tatsache ist, daß sich die Unternehmensgründer mit zunehmendem Wachstum von den Mitarbeitern weiter entfernen und eine veränderte Unternehmenskultur auch veränderte Strukturen erfordert.

Weitere Erschwernisse, daß im Regelfall keine Vergangenheitsergebnisse vorliegen, daß fehlende Anhaltspunkte für die Prognose der zukünftigen Entwicklung gegeben sind, daß sich das Wachstum häufig unkontrolliert vollzieht und damit ein erhöhtes Risiko vorliegt, daß Verluste in den ersten Planjahren unrealistisch (niedrig) geplant werden und die Tatsache, daß häufig erhebliche Mängel im Rechnungswesen und Controlling existieren, machen eine Beurteilung im Ratingverfahren bei Gründungsunternehmen nicht einfacher.

Die fehlenden Vergangenheitsergebnisse stellen ein großes Handicap dar. Durch die völlige Loslösung von der Vergangenheit werden erhebliche Qualitätskriterien an die Unternehmensplanung zu stellen sein.

Die häufig fehlenden Anhaltspunkte bei der Prognose machen eine sorgfältige Beurteilung der Markt- und Wettbewerbssituation besonders wichtig. Hierbei sind die Erfahrungen der Banker oder von den Banken eingeschaltete Berater sehr hilfreich.

Die häufig (rechnerisch) plausibel abzuleitenden Verluste in den ersten Planjahren werden meist zu niedrig angesetzt. Damit wird den Banken ein zu geringes Risiko suggeriert.

Als weitere gravierende Problematik sind die zum Teil erheblichen Mängel im Rechnungswesen und Controlling zu nennen. Vielfach fehlt den jungen Unternehmern auch einfach das Verständnis für die Zahlenwelt. Während dies in der Seed-Phase noch nachzuvollziehen ist, werden sich die Anforderungen an diese Instrumente in den folgenden Gründungsphasen deutlich erhöhen. Der Nachweis, daß die zentralen Berichtinstrumente aus dem Rechnungswesen und dem Controlling vorliegen und angewandt werden, ist unabdingbar.

All diese Aspekte stellen die Bank bei Gründungsunternehmen vor eine größere Herausforderung als bei länger am Markt existierenden Unternehmen. Daher ist eine Einbeziehung von Fördermitteln zur Risikoverteilung bei einem Kreditengagement der Bank erforderlich.

Eine grundlegende Voraussetzung ist die Einbeziehung mehrerer Kapitalgeber bei der Finanzierung von Gründungsunternehmen. Idealerweise werden Gründungsunternehmer, ein privater Eigenkapitalgeber, ein öffentlicher Eigen- bzw. Fremdkapitalgeber und die finanzierende Bank die Gründungsunternehmen mit Eigen- und Fremdkapital ausstatten.

Eine wichtige Beurteilungsquelle stellt dabei eine Finanzplanung dar. Da junge Unternehmen gerade bei der Gründung mit einer Vielzahl von Problemen belastet sind, wollen sämtliche Finanzierungsschritte bereits bei der ersten oder spätestens bei der zweiten Finanzierungsrunde wohldurchdacht und organisiert sein. Die erste Finanzierungsrunde sollte daher die folgenden Finanzierungsrunden antizipieren.

Jede unternehmerische Tätigkeit erfordert die Bereitstellung finanzieller Mittel zur Beschaffung notwendiger Ressourcen. Finanzierung ist also Kapitalbeschaffung im weitesten Sinne. Als dominantes Ziel steht die jederzeitige Sicherstellung der Liquidität sowie als Unterziel eine adäquate Finanzierungsstruktur im Mittelpunkt. Aufgrund der Situation, daß es bei jungen Unternehmen immer wieder zu unvorhersehbaren, kurzfristig zu beseitigenden Finanzierungslücken kommt, ist eine ausreichende Liquiditätsausstattung essentiell, um zu verhindern, daß die Gründer sich ständig um neues Kapital anstelle ihres eigentlichen Geschäfts kümmern müssen. Für solche »Notsituationen« ist es daher unverzichtbar, eine ausreichende Liquiditätsreserve einzuplanen.

Aufgrund dieser Erkenntnisse sollte auch das junge Unternehmen einen mittelfristigen Finanzplan aufstellen. Dieser Plan sollte auf drei Jahre ausgelegt werden, auch wenn dies dem Gründer, der ja zunächst lediglich auf der Suche nach Startkapital für sein Unternehmen ist, als sehr lang und nicht planbar erscheinen mag. Am besten gelingt dies, wenn der Finanzplan, dem Businessplan folgend, in einem Worst-, Realistic- und Best-Case-Szenario dargestellt wird.

Eine Frühphasenfinanzierung erstreckt sich üblicherweise auf drei Finanzierungsrunden:

- Seed,
- Start-up und
- Expansion.

In der Seed-Phase erfolgt die Finanzierung des Unternehmens aus eigenen Mitteln der Gründer. Kapitalgeber kommen dann das erste Mal in der Start-up-Phase in Kontakt mit dem jungen Unternehmen.

Ideal ist es, wenn bereits in der ersten Finanzierungsrunde verschiedene Kapitalquellen Berücksichtigung finden. Dies verringert die Abhängigkeit von einem einzelnen Kapitalgeber und erhöht damit die Stabilität des Unternehmens. Ist die Seed-Phase überschritten, ist eine Ausstattung durch verschiedene Finanzierungsinstrumente zwingend.

## 6.1.3 Öffentliche Förderprogramme zur Risikoverteilung

Ein wichtiger Finanzierungsbaustein für Gründungsunternehmen sind Finanzierungsmittel, die von Bund und Ländern sowie von der Europäischen Union bereitgestellt werden. Da das Angebot öffentlicher Förderprogramme nur sehr schwer überschaubar ist und keine zentrale Stelle für die Bearbeitung und Annahme der Förderanträge besteht, empfiehlt sich hier ein regelmäßiger Besuch auf den Internetseiten des Bundesministeriums für Wirtschaft und Technologie (BMWi), der Bundesländer oder der EU. Allen Institutionen ist gemeinsam, daß für Unternehmen in unterschiedlichen Branchen, Regionen und Größenordnungen auch unterschiedliche Mittel dem Grunde und der Höhe nach zur Verfügung stehen.

Grundsätzlich kommen Eigenkapitalzuschüsse oder Fremdkapital in Frage. Es stehen rückzahlbare und nicht rückzahlbare Mittel zur Verfügung. Als weitere Risikoabsicherung für die Kredite der Banken werden sehr häufig auch Bürgschaften des Landes oder des Bundes mit einbezogen.

Wichtige Förderquellen sind die Kreditanstalt für Wiederaufbau und die Deutsche Ausgleichsbank, deren Förderprogramme Ende 2002 zu einer neuen Mittelstandsbank zusammengefaßt worden sind. Die von der neuen Mittelstandsbank aufgelegten Finanzierungsprogramme dienen prinzipiell der Stärkung der Finanzkraft und Risikotragfähigkeit von Beteiligungsgebern und sollen eine subsidiäre und wettbewerbsneutrale Ausweitung der Angebotsseite des Marktes für Beteiligungskapital schaffen. Darüber hinaus hilft die Bank aber auch bei der Suche nach einem Beteiligungspartner. Weiterhin ist die Mittelstandsbank für die Innovationsförderung, die Finanzierung von Risikokapital und Beteiligungen sowie die Förderung von Mittelständlern im Ausland zuständig.

Die ehemals bei der Deutschen Ausgleichsbank konzentrierten Förderungsmaßnahmen umfaßten die inländischen Gründer- und Mittelstandsprogramme. Bei der Mittelstandsbank sollen nun mehr z.B. mit Beteiligungsprogrammen technologieorientierten Unternehmensgründern in der Vorbereitungsphase typische Kosten des Aufbaus, aber auch der Erstellung eines Businessplanes mit einem Betrag von bis zu 125 T€ finanziert werden. In der FuE-Phase können zusätzlich weitere Beträge in Höhe von maximal 1 Mio. € beantragt werden. In einer Exit-Phase, wie z.B. im Falle eines Börsenganges, werden Kosten bis zu einer Höhe von 5 Mio. € finanziert.

Das typischerweise für eine zweite bzw. dritte Finanzierungsrunde relevante Programm der KfW war das ERP-Innovationsprogramm. Dieses richtet sich an innovative Unternehmen in den alten und neuen Bundesländern, deren Umsatz 125 Mio. €. nicht überstiegen. Dieses Programm setzte ein innovatives Vorhaben voraus und gewährt dem Beteiligungsgeber bis zu einem Betrag von 5 Mio. €. einen Refinanzierungskredit in Höhe von 75%. Für Unternehmen aus den neuen Bundesländern betrug dieser Refinanzierungskredit 85%. Die KfW gewährte hierfür eine Haftungsfreistellung in Höhe von 60%. Die aktualisierten Förderprogramme der neuen Mittelstandsbank sehen ähnliche Programme vor.

Diese Beispiele zeigen einige Möglichkeiten der öffentlichen Förderung auf. In einem Ratingverfahren bilden die öffentlichen Fördermittel die Grundlage für die Gewährung eines Kredites an ein Gründungsunternehmen. Aus dem Blickwinkel der Risikoabwägung werden Kredite für Gründungsunternehmen in der Praxis nur im Zusammenhang mit weiteren Fremd- und Eigenkapitalgebern zur Verfügung gestellt. Eine eigenständige Kreditgewährung wird sich wegen der schwierigen Beurteilung der Chancen und Risiken bei einem Gründerunternehmen nur in Ausnahmefällen realisieren lassen. Durch die mit einem Ratingverfahren angestrebten Objektivierung der Beurteilung bleibt nicht genügend Raum für eine individuelle Begutachtung.

## 6.2    Ausweitung des operativen Geschäftes

Was auf den ersten Blick für die Bank ganz normal aussehen kann, kann katastrophale Auswirkungen haben. Der Mittelständler ist in seinem Marktumfeld erfolgreich, er erwirtschaftet mehr Umsätze als vorher, aber die Forderungen aus den Umsätzen müssen vorfinanziert werden und es fallen zusätzliche Aufwendungen an. Er muß also mit seinen höheren Umsätzen mitwachsen. Das wiederum muß durch die Bank finanziert werden, wenn dies nicht aus Eigenmitteln des Unternehmens geschehen kann. Dies ist noch nicht der Fall der großen Investition, die durch einen langfristigen Kredit der Bank finanziert werden soll.

Die Begründung für die gestiegenen Umsätze kann zum einen im gestiegenen allgemeinen Marktwachstum liegen. Oft ist es aber auch so, daß ein wesentlicher Kunde des Unternehmens selbst wächst und mehr Bedarf an den Produkten oder Dienstleistungen des Mittelständlers hat. Wenn das Marktwachstum Ursache für die Umsatzsteigerung ist, stellt sich die Frage der Nachhaltigkeit. Bei dem Wachstum eines Kunden stellt sich die gleiche Frage. Zusätzlich ist hier zu bedenken, daß der Mittelständler möglicherweise in eine Abhängigkeit hereinwächst, die ein eigenständiges Risiko darstellt.

Oft bleibt dem Mittelständler gar keine Wahl, die Ausweitung seines Unternehmens vorzunehmen. Er will Marktvorteile wahrnehmen oder muß andererseits mögliche Nachteile vermeiden. Wenn sein Kunde wächst, und er wächst nicht gleichermaßen mit, besteht das Risiko, daß der Kunde ein anderes Unternehmen erst zusätzlich und schließlich vollständig als Zulieferer für Produkte oder Dienstleistungen beauftragt, um sein eigenes Umsatzpotential auszuschöpfen.

### 6.2.1    Finanzierungsrisiken der operativen Unternehmensausweitung

Bei einer operativen Ausweitung kann das Unternehmen schnell eine kritische Größe erreichen. Der zunehmende Umsatz muß wegen der Fristigkeit der entsprechenden Forderungen über ein höheres Kontokorrent finanziert werden. Wenn die normale Fristigkeit der Forderungen einen Monat beträgt, sollte das Kontokorrent 10% des Umsatzes betragen. Sonst kommt das Unternehmen plötzlich in die Situation, die Linie überziehen zu müssen, und eben dies sollte unbedingt vermieden werden.

Kritischer ist die Finanzierung der zusätzlichen Aufwendungen für die Einstellung weiterer Mitarbeiter, für höhere Material- und Verwaltungsaufwendungen, zu denen auch die Mietaufwendungen gehören. Außerdem werden zusätzliche Investitionen in Büroeinrichtungen erforderlich. Die Erhöhung der Aufwendungen ist problematisch, weil dadurch das Aufwandsvolumen für einen längeren Zeitraum erhöht wird. Den neu eingestellten Mitarbeitern kann nicht so schnell wieder gekündigt werden, wenn das Umsatzwachstum nur kurzfristiger Natur ist. Die gestiegenen Mietaufwendungen beruhen ebenfalls auf einem entsprechenden Vertrag, der meistens eine Laufzeit von 5 Jahren hat. Hier kann plötzlich das Risiko erheblicher und sogar existenzvernichtender Leerkosten entstehen. Ist die Vermietungslage gespannt, wird sich der Vermieter weigern, den Mieter aus dem Vertrag zu entlassen, und dieser wird auch Schwierigkeiten haben, einen Nach- oder Untermieter zu finden. Wenn die Investitionen in die Büroeinrichtung dann noch aus der ersten Euphorie des Umsatzwachstums heraus überzogen waren und sie nicht aus Eigenmitteln finanziert werden konnten, ergibt sich hieraus ein weiteres Finanzierungsrisiko.

## 6.2.2 Anforderungen an die Unterlagen

Die Erhöhung der Kontokorrentlinie muß gut und langfristig vorbereitet werden. Wenn sich abzeichnet, daß sich das Umsatzvolumen des Unternehmens immer weiter erhöht und wegen der Finanzierung der Forderungen bereits eine höhere Linie erfordert, sollte unverzüglich ein Gespräch zwischen dem Mittelständler und dem zuständigen Banker geführt werden. Selbst dann, wenn die Linie nicht grundsätzlich erhöht wird, sollte zumindest eine kurzfristige Erhöhung oder wenigstens eine geduldete, kurzfristige Überziehung der Linie besprochen und durch entsprechende Bestätigungsschreiben aktenkundig gemacht werden.

Wenn zusätzlich erkennbar wird, daß sich die Aufwendungen des Unternehmens deutlich zumindest mittelfristig erhöhen werden, muß eine Kontokorrenterhöhung für eine längere Zeit verhandelt werden. Als Vorbereitung für dieses Gespräch muß zunächst dargelegt werden, worauf der Umsatzzuwachs beruht und nachgewiesen werden, daß er langfristiger Natur ist und nicht nur auf einem einmaligen Auftrag beruht. Dann muß mit einem Mengengerüst dargelegt werden, welche zusätzlichen Mitarbeiter zur Bewältigung der Umsatzerhöhung gebraucht und daher eingestellt werden müssen. Solange es Zweifel an der Nachhaltigkeit der Umsatzsteigerung gibt, sollte der Mittelständler mit freien Mitarbeitern arbeiten. Leider ist die bestehende Arbeitsrechtssprechung bei einer Kündigung von Arbeitsverträgen unangemessen restriktiv und verhindert dadurch die Schaffung neuer Arbeitsplätze.

Dasselbe gilt für die Erhöhung der Materialaufwendungen und der Verwaltungsaufwendungen, insbesondere für die Anmietung weiterer Büroflächen. Auch hier sollten erst einmal Alternativmöglichkeiten diskutiert werden, um das Kostenrisiko möglichst gering zu halten. Wenn der Bank diese Diskussionen mitgeteilt werden, kann sie die Ernsthaftigkeit eines wirtschaftlich sparsamen Vorgehens eher nachvollziehen. Für den Mittelständler bedeutet ein solches Vorgehen nicht nur ein Eingehen auf die Belange der Bank. Da er sich selbst in Begründungszwang setzt, wird seine Entscheidung letztendlich fundierter ausfallen.

# 6.3 Investitionsvorhaben

## 6.3.1 Arten von Investitionen

Investitionen, für die die Kreditmittel verwendet werden, können sich auf unterschiedliche Bereiche eines Unternehmens ausrichten. Die Besonderheit in der Unternehmensberichterstattung bezieht sich dabei auf die relative Größenordnung der Investition für das Unternehmen. So kann eine Investition über 100.000 € für einen Handwerksbetrieb eine relativ große Bedeutung haben und eine Kreditbeschaffung auslösen, während für ein größeres Unternehmen keine Fremdkapitalaufnahme erforderlich wird. Im Zusammenhang mit einem Ratingprozeß wird sich die Bedeutung einer Investition daher immer in Verbindung mit dem Kredit messen lassen müssen.

Der Mittelständler muß in diesem Fall über die Investition weitere Informationen für den Banker zur Verfügung stellen. Denn die Transparenz über die geplante Mittelverwendung ist, unabhängig von der Ratingeinstufung, eine wichtige Voraussetzung für die Gewährung der Kreditmittel. Fehlinvestitionen können zu einer Existenzgefährdung des Unternehmens führen. Unrealistische Beurteilungen des wirtschaftlichen Erfolges einer Investition können die Bank dazu veranlassen, keine Kreditmittel zu Verfügung zu stellen. Die Investitionen, die sich auf unterschiedliche Bereiche einer Unternehmung erstrecken, können Investitionen in das Anlagevermögen oder in das Umlaufvermögen sein. Aber auch der Aufbau oder Ausbau des Vertriebs, die Entwicklung neuer Produkte oder die Eroberung neuer Märkte kann durch Kredite finanziert werden und bedarf daher besonderer Erläuterungen.

Durch die Kapitalbindung der Kreditmittel in Sach- oder Konzeptinvestitionen ist die Rückzahlung der Kreditmittel von dem unternehmerischen Erfolg der Investitionen abhängig. Die Frage des Erfolges einer Investition kann zum einen in der Beschreibung der Unternehmenskonzeption durch den mittelständischen Unternehmer selbst erfolgen oder bei komplexen Investitionsvorhaben durch externe Gutachter. So wird eine Bank z.B. technische und wirtschaftliche Stellungnahmen von externen Sachverständigen anfordern, wenn es sich um komplexe technische Anlagen handelt. Der Gutachter wird seine Stellungnahme z.B. auf die technische Machbarkeit und den Entwicklungsstand, auf mögliche Folgekosten, auf Umweltaspekte und bei einer Investitionsrechnung auf die Amortisationsdauer ausrichten. Je nach der Art der Investition können sich die Aufgabenstellungen des Gutachters noch erheblich ausweiten.

So wird sich die Frage nach dem Erfolg einer Investition in einen neuen Vertrieb oder in neue Märkte nur umfassend beantworten lassen, wenn man die gesamte Unternehmenskonzeption einer Beurteilung unterzieht. Hier kann eine umfassende Due Diligence wertvolle Informationen zur Verfügung stellen.


## 6.3.2  Beurteilung der Investitionen

Eine Beurteilung einer Investition wird auf zwei Wegen erfolgen. Zunächst geht es um die Beschreibung und die Erklärung über die betriebliche Notwendigkeit. Dann kann eine Investition im Wege von Investitionsrechnungen im Hinblick auf die Wirtschaftlichkeit beurteilt werden. Als klassische Investitionsrechnungsverfahren stehen dabei statische und dynamische Verfahren zur Verfügung. Statische Verfahren berücksichtigen keine Zeiträume der auftretenden Kosten und Erlöse der Investitionen. Sie gehen immer von einfachen Durchschnittswerten für eine Nutzungsperiode aus. Die statischen Verfahren sind sehr einfach anzuwenden und erfreuen sich daher großer Beliebtheit in der Praxis. Zu den statischen Verfahren zählen die Kostenvergleichsrechnung, die Gewinnvergleichsrechnung, die Rentabilitätsrechnung und die Amortisationsrechnung. Bei einfachen Vergleichen zwischen Investitionsalternativen bieten sich solche Verfahren zur Beurteilung an. Man muß sich nur der Einschränkung bewußt sein, daß nur eine Periode berücksichtigt wird.

Komplexer sind die dynamischen Investitionsrechnungsverfahren. Hier werden Einnahmen und Ausgaben in den Nutzungsperioden miteinbezogen. Um eine Vergleichbarkeit der zeitlich und der Höhe nach unterschiedlich anfallenden Einnahmen und Ausgaben zu erreichen, werden sie auf den Beginn der Investitionsperiode abgezinst. Die so ermittelten Barwerte bilden dann die Grundlage für die Vergleichbarkeit. Methoden der dynamischen Investitionsrechnungsverfahren sind die Kapitalwertmethode, die interne Zinsfußmethode und die Annuitätenmethode. Berücksichtigung finden diese Methoden ausschließlich bei größeren Investitionsvorhaben. Die Anwendung dieser Verfahren ist methodisch komplexer und für den praktischen Alltag erheblich anspruchsvoller. Bei kleinen und mittelständischen Unternehmen finden sie daher nur eingeschränkt Anwendung.

Gemeinsam ist allen Verfahren, daß sie einen Maßstab für die Vorteilhaftigkeit von Investitionsalternativen liefern, sei es nach den Kosten, nach dem Gewinn, der Rentabilität, der Amortisationsdauer, dem Kapitalwert, dem internen Zinsfuß oder der Annuität. Man erhält eine Zahl, die es einem ermöglicht, eine konkrete Aussage über eine Investition zu treffen.

Ergänzt werden diese quantitativen Aussagen durch Beschreibungen über die geplante Investition. So kann z.B. die Investition in ein Hochregallager neben der Beschreibung über die Technik auch weitere Ausführungen über die erweiterte Produktion und den damit notwendigen Aufbau der Lagerkapazität enthalten. Es lassen sich aber auch Erläuterungen über geringere Folgekosten aufgrund einer neuen Lagerlogistik anführen. Bei der Investition in ein neues Vertriebssystem wird eine umfassende Beschreibung der Märkte, der Marketing- und Vertriebskonzeption mit Angaben über die Kosten neuer Vertriebsmitarbeiter und weiterer Werbeaufwendungen einen Einblick in die Kostenstruktur dieser Konzeptinvestition bringen. Darüber hinaus lassen sich die geplanten Einnahmen, die aus dem neuen Vertriebskonzept resultieren sollen, an den geplanten Umsatzerlösen ablesen. Investitionen in Produktentwicklungen lassen sich anhand von Projektplänen nachvollziehen.

Wichtig bei der Erläuterung aller Investitionen sind neben der detaillierten Darstellung der Ausgaben für die Investition die Darstellung möglicher Folgekosten und die positiven Auswirkungen, die sich in Einnahmeströmen abbilden lassen. Eine Verbindung mit den jeweiligen Teilplänen ist daher immer erforderlich.

# 6.4    Kauf eines Unternehmens

Bei dem Kauf eines anderen Unternehmens handelt es sich in der Regel um eine sehr große Investition, die erhebliche Risiken mit sich bringen kann. Soweit hier eine Bank durch einen langfristigen Kredit in Anspruch genommen werden soll, muß der Kreditantrag durch den Mittelständler mit besonderer Sorgfalt vorbereitet werden. Es muß auch damit gerechnet werden, daß die Bank ihrerseits ein Gutachten in Auftrag gibt, das die Sinnhaftigkeit des Engagements, insbesondere aber die erforderliche Rückführung des Kreditvolumens innerhalb einer angemessenen Zeit, beurteilen soll. Deshalb ist bei dem geplanten fremdfinanzierten Kauf eines Unternehmens ein erheblicher Aufwand für die zu erstellenden Unterlagen erforderlich, aus denen sich die Plausibilität der Rückzahlung des Kredites ergibt. Auch hier gilt, daß die Information der Bank und die Kommunizierung der erforderlichen Unterlagen durch den Mittelständler absolute Chefsache ist und nicht auf einen Berater delegiert werden sollte. Denn es geht darum, das Vertrauen der Bank in eine besonders risikoreiche Investition aufzubauen und zu festigen.

Der Regelfall wird sein, daß ein Unternehmen ein anderes erwirbt. Es gibt aber auch eine Reihe von Fällen, in denen sich das Management eines Unternehmens entschließt, die Anteile des Unternehmens, in dem es bis jetzt lediglich angestellt war, zu übernehmen. Das ist oft im Zusammenhang mit der erforderlichen Regelung einer Nachfolge die einzige Möglichkeit, daß der Senior, der das Unternehmen aufgebaut hat, es verkaufen kann.

## 6.4.1    Verfahren der Einbeziehung der Bank

In der Regel benötigt der Erwerb eines anderen Unternehmens im Rahmen eines M&A-Projektes erhebliche Zeit. Oft steht am Anfang die Überlegung, aus welchem Grund ein Unternehmen erworben werden soll, ein mögliches Unternehmen steht zu diesem Zeitpunkt aber häufig noch nicht fest. Nach dieser grundsätzlichen Überlegung müssen die Unternehmen der Branche im In- oder auch Ausland daraufhin überprüft werden, ob sie geeignete Übernahmekandidaten sind. Das ist anders, wenn dem Unternehmen ein anderes Unternehmen angeboten wird. Es stellt sich die Frage, zu welchem Zeitpunkt die Bank informiert werden soll. Wenn eine Erwerbsabsicht besteht, sollte darüber schon frühzeitig mit der Bank gesprochen werden, auch um zu erfahren, ob die Bank grundsätzlich zur Begleitung einer solchen Akquisition zur Verfügung steht. Nähere Informationen über ein mögliches Kaufobjekt sollten der Bank aber erst dann zur Verfügung gestellt werden, wenn sich der Erwerb deutlich konkretisiert hat. Das ist dann der Fall, wenn die Vertragsparteien einen Letter of Intent ausgetauscht haben, auf dessen Grundlage sie weiter verhandeln wollen. In einer solchen Vereinbarung wird das weitere Verhandlungsverfahren festgelegt. Oft finden sich hier auch schon erste Ermittlungsparameter für einen möglichen Kaufpreis. Eine Due Diligence wird vereinbart und man einigt sich auf einen Gutachter. Spätestens zu diesem Zeitpunkt sollte die Bank jedenfalls in internen Gesprächen mit einbezogen werden. Die ersten Informationen über das Unternehmen sollten auch der Bank zur Verfügung gestellt werden. Wenn das zu früh geschieht, kann der Abbruch der Verhandlungen bei der Bank zu Verärgerung führen, vor allem, wenn das bei mehreren Kaufkandidaten geschieht, weil sie dem Projekt eigene Zeit gewidmet hat, ohne daß es zu einer konkreten Kreditentscheidung kommen konnte.

Liegen der Bank die Eckdaten des zu kaufenden Unternehmens vor, kann auch bereits über die Bandbreite eines Kaufpreises und die Höhe der Finanzierung durch die Bank gesprochen werden. Das muß parallel zu den Kaufpreisverhandlungen mit dem Verkäufer geschehen, weil sonst bei einer Einigung zwischen den Parteien eine Finanzierungslücke auftreten kann.

## 6.4.2  Inhaltliche Einbeziehung der Bank

Bei den für die Bank erforderlichen Informationen ist zunächst auf das zu kaufende Unternehmen abzustellen. Der Bank sollte eine zusammenfassende Übersicht über alle wesentlichen Eckdaten dieses Unternehmens gegeben werden. Hat der Verkäufer ein Factbook erstellt, stellt das auch für die Bank die vorrangige Unterlage dar. Wesentlich sind ein aktueller Jahresabschluß und eine Darstellung der Ergebnisse, die der Käufer selbst bei seinen Erhebungen ermittelt hat. Wenn er einen Gutachter mit einer Due Diligence beauftragt hat, wird auch dieses Gutachten für die Bank wichtig sein.

### 6.4.2.1  *Darstellung der synergetischen Potentiale*

Die erforderlichen Informationen gehen über das zu kaufende Unternehmen weit hinaus, wenn es sich nicht nur um eine Finanzbeteiligung handelt, sondern dieses Unternehmen in das bestehende Unternehmen mit einbezogen werden soll. Dann steht hinter der Erwerbsabsicht das Bild eines neuen Unternehmens, dessen Synergievorteile zu Ertragspotentialen erwachsen, die aus Sicht der Bank Garant für die Rückzahlung des Kredites sind. Daher ist es erforderlich, daß der Mittelständler die angestrebten Synergien benennt und in ihrer Auswirkung darstellt. Das kann der Zugang zu neuen regionalen Märkten sein, in dem das Unternehmen bis jetzt nicht vertreten war, oder die Ausweitung des eigenen Marktpotentials. Es kann aber auch auf den Erwerb neuen technologischen Know-hows oder auf die Ausweitung der eigenen Wertschöpfungskette ankommen. Denkbar wäre auch die Nutzung des Vertriebsnetzes des anderen Unternehmens für die eigenen Produkte und Dienstleistungen. Hintergrund solcher Synergien können auch erhebliche Einkaufsvorteile, die Bündelung von Logistikbereichen und die Zusammenlegung von Verwaltungs- und Organisationseinheiten mit dem entsprechenden Kostenvorteil sein.

Es reicht aber für die Bank nicht aus, grundsätzlich über synergetische Vorteile informiert zu werden. Wichtig ist vielmehr eine Umsetzung dieser Synergien in nachvollziehbare Finanzströme. Das setzt eine neue Planungsrechnung voraus, die die Ergebnisrechnung des Käuferunternehmens und die des zu kaufenden Unternehmens sowie die eines neuen Unternehmens enthält, das die beiden alten Unternehmen und die Synergien enthält. Wenn der Mittelständler eine solche Planungsunterlage vorlegt, wird er die Bank viel eher überzeugen können, den erforderlichen Kredit zur Verfügung zu stellen. Es ist allerdings auch der Bank bewußt, daß eine solche Planung mit erheblichen Unsicherheiten belastet ist, weil der Mittelständler weder das zu erwerbende Unternehmen noch das neu entstehende Unternehmen aus den beiden alten Unternehmen mit den entsprechenden Synergien umfassend kennen kann. Aber mit dieser Unsicherheit kann die Bank auskommen, sie entspricht in etwa auch der Unsicherheit bei einem in Gründung befindlichen Unternehmen. Wichtig ist aber, daß eine in den Ansätzen und in einem Mengengerüst nachvollziehbare Planung erstellt wird. Dabei müssen die Synergien gesondert mit einem Mengengerüst versehen werden und in die Planung erkennbar eingefügt werden. Wenn z.B. Einsparungen im Verwaltungsbereich dargestellt werden, muß verbal aufgezeigt werden, welche Abteilungen zur Zeit in den jeweiligen Unternehmen dieselbe Tätigkeit verrichten, aber durchaus in der Lage wären, die Tätigkeit der Abteilung in dem anderen Unternehmen mit zu übernehmen. Erst aus der Freisetzung von Mitarbeitern ergibt sich das in Finanzströme umsetzbare Synergiepotential. Wenn es um Einkaufsvorteile geht, kann z.B. anhand der Rabattstaffel der Lieferanten dargelegt werden, wie sich das neue Einkaufsvolumen auf das Erreichen neuer Klassen und damit auf relativ deutlich höhere Rabatte auswirkt.

## 6.4.2.2 *Konzept der Einbindung in ein bestehendes Unternehmen*

Neben der Umsetzung des synergetischen Potentials in die Planungsrechnung muß der Bank aber auch deutlich gemacht werden, wie die Einbindung des neuen Unternehmens in das bereits bestehende Unternehmen erfolgen soll. Aus der Praxis ist bekannt, daß viele Unternehmenskäufer sich kaum Gedanken darüber machen, wie die Einbindung vonstatten gehen soll. Idealerweise geht der Mittelständler wie folgt vor:

Wichtig ist zunächst ein Zeitplan mit Meilensteinen, die erreicht werden sollen. Er reicht von einer leider nur selten durchgeführten kulturellen Due Diligence, bei der untersucht wird, ob z.B. die beiden Unternehmen in ihrer Führungs- und Motivationsphilosophie oder in ihrem öffentlichem Auftreten zusammenpassen, vor der Akquisition bis zum Erreichen der mit der Akquisition verfolgten Synergieziele.

Zuständig für die Einbindung ist die Geschäftsführung des kaufenden Unternehmens, die aber sehr zügig um die Geschäftsführung des gekauften Unternehmens erweitert werden muß. Im übrigen müssen alle Ebenen einbezogen werden, in denen Synergien erzielt werden sollen.

Voraussetzungen für eine gelungene Integration sind die Offenheit der Ziele, die Schnelligkeit der Maßnahmen und das positive Entwickeln einer gemeinsamen Vision. In Vorstellungs- und Diskussionsrunden stellt sich der Käufer zunächst dem erworbenen Unternehmen vor, möglicherweise werden auch Arbeitskreise gebildet, die Erfahrungen austauschen. Konzeptionelle Ansätze der Integration sind der strategische, der strukturelle, der personelle und der kulturelle Bereich.

In strategischer Hinsicht müssen die unternehmensstrategischen Absichten der beiden Unternehmen analysiert und bewertet werden und in Ziele der einzelnen Geschäftsfelder umgesetzt werden. Strukturell müssen der Aufbau der Organisation und der Ablauf der Arbeitsprozesse aufeinander abgestimmt werden. Die geplanten personellen Entscheidungen müssen sehr schnell durchgeführt werden, damit in den Unternehmen keine Unsicherheit über die zukünftige Entwicklung aufkommt und dadurch vorschnelle Kündigungen wichtiger Mitarbeiter erfolgen. Kulturell müssen Führungs- und Motivationsstil der beiden Unternehmen erkannt und angepaßt werden. Dasselbe gilt für die Art des öffentlichen Auftrittes und den Umgang mit Kunden und Lieferanten.

Operativ ist eine Verbindung der Controllingsysteme und des Rechnungswesens erforderlich. Vertrieb und Marketing der beiden Unternehmen müssen aufeinander abgestimmt werden.

Diese Maßnahmen müssen der Bank so dargelegt werden, daß sie Vertrauen in eine rasche Einbindung des neuen Unternehmens und damit in eine zügige Umsetzung der synergetischen Potentiale faßt.

### 6.4.2.3  Finanzierung

Der Bank muß anhand einer differenzierten Planung dargelegt werden, in welchem Zeitraum der Kredit für den Kaufpreis aus den Ausschüttungen des zu erwerbenden Unternehmens unter Einbeziehung der Synergievorteile zurückgeführt werden kann. Die Bank wird die Planung des zur Verfügung stehenden Cash flows sehr kritisch durchleuchten. Anders wird es nur dann sein, wenn das Käuferunternehmen aus dem eigenen Bereich so hohe Cash-Beträge erwirtschaften kann, daß die Bedienung des Kredites für den Kauf des Unternehmens stark erleichtert wird. Für diesen Fall wird die Bank auch die Planung des Käuferunternehmens selbst in die Prüfung der Kreditfähigkeit mit einbeziehen.

Der Erwerb des Unternehmens durch die Geschäftsführung wird von der Bank deutlich kritischer gesehen. Hier handelt es sich in der Regel um Käufer mit sehr geringem Eigenkapital, so daß die Finanzierung des Kaufes bzw. die Rückzahlung des dazu erforderlichen Kredites nur durch Ausschüttungen möglich ist. Mögliche Risiken in dem zu erwerbenden Unternehmen wiegen dann besonders schwer. Der MBO-Unternehmer sollte dann seine Planung unbedingt in verschiedenen Szenarien darstellen, um so mögliche Einwendungen der Bank vorwegzunehmen und deutlich zu machen, daß er mit seiner Planung im »Realistic Case«-Bereich liegt.

Darüber hinaus sollte die Sensitivität einzelner Planungsparameter, z. B. die Entwicklung des Marktpreises eines bestimmten Rohstoffes, untersucht werden. Wenn dann für diesen Rohstoff eine Bandbreite von Marktpreisen dargestellt werden kann, kann die Auswirkung eines Höchstpreises auf die Planung der Gesellschaft dargestellt werden. Als Ergebnis einer solchen Sensitivitätsanalyse kann sich herausstellen, daß selbst extreme Schwankungen dieses Rohstoffpreises nur sehr geringe Auswirkungen auf die Ertragskraft des Unternehmens haben würden.

## 6.5 Sanierung

Wenn ein Unternehmen in eine Krise geraten ist und zusätzliche Mittel benötigt, die nicht mehr aus dem Kreis der Gesellschafter aufgebracht werden können, wird der Mittelständler versuchen, seine Hausbank oder ein anderes Kreditinstitut dazu zu bewegen, einen Kredit zur Verfügung zu stellen, der es dem Unternehmen ermöglicht, die Krise zu überwinden. Eine solche Situation führt die Bank in einen gravierenden Entscheidungskonflikt. Wenn die Hausbank schon mit einer erheblichen Kreditsumme in dem Unternehmen involviert ist, stellt sich sofort die Frage der Wertberichtigung. Für weitere Kreditbeträge ist abzuwägen, ob die Bank gutes Geld schlechtem Geld hinterherwerfen will oder ob es ihr gelingt, durch ein begrenztes zusätzliches Engagement die gesamte Kreditforderung als werthaltig zu erhalten. Vor diesem Hintergrund muß der Mittelständler mit einer übergroßen Sensibilität der Bank rechnen, die das Vertrauen in seine Unternehmerschaft verloren hat. Ob es ihm gelingt, dieses Vertrauen wiederaufzubauen, hängt allein von seiner Überzeugungskraft und einer exzellenten Aufbereitung der Unterlagen ab, die alle Zweifel der Bank zerstreut oder sie zumindestens annehmbar macht.

Dasselbe gilt, wenn der Mittelständler nicht bei seiner Hausbank, sondern bei einer anderen Bank zusätzliche Mittel beantragt. Die andere Bank wird zunächst irritiert sein und annehmen, daß die Hausbank nicht bereit ist, die beantragten Mittel zu gewähren, und daraus den Schluß ziehen, daß die Situation noch viel verfahrener ist, als es der Mittelständler darstellt.

### 6.5.1 Darlegung zur Entstehung der Krise

Als erstes muß der Mittelständler darlegen, welche Art von Krise das Unternehmen erfaßt hat. Man unterscheidet zwischen der strategischen Krise, der Erfolgskrise und der Liquiditätskrise.

Eine strategische Krise liegt vor, wenn die Erfolgsfaktoren des Unternehmens nicht mehr oder nur noch geringfügig bestehen. Bei einer Erfolgskrise entstehen Verluste, die in ihrer Summierung zum Verlust des Eigenkapitals und damit zu einer Überschuldung führen. In der Liquiditätskrise droht das Unternehmen zahlungsunfähig zu werden. Die Krisen folgen einander zeitlich, wobei oft nach Entstehung des ersten Verlustes durch die Realisierung kurzfristiger Sparpotentiale und bilanzpolitischer Maßnahmen eine leichte Ergebnisverbesserung im Folgejahr erreicht wird. Wenn aber nicht gleichzeitig die strategische Neuausrichtung vorgenommen wird, also in anderen operativen Bereichen neue Erfolgspotentiale aufgebaut werden, wird die Krise weiter andauern und das Unternehmen in die Liquiditätskrise führen.

Wichtig für die Erfolgsaussichten, eine Unternehmenskrise im Rahmen einer Sanierung zu beenden, sind die Gründe für die Entstehung der Krise. Nur wenn die Bank nachvollziehen kann, was die Krise ausgelöst hat, kann sie die Wahrscheinlichkeit beurteilen, daß durch bestimmte Maßnahmen die Krise wieder beendet werden kann.

Bei den Ursachen ist zwischen externen und internen Krisenursachen zu unterscheiden. Externe Ursachen können z.B. ein allgemeiner Konjunkturrückgang, Branchenüberkapazitäten, ein sich verstärkender Wettbewerb durch neue Anbieter oder durch ein Substitutionsprodukt, eine deutliche Verteuerung der Rohstoffe, ein Streik im Unternehmen oder bei einem Kunden, die Insolvenz eines Kunden mit erheblichen Verbindlichkeiten gegenüber der Gesellschaft, eine Änderung der rechtlichen Rahmenbedingungen oder eine allgemeine Katastrophe sein. Im Vergleich dazu ist die Liste möglicher interner Krisenursachen erheblich länger. Sie zieht sich durch alle Bereiche unternehmerischen Handelns und liegt oft in der Person des Unternehmers selbst begründet. Hier sind z.B. Führungsfehler, ein starres Festhalten an nicht mehr aktuellen Konzepten und Koordinationsfehler zu nennen. Bei einer unangemessenen, aber kostspieligen Expansion des Unternehmens schwingt oft eine unternehmerische Eitelkeit mit. Eine solche Expansion kann in einem Aufbau von Leerkapazitäten in der Produktion oder in der Logistik bestehen, die aufgrund des Kostenpotentials einerseits und der fehlenden wirtschaftlichen Umsetzbarkeit andererseits nur Verluste entstehen läßt. Hintergrund sind eine fehlende Berechnung der Wirtschaftlichkeit oder eine falsche Einschätzung des Marktpotentials für eine Investition  oder eine zu frühe oder zu späte Investition. Weitere Ursachen können in Mängeln des Produktionsbetriebes, im Absatzbereich, der Beschaffung und im Personalbereich liegen. Strategische Krisen entstehen oft auch dadurch, daß sich der Mittelständler keine Gedanken über Folgeprodukte macht und sich sozusagen auf seinen Lorbeeren ausruht. Mängel im Rechnungswesen und im Controlling können dazu führen, daß ein Unternehmen  in eine Erfolgskrise gerät, ohne daß es durch die Geschäftsführung überhaupt erkannt wird. Wenn dann die wahre Situation offensichtlich wird, ist es oft schon zu spät.

Sowohl die externen als auch die internen Krisenursachen werden durch die bei Mittelständlern notorisch zu geringe Eigenkapitaldecke noch erheblich verschärft, weil das Unternehmen oft nicht in der Lage ist, wenigstens kurzfristige Erfolgskrisen zu überstehen, bis eine strategische Neuausrichtung erfolgt ist.

## 6.5.2 Begründung der Sanierungsfähigkeit im Sanierungskonzept

Basis für die Entscheidung der Bank, einen weiteren Kredit zur Verfügung zu stellen oder wenigsten nicht unmittelbar nach Bekanntwerden der Krise die bestehenden Kreditlinien zu kürzen, ist ein hohes Maß an Wahrscheinlichkeit, daß das Unternehmen die Krise bewältigt und aufgrund der Sanierungsfähigkeit seine Wettbewerbsfähigkeit wiedererlangt und sich in die Lage versetzen kann, langfristig positive Ergebnisse zu erwirtschaften. Dazu müssen kurzfristige Maßnahmen der Liquiditätssicherung und des Kostenabbaus vorgenommen werden und das Unternehmen strategisch neu ausgerichtet werden. Das Sanierungskonzept muß eine Vision vermitteln, wie das Unternehmen weiterhin im Markt bestehen will. Diese Vision muß für alle Bereiche, die zum Entstehen der Krise beigetragen haben oder verbesserungsbedürftig sind, Ziele entwickeln, die durch entsprechende Maßnahmen auch umgesetzt werden können.

Das Sanierungskonzept muß im einzelnen verbal beschrieben werden. Außerdem ist es erforderlich, eine neue Planung aufzustellen, die die Phasen der Sanierung berücksichtigt und erkennen läßt, ab welchem Jahr es wieder möglich sein wird, ein positives Ergebnis zu erwirtschaften.

Der Mittelständler sollte sich bei der Erstellung des Sanierungskonzeptes und der Sanierungsplanung extern beraten lassen, um ein Höchstmaß an Objektivität zu gewährleisten. Gegenüber der Bank ist es aber erforderlich, daß der Mittelständler sein Sanierungskonzept selbst vorstellt, um ein persönliches Vertrauen wiederherzustellen.

### 6.5.2.1 Umsatzerlöse

Die Planung der Umsätze muß auf der Basis eines Mengengerüstes erfolgen. Wenn das auslösende Moment der Krise in diesem Bereich liegt, z.B. wenn ein Großkunde wegfällt oder der Umsatz wegen eines neuen Wettbewerbers einbricht, dann ist diesem Planungsposten eine besondere Sorgfalt zu widmen. Das Unternehmen muß sich im Markt neu positionieren und sich möglicherweise in einem anderen Marktsegment einrichten. Die Plausibilität einer solchen Planung setzt dann eine sehr intensive Marktforschung voraus, die im einzelnen in der Planung dokumentiert werden muß. Die Unsicherheit ist größer, wenn sich ein Unternehmen erstmals in einem neuen Marktsegment behaupten will. Daher wird der Mittelständler eher mit erheblichen Abschlägen der Plangrößen rechnen müssen. Um so wichtiger ist es, daß hier auch Szenarien aufgestellt werden.

*6.5.2.2  Aufwendungen*

Oft kommen für eine Unternehmenskrise gesunkene Umsätze bei nicht recht-
zeitig reduzierten Aufwendungen als Ursache vor. Für die Planung im Rahmen
des Sanierungskonzeptes ist dann auf die Reduzierung der Aufwendungen
besonders einzugehen. Auch hier ist ein Mengengerüst zu unterlegen. Wenn
Personalaufwendungen reduziert werden sollen, ist im einzelnen darzulegen,
wann in welcher Abteilung Personal abgebaut werden soll. Dazu ist eine Aussage über die Kündbarkeit bestimmter Arbeitsverhältnisse erforderlich. Dabei
ist zu berücksichtigen, daß in solchen Fällen oft arbeitsrechtliche Streitigkeiten
entstehen. Deshalb ist es erforderlich, vor den Kündigungen mit einem Arbeitsrechtler eine differenzierte Liste der Arbeitnehmer und der jeweils bestehenden
persönlichen Lebensumstände zu erstellen. Dazu gehören Angaben wie z.B.
Alter, Dauer der Zugehörigkeit zum Unternehmen, Unterhaltsverpflichtungen
gegenüber Dritten oder sonstige Gründe einer besonderen Schutzbedürftigkeit,
um eine soziale Rangordnung mit entsprechenden Begründungen darzulegen.
Oft wird das mit einem Scoringmodell gemacht, bei dem für einzelne soziale
Tatbestände unterschiedlich hohe Punktzahlen vergeben werden. Die Addition
der Punkte führt dann zu einer bestimmten sozialen Wertigkeit. Wesentlich
mehr Zeit muß für die Kündigungen vorgesehen werden, wenn nur frei werdende Arbeitsplätze nicht wieder neu besetzt werden sollen oder wenn ein
Betriebsrat mit einbezogen werden muß.

Schließlich muß abgewogen werden, ob die geplanten Umsätze und/oder
die erforderlichen operativen Tätigkeiten mit den noch verbleibenden
Mitarbeitern erreicht werden können. Das ist deshalb oft kritisch, weil bei
den Kündigungen in der Regel die schlechter qualifizierten Arbeitnehmer
einen höheren Kündigungsschutz haben. Außerdem entsteht oft das Problem,
daß in einer Krise gerade die besseren Arbeitnehmer von sich aus kündigen,
um in einem anderen Unternehmen einen sicheren Arbeitsplatz zu bekommen.

Wenn Aufwendungen z.B. mit einer bestimmten Niederlassung im Ausland
zusammenhängen, kann die Schließung aus Kostengründen dazu führen, daß
die mit dieser Niederlassung zusammenhängenden Umsätze nicht durch die
Zentrale übernommen werden können, sondern ganz entfallen. Das ist oft bei
ausländischen Niederlassungen oder Beteiligungen der Fall. Diese Umsatzaus-
fälle müssen dann wiederum in der Planung der Umsätze als ein Szenario
mit berücksichtigt werden.

Ähnliches gilt für Werbemaßnahmen. Auch hier ist zu bedenken, daß die
angestrebte Kostenersparnis dazu führen kann, daß das Unternehmen an
Marktpräsenz und damit auch an Umsatzpotentialen verliert.

Der Mittelständler muß davon ausgehen, daß die Bank Aufwandsverminderungen besonders kritisch durchleuchten wird, wenn eine Senkung der Relation bestimmter Aufwendungen zu den Umsätzen erfolgen soll. Das muß sehr schlüssig dargestellt werden. Auch hier gilt, daß die geplanten Minderungen, wenn sie denn überhaupt erreicht werden, oft später erreicht werden.

### 6.5.2.3 Sanierungsbedingte Mehraufwendungen

Eine ganze Reihe von Kosten fallen aufgrund der Sanierung zusätzlich an und müssen deshalb im Sanierungsplan berücksichtigt werden. Bei einer erforderlichen Freisetzung einer größeren Anzahl von Arbeitnehmern müssen die Kosten eines Sozialplans eingeplant werden. Diese bestehen im wesentlichen aus Abfindungen, oft aber auch aus Aufwendungen für eine Unterstützung der Arbeitnehmer bei der Suche nach einer neuen Stelle. Auch dann, wenn kein Sozialplan erforderlich ist, müssen für die zu kündigenden Arbeitnehmer Abfindungen eingeplant werden. Meistens entstehen zusätzliche Kosten durch die Einschaltung von Rechtsanwälten, sei es in beratender Funktion oder in der Vertretung des Unternehmens vor dem Arbeitsgericht.

Wenn ein Standort aufgegeben werden soll, müssen entweder Abschlagszahlungen für ein Entlassen aus dem Mietverhältnis geplant werden oder es muß für einen bestimmten Zeitraum, in dem nach einem Nachmieter gesucht wird, eine doppelte Miete einkalkuliert werden, wenn die Arbeitnehmer der aufgegebenen Niederlassung am Hauptsitz zusätzlichen Büroraum benötigen. Hier sind auch Umzugskosten zu berücksichtigen. Das sind zwar in der Regel relativ niedrige Kosten, aber in der Sanierungsphase mit erheblichen Unsicherheiten im Hinblick auf die Kostenstabilität zählt jeder zusätzliche Posten.

Zu den Sanierungsaufwendungen zählen auch Kosten für den Einsatz von Unternehmensberatern. Oft verlangen die Banken bei Sanierungsfällen die Einschaltung bestimmter Beratungsgesellschaften, um die Restrukturierung zu beschleunigen.

## 6.5.3  Sanierungsmaßnahmen

Von den Sanierungsmaßnahmen sind die Maßnahmen zur Liquiditätsverbesserung am wichtigsten, um das Unternehmen aus einer unmittelbar drohenden Insolvenz herauszulösen. Wenn die Bank auf zusätzliche Kredite angesprochen werden soll, wird sie darauf bestehen, um dem Unternehmen schon dadurch zusätzliche Liquidität zuzuführen. Zu diesen Maßnahmen der Liquiditätsverbesserung zählen z.B. eine beschleunigte Rechnungsstellung, das Ausnutzen von Zahlungszielen, der Verkauf von Forderungen, der Abbau eines fremdfinanzierten Bestandes und das Vermeiden von zusätzlichen Liquiditätsabflüssen, wie z.B. durch einen Investitionsstop oder die Verschiebung von Großreparaturen. Zur Liquiditätsverbesserung können Sonderverkäufe durchgeführt werden und es können Grundstücke oder Beteiligungen verkauft werden, die nicht betriebsnotwendig sind. Die Bank wird auch darauf dringen, daß eine Kapitalerhöhung durchgeführt oder ein Gesellschafterdarlehen gegeben wird. Dazu wird der Gesellschafter des Unternehmens aber oft nicht in der Lage sein. Möglicherweise sind aber Lieferanten oder Kunden des Unternehmens bereit, einen Zahlungsaufschub zu gewähren oder auf Zinszahlungen zu verzichten, um den Bestand des Unternehmens zu sichern.

Maßnahmen der Kostenreduzierung, die sich in der Sanierungsplanung widerspiegeln, sind kurzfristig durchzuführen. Hier muß sich der Mittelständler im Sanierungsplan zu bestimmten Meilensteinen verpflichten, die in einer vorgegebenen Zeit erreicht werden sollen.

Für die Ermittlung eines Kostenreduzierungspotentials bietet sich z.B. die Wertanalyse an. Nach diesem Verfahren werden die Funktionen und der Wert eines Produktes in den Mittelpunkt der Betrachtung gestellt und untersucht, welche dieser Funktionen wirklich vom Markt gefordert und honoriert werden. Soweit es weitere Funktionen gibt, können diese zur Kostensenkung reduziert werden. Dabei geht es nicht um eine Verminderung der Qualität eines Produktes, sondern es werden nur einige Zusatzfunktionen, die eigentlich unwesentlich sind, aufgegeben. Manchmal stecken hinter unnötigen Funktionen jedoch Marketingabsichten, dann würde sich insoweit kein Kostensenkungspotential ergeben.

Neben diesen kurzfristig erforderlichen Maßnahmen muß aber auch ein neues Leitbild des sanierten Unternehmens in einer Vision entwickelt werden. Im Rahmen der Corporate Identity müssen die zentrale Unternehmensidee und die Unternehmensgrundsätze neu formuliert werden. Das Zugehörigkeitsgefühl der Mitarbeiter zu diesem Unternehmen muß gestärkt werden. Das ist besonders deshalb wichtig, weil es in der Krise schon stark gelitten hat.

Wenn das nicht geschieht, ändert sich an den ausschlaggebenden Erfolgsfaktoren des Unternehmens nichts und die Sanierung wird scheitern. Das Unternehmen muß mit seinem Angebot in einem relevanten Markt neu aufgestellt werden. Sortimentspolitik, Qualitätsanspruch, Preispolitik, Vertriebspolitik und auch Informationspolitik – alles steht jetzt auf dem Prüfstand. Unter vorrangiger Berücksichtigung der Bereiche, die für die Krise hauptverantwortlich sind, ist eine neue Vision zu entwickeln und der Bank gegenüber plausibel darzulegen. Wichtig ist, daß sich das Unternehmen auf seine Kernkompetenzen und auf den maximalen Nutzen ausrichtet, den es seinen Kunden bringen kann.

Soweit das Unternehmen sich auf ein anderes Geschäftsfeld ausrichten soll, muß der Sanierungsplan auch die erforderlichen operativen Maßnahmen ebenfalls mit einem Zeitplan enthalten. Dazu kann z.B. die Einführung eines neuen Produktes oder die Einstellung zusätzlicher Vertriebsmitarbeiter oder die Aufgabe einer Produktionsstraße gehören.

Die Darstellung der Maßnahmen dient gegenüber der Bank dazu, daß sie Vertrauen faßt in die Ernsthaftigkeit der Sanierungsbemühungen. Bestehen hier bereits Zweifel, wird die Bank keinen weiteren Kredit ausreichen und die bereits ausgereichten Kredite kurzfristig fällig stellen.

## 6.5.4 Laufende Begleitung

Bei einem Kreditengagement, das in einer Sanierungsphase aufrechterhalten oder sogar ausgeweitet wird, muß sich der Mittelständler darauf einstellen, daß die Bank auf eine laufende Begleitung des Unternehmens bestehen wird. Dies wird sie entweder durch ihre eigenen Mitarbeiter oder aber durch einen externen Gutachter tun. Beiden wird der Mittelständler unmittelbar berichten müssen, indem er die jeweiligen Monatszahlen vorlegt, umfassend kommentiert und für Rückfragen uneingeschränkt zur Verfügung steht. Bei wesentlichen operativen Entscheidungen wird sich die Bank möglicherweise ein Mitspracherecht einräumen lassen, um weitere Fehlentwicklungen zu vermeiden. Selbst wenn das auf den ersten Blick wie eine totale Kontrolle und eine Einschränkung seiner unternehmerischen Freiheit aussehen könnte, sollte er bedenken, daß er die Bank im Engagement halten muß, um das Unternehmen überhaupt retten zu können, wenn er als Gesellschafter keine eigenen Mittel einschießen kann.

# 6.6    Nachfolge

## 6.6.1    Unternehmensnachfolge im Ratingverfahren

Die Frage der Unternehmensnachfolge betrifft nicht nur das Unternehmen und den Unternehmer selbst, die Nachfolgeregelung hat mittlerweile eine volkswirtschaftliche Bedeutung erlangt. Allein die veröffentlichten Zahlen, die von über 700.000 Unternehmen ausgehen, deren Nachfolge in den nächsten Jahren zu regeln sein wird, zeigen diese Bedeutung auf. Wenn man dazu noch die vielen gescheiterten Nachfolgeregelungen betrachtet, die letztlich zur existenzgefährdenden Krise für die Unternehmen geworden sind, so stehen dahinter eine Fülle von Einzelschicksalen ganzer Unternehmerfamilien und deren Arbeitnehmer. Es sind zwar eine Reihe spektakulärer, großer Familienunternehmen in den Blickpunkt des öffentlichen Interesses geraten. Viel bedeutsamer sind aber von der Anzahl her die kleinen und mittelständischen Familienunternehmen. Hier führt die Nachfolgekrise nicht nur zum Verlust des Unternehmens, sondern auch gleichzeitig zu einer Existenzgefährdung der gesamten Familie. Bei der Vielzahl der kleinen und mittelständischen Unternehmen machen diese Familienunternehmen den größten Anteil aus.

Eine definitorische Abgrenzung erfährt das Familienunternehmen vom Gründer- bzw. Pionierunternehmer dadurch, daß die wirtschaftliche Entwicklung des Unternehmens durch den Einsatz von Kapital und Arbeit von Familienangehörigen stark beeinflußt wird und durch den Willen der Familie geprägt ist, das Unternehmen für die Familie zu erhalten. Bei einem Gründer- oder Pionierunternehmen sind Eigentum und Führung meist in einer Hand vereint.

Durch die typischen Stärken eines Familienunternehmens, wie die langfristige Orientierung und die damit verbundene strategische Kontinuität, sind die Familienmitglieder und das Unternehmen aber auch besonderen Risiken ausgesetzt. Die Finanzierung wird dominiert durch Kredite und durch Selbstfinanzierung. Die langfristige Orientierung ist somit eng von einer ausgeprägten Hausbankabhängigkeit geprägt. Die Diskussionen um eine »Objektivierung« der Kreditvergabe durch ein Rating trifft daher die Familienunternehmen besonders stark.

Wenn dann ungeregelte Nachfolgeregelungen hinzukommen, wird oft nicht nur das mühsam aufgebaute Lebenswerk zerstört, sondern auch die wirtschaftliche Existenz der Familie. Ein Beispiel dafür ist die kurz vor der Insolvenz als vermeintliche letzte Rettung noch abgegebene persönliche und unbegrenzte Bürgschaft. Die als Altersvorsorge gedachte Firmenimmobilie wird zwangsversteigert. Mit in die Krise einbezogen sind möglicherweise

Ehepartner und weitere Familienmitglieder durch weitere Bürgschaften. So kann als ein mögliches Szenario im Krisenfall das über Jahre erarbeitete Familienvermögen innerhalb weniger Wochen verloren gehen.

Die Regelung der Nachfolge wird damit zu einem entscheidenden Faktor bei einer Kreditvergabe, bei der der Unternehmer im letzten Drittel seines Unternehmerlebens steht. Durch die enge Familienbindung kommen in dem Ratingprozeß noch zusätzliche Aspekte zum Tragen: die Personenabhängigkeit, mögliche Streitigkeiten im Familien- oder Gesellschafterkreis sowie persönlich und fachlich nicht geeignete Nachfolger aus der Erbengeneration

Eine Unternehmensnachfolge steht daher immer im Spannungsfeld zwischen Unternehmen, Unternehmer und Familie. Sie ist als ein komplexer Prozeß zu verstehen, in dem sich die Spannungsfelder gegenseitig beeinflussen. Diese Spannungsfelder müssen dem Banker transparent vermittelt werden.

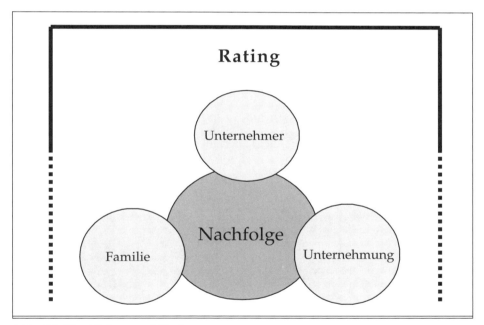

Abb. 24: Nachfolge und Rating

Die Nachfolgeplanung gehört zu den strategischen Überlegungen und ist in eine Unternehmensstrategie zu integrieren. Die Nachfolgeplanung geht aber noch über die Unternehmensstrategie hinaus. Sie ist auch als Eckpfeiler in der persönlichen Lebensplanung des Unternehmers und seiner Familie mit einzubinden. Ein Ratingverfahren hat diese persönlichen Aspekte mit zu berücksichtigen.

## 6.6.2   Phasen der Unternehmensnachfolge

Die Nachfolgeplanung bedarf einer strukturierten Vorbereitung. Die Komplexität der Thematik darf sich nicht auf rein wirtschaftliche oder steuerliche Aspekte beschränken. Gleichberechtigt sind juristische, psychologische und organisatorische Aspekte. Insofern sind die Informationen, die dem Banker zur Verfügung gestellt werden müssen, in einem Nachfolgeverfahren vielschichtig.

Ein planmäßiges Vorgehen setzt einen logischen Ablauf voraus. Dazu lassen sich idealtypische Prozeßabläufe heranziehen, die sich im praktischen Einzelfall innerhalb der Phasen mit unterschiedlichen Schwergewichten darstellen.

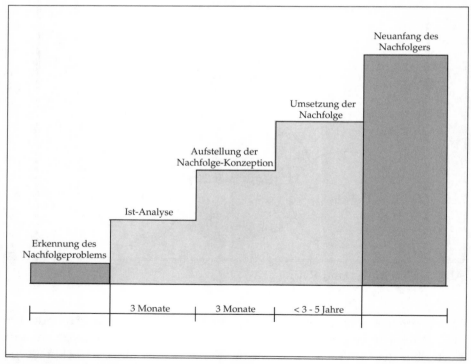

Abb. 25: Phasen der Nachfolgeplanung

Um über eine Nachfolge strukturiert nachdenken zu können, ist zunächst einmal die Voraussetzung zu schaffen, sich mit der Nachfolge als Problem überhaupt auseinanderzusetzen. Dieses Problem ist für ältere Unternehmer ein sehr persönliches Problem. In der Praxis fehlt häufig dieses Problembewußtsein. Eine Möglichkeit, dieses Problembewußtsein zu schaffen, könnte die Einschaltung von Moderatoren sein. Wenig hilfreich ist es, wenn der mögliche Nachfolger als Erbe fertige Lösungen präsentiert. Dem Seniorunternehmer muß klar dargelegt werden, daß eine Nachfolgeregelung für alle Beteiligten von Interesse ist. Eine Nachfolgeregelung kann z.B. die Chance für einen strategischen und organisatorischen Neubeginn sein. Insbesondere auch dadurch initiiert, daß die Geschäftspartner des Seniorunternehmers vor dem gleichen Problem stehen. Verantwortliche Berater, wie Wirtschaftsprüfer, Steuerberater oder Rechtsanwälte, können hier wertvolle Hilfe leisten. Spätestens bei einem Ratingverfahren wird sich der Seniorunternehmer der Frage nach einer Nachfolgeregelung stellen müssen. Ein maßgeblicher Risikoposten bei der Zinsberechnung wird eine mangelnde Nachfolgeplanung sein.

Wenn das Problembewußtsein geschaffen ist, muß eine objektive Analyse des Ist-Zustandes folgen. Hierbei sind die Zustände des Unternehmens, des Unternehmers und seiner Familie zu analysieren. Ermittelt werden müssen die extern relevanten Chancen und Risiken und die intern relevanten Stärken und Schwächen des Unternehmens. Dazu gehören auch die Ermittlung der Ertrags- und Finanzpotentiale und ggf. eine Berechnung des Unternehmenswertes. Mit einzubeziehen ist auch das Privatvermögen des Unternehmers und seiner Familie. Besonders bei Erbeintritt zeigen sich häufig negative Folgen auch für das Unternehmen. Hierbei stehen z.B. die Fragen im Vordergrund, ob das Privatvermögen ausreicht, um mögliche Liquiditätsansprüche aus der Erbschaftsteuer zu decken, ob Pflichtanteilsansprüche und Zugewinnausgleichsansprüche gedeckt sind. Auch rechtliche Bindungen des Seniors, z.B. aus dem Familienrecht, bedürfen einer Analyse. Genauso wichtig ist es, die persönlichen Ziele aller Beteiligten zu erfassen und zu bewerten. Der mögliche Nachfolger sollte persönlich und fachlich in der Lage und willens sein, die Nachfolge auch anzutreten. Wenn eine Kreditvergabe in dieser Phase erfolgt, so sollte der Banker darüber mit Informationen versorgt werden.

Im Abschluß der Ist-Analyse steht die Beantwortung der Frage, in welcher Form eine Nachfolgeregelung erfolgen soll. Hierbei sollte immer das Interesse des Unternehmens im Mittelpunkt stehen. Das Unternehmen stellt häufig den bedeutendsten Vermögensposten der Familie dar und sollte daher bei der Entscheidungsfindung, z.B. aus falsch verstandener Bindung zur Erbengeneration, nicht aufs Spiel gesetzt werden. Wenn kein geeigneter Nachfolger aus der eigenen Familie zur Verfügung steht, so sind andere Wege einzuschlagen.

Als Nachfolgealternativen neben der Übertragung auf familieninterne Nachfolger stehen z.B. Fremdmanagement, Verkaufsstrategien, Anlehnungs- strategien, Stiftungen und eine Liquidation zur Verfügung. Spätestens bei der Bewertung der einzelnen Alternativen sollte die Bank als Gesprächspartner einbezogen werden.

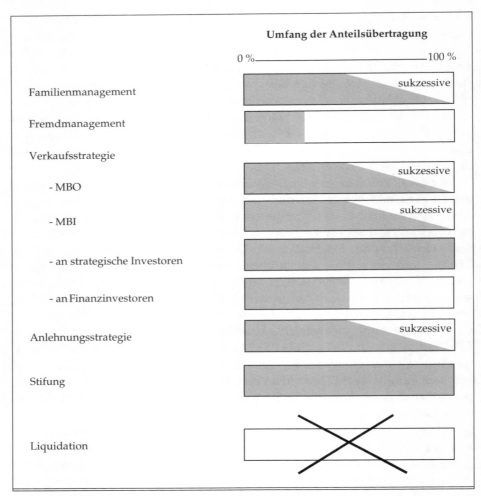

Abb. 26: Formen der Nachfolge

Bei einem Fremdmanagement verbleibt das Eigentum in Händen der Familie und die Geschäftsführung wird an außerhalb der Familie stehende Personen übertragen. Diese Form hat in den letzten Jahren gerade bei etablierten Unternehmen zugenommen, da es mit zunehmendem Alter der Unternehmer immer weniger wahrscheinlich geworden ist, daß ein geeigneter Nachfolger aus der Familie zur Verfügung steht. Bei einem Fremdmanager handelt es sich um eine Führungsperson, die nicht oder nur in geringem Umfang am Unternehmen beteiligt ist und die Geschäftsführung innehat. Der unternehmerische Erfolg eines Fremdmanagers in einem Familienunternehmen hängt nicht nur von seiner fachlichen und persönlichen Qualifikation ab. Er muß sich auch in hohem Maße mit dem Verhalten und den Zielen der Unternehmerfamilie identifizieren. Dabei ist zu unterscheiden, ob der Fremdmanager gemeinsam mit einem Familienmitglied oder alleine die Unternehmensleitung ausübt. Unabhängig davon können typische Probleme dann entstehen, wenn es z.B. um die Frage der Gewinnausschüttung oder der Thesaurierung geht. Der Fremdmanager muß ein hohes Maß an Kompromißfähigkeit mitbringen. Wenn ein Fremdmanager im Unternehmen institutionalisiert ist, dann ist noch stärker als im Falle eines Nachfolgers aus der eigenen Familie auf eine strikte Einhaltung der Vereinbarung über Mitspracherechte der Familie zu achten.

Eine weitere Form besteht in der vollständigen oder teilweise erfolgenden Übertragung der Anteile am Unternehmen auf angestellte Manager (MBO, Management Buy-Out) oder auf neu in das Unternehmen eintretende Manager (MBI, Management Buy-In). Diese Form der Nachfolgeregelung eignet sich besonders für kleinere Unternehmen. Gerade im Handwerk wird diese Nachfolgeregelung seit Jahren praktiziert. Ein Problem bei einem MBO oder MBI liegt in der Finanzierung der Anteile, da die Übernehmer meist nicht über genügend Eigenkapital verfügen. Eine Form, die zur Lösung dieser Probleme Anwendung findet, besteht darin, daß das Unternehmen aus seinen Erträgen in der Zukunft die Kaufpreiszahlung deckt. In jedem Fall greift hier zur Anschubfinanzierung durch Banken eine Ratingverfahren.

Eine klassische Form der Nachfolgeregelung stellt der Verkauf des gesamten Unternehmens dar. Allerdings wird diese Form von dem Familienunternehmer nicht bevorzugt. Durch den Verkauf wird die Identität zwischen Familie und Unternehmen kurzfristig zerstört. Wenngleich diese Form nicht präferiert wird, so stellt sie doch eine sinnvolle Alternative dar. Für den Ratingprozeß ist diese Form nur dann relevant, wenn die ausgereichten Darlehen mit in die Übergabelösung einbezogen werden. Ein Verkauf an einen strategischen Investor oder an einen Finanzinvestor führt meist zu einer Risikominderung für die Bank.

Neben dem Verkauf könnte der Unternehmer auch eine Anlehnungsstrategie wählen. Hierbei werden Teile bzw. Anteile des Unternehmens verkauft, um sich durch eine strategische Verbindung mehr Freiraum zu schaffen. Die

Anlehnung an einen solchen Investor wird, wie die klassische Verkaufsstrategie, zu einer Risikominderung für die Bank führen.

Eine weitere Form der Nachfolge könnte das Einbringen des Unternehmens in eine Stiftung sein. Durch die Stiftung kann der Fortbestand des Unternehmens zu Lebzeiten oder auch mittels Testament gesichert werden. Es besteht zwar die Möglichkeit, durch entsprechende Konstruktionen die Versorgung der Familie aufrechtzuerhalten. Im Ergebnis muß sich der Stifter allerdings darüber im klaren sein, daß er sein Vermögen auf Dauer verschenkt. Im Ratingverfahren wird diese Lösung nur eingeschränkt Berücksichtigung finden.

Bei der Liquidation handelt es sich genaugenommen um keine Nachfolgealternative, da die freiwillige Beendigung des Unternehmens die Folge ist. Das Unternehmen wird mit seinen Aktiva und Passiva abgewickelt. Für die Bank stellt sich daher nur die Frage, ob der Erlös aus der Liquidation die Tilgungs- und Zinsforderungen deckt.

Wenn die Nachfolgealternative feststeht, wird die Aufstellung der Nachfolgekonzeption im Mittelpunkt des Prozesses stehen. Die entsprechenden Alternativen werden sich in einem Übergabeplan konkretisieren, der die spezifischen Belange des Unternehmens berücksichtigt. So sind bei einer Nachfolgeregelung aus der eigenen Familie die Aufgaben und Kompetenzen des Seniorunternehmers neu zu formulieren und für den Nachfolger festzulegen. Die vollständige Transparenz über das Unternehmen sollte im Zeitpunkt der Übergabe für beide gegeben sein. Im Nachfolgekonzept sind auch die Vermögensübertragungen zu regeln. Der Zeitpunkt des Übergangs der Anteile sollte ebenfalls geklärt sein. In dieser Phase spielen juristische und steuerliche Aspekte eine besondere Rolle.

Die konzeptionelle Phase der Nachfolgeregelung hat viel gemein mit der Aufstellung einer Strategie und Planung eines Unternehmens im Ratingverfahren. Daher lassen sich beide Anlässe, Rating und Nachfolge, in vielen Dingen verknüpfen. Die Arbeiten, die vom Unternehmer in einem Ratingverfahren zu leisten sind, können daher eine gute Basis für die Nachfolgeregelung sein.

Die konkrete Umsetzung der Nachfolge beinhaltet insbesondere organisatorische und psychologische Aspekte. Der Senior muß »loslassen«, der Nachfolger muß Geduld aufbringen. Eine zeitlich befristete gemeinsame Zusammenarbeit fördert die Unternehmenskontinuität. Eine eindeutige Aufgaben- und Kompetenztrennung wird den Übergang erleichtern.

Die letzte Phase bezieht sich ausschließlich auf den Nachfolger und ist als Neuanfang des Unternehmens zu charakterisieren. Die Bank wird in diesem Zusammenhang den Nachfolger wie jeden anderen Unternehmer in einem Ratingverfahren behandeln. Während das Geschäftsmodell aus den Kontakten mit dem Seniorunternehmer als bekannt vorausgesetzt werden kann, wird sich die Bank einen Eindruck über die fachliche und persönliche Qualifikation des Nachfolgers verschaffen müssen. Insofern könnte sich die ursprüngliche Risikoeinschätzung verbessern, aber auch verschlechtern.

## 6.7    Wechsel der Bankbeziehung

Bei einem Wechsel der Bankbeziehung oder auch nur einer anderen Verteilung in dem Umfang der Kreditverbindlichkeiten muß der Mittelständler mit
außerordentlicher Sensibilität vorgehen. Er muß auch immer davon ausgehen,
daß sich die Banken untereinander über die Situation des Unternehmens ver-
ständigen, so daß dies den Wechsel erschweren kann.

### 6.7.1    Gründe für den Wechsel

Die Gründe für einen Wechsel sind vielschichtig. Aus Sicht des Mittelständlers
können persönliche Gründe, ein Vertrauensverlust gegenüber dem zuständigen
Bankangestellten oder eine Verschlechterung der Konditionen ausschlaggebend
sein. Aus Sicht der Bank können ebenfalls persönliche Gründe, insbesondere
ein Vertrauensverlust in die unternehmerischen Fähigkeiten des Mittelständlers,
aber auch eine Kündigung aufgrund der restriktiven Eigenkapitalgrundsät-
ze nach Basel II der Grund sein. Ob es dem Mittelständler in einer solchen
Situation gelingt, die Bank davon zu überzeugen, daß die Kreditverbindung
doch aufrechterhalten werden soll, ist fraglich. Wenn das Vertrauen einmal
zerstört ist, läßt es sich kaum noch wiederherstellen. Gleichwohl ist es aus
Sicht des Mittelständlers einen Versuch wert, weil in einer solchen Situation
die Gewinnung einer anderen Bank als Ersatz für die ehemalige Hausbank
mit erheblich höheren Schwierigkeiten verbunden ist.

### 6.7.2    Erhöhte Dokumentationspflicht gegenüber der neuen Bank

Der neuen Bank muß zunächst der Wechsel plausibel dargestellt werden. Das
Problem dabei ist, daß die Gründe mit absoluter Sachlichkeit vorgetragen werden müssen, weil sie sonst gegen den Mittelständler sprechen. Problematisch
ist auch, daß die Gründe, die die Hausbank dazu bewogen hat, die Kreditverbindung zu lösen, identisch sein können mit den Gründen der anderen Bank,
eine ähnliche Verbindung mit dem Mittelständler nicht einzugehen. Allein
daran ist zu ersehen, welches diplomatische Geschick der Mittelständler in
dieser Situation aufbringen muß.

Für die neue Bank muß eine Basisdokumentation vorgelegt werden können,
die über jeden Zweifel erhaben ist und die es der Bank erlaubt, ohne größere

Bedenken in die Kreditverbindung mit dem Unternehmen einzutreten. Dazu gehören die Jahresabschlußprüfungsberichte der vergangenen drei Jahre und ein Factbook über das Unternehmen. Wenn das Unternehmen bereits regelmäßig Folge-Due Diligences in Auftrag gegeben hat, sind diese Gutachten jetzt von höchstem Wert, weil sie die Entwicklung des Unternehmens aus gutachterlicher, also objektiver Sicht darstellen. Weiterhin sollte eine Wettbewerbsanalyse, wenn sie nicht schon in den Gutachten der Due Diligence enthalten ist, vorgelegt bzw. aktualisiert werden. Schließlich sollte kurzfristig eine Betriebsbegehung durchgeführt werden, um der neuen Bank ein Gefühl für das Unternehmen zu geben.

## 6.8    Zwischenfazit

1.  Die Gründung eines Unternehmens stellt in einem Ratingprozeß eine besondere Herausforderung dar. Durch die fehlenden Angaben der Vergangenheit muß sich der Banker anderer Informationen bedienen, die ihm die Sicherheit der Plausibilität vermitteln. Das Schwergewicht der Beurteilung wird sich auf den Gründungsunternehmer ausrichten. Der Mittelständler wird seine Unterlagen mit besonderer Sorgfalt aufbereiten müssen, um das Vertrauen des Bankers zu gewinnen.

2.  Die Finanzierung in einer Gründungsphase durch eine Bank wird zum gegenwärtigen Zeitpunkt nur in Kombination mit einer Finanzierung aus öffentlichen Förderprogrammen erfolgen. Eine alleinige Finanzierung durch die Bank wird bei einem Gründungsunternehmen die Ausnahme bleiben.

3.  Die Verwendung der Kreditmittel für größerer Investitionen führen zu einer erweiterten Informationspflicht über die Art und Wirtschaftlichkeit der Investitionen. Für die Frage der Wirtschaftlichkeit stehen Investitionsrechnungsverfahren zur Verfügung. Großer Beliebtheit in der Praxis erfreuen sich die einfachen statischen Verfahren. Bei einer Ausweitung des operativen Geschäftes mit einem erhöhten Kontokorrent ist wegen der erhöhten Aufwendungen im Personalbereich und bei den Sonstigen betrieblichen Aufwendungen und dem Risiko, daß diese Kostenblöcke nicht so schnell wieder reduziert werden können, intensiv auf die Nachhaltigkeit der geplanten Umsatzausweitung einzugehen.

4.  Der Kauf eines Unternehmens gehört zu den größten und risikoreichsten Investitionen. Wenn sie fremd finanziert werden soll, sind besonders hohe Anforderungen an die Dokumentation einer solchen Akquisition zu stellen. Der Banker sollte unverzüglich eingeschaltet werden, wenn die Vertragsverhandlungen die Abschlußphase erreichen. Aus den Unterlagen muß sich ergeben, daß der Kredit innerhalb der Laufzeit zurückgezahlt werden kann. Das stellt gerade bei einer langfristigen Finanzierung hohe Anforderungen an die Qualität der Planung.

5.  Wenn durch den Unternehmenskauf Synergien realisiert werden sollen, muß nicht nur die Ertragskraft des Kaufunternehmens, sondern die zukünftige Ertragslage des verbundenen Unternehmen dargestellt werden.

6.  Die Begleitung einer Sanierungsphase eines Unternehmens zählt zu den schwierigsten Entscheidungen einer Bank. Umso wichtiger ist eine außerordentlich sorgfältige Aufbereitung der Unterlagen. Basis der Einschätzung einer Sanierungsfähigkeit eines Unternehmens ist das Wissen um die Ursache der Krise. Denn nur dann kann der voraussichtliche Erfolg

einer Sanierungsmaßnahme richtig eingeschätzt werden, insbesondere, wenn die Krise durch externe Ursachen entstanden ist oder durch interne Gründe, die beseitigt worden sind oder werden können.

7.  Die Sanierungsmaßnahmen müssen im einzelnen dargelegt werden und in einer Planung der Sanierungsphase bis hin zum Erreichen des Break even points berücksichtigt worden sein. Die Bank wird sich eine intensive Begleitung im Sanierungsprozeß gegebenenfalls unter Einschaltung von Unternehmensberatern oder Gutachtern vorbehalten und dem Unternehmen die Erfüllung von Meilensteinen aufgeben. Der Mittelständler sollte sich in einer solchen Situation sehr kooperativ verhalten.

8.  Den Fragen nach einer Nachfolge werden sich viele mittelständische Unternehmen in einem Ratingprozeß stellen müssen. Ein maßgeblicher Risikoposten bei der Zinsberechnung wird eine mangelnde Nachfolgeplanung sein.

9.  Bei der Nachfolgediskussion mit der Bank werden neben den unternehmerischen Sachverhalten auch die private Situation des Seniors eine Rolle spielen. Die Übertragung auf eine der unterschiedlichen Nachfolgeformen sollte daher langfristig vorbereitet werden. Diese Vorbereitung ist gegenüber der Bank ausführlich zu dokumentieren.

10. Bei dem geplanten Wechsel einer Bankbeziehung insbesondere unter Aufgabe der Beziehung zur ehemaligen Hausbank muß der Mittelständler einer erhöhten Dokumentationspflicht gegenüber jeder neuen Bank nachkommen, weil durch die Aufgabe der Hausbank ein latentes Mißtrauen bei anderen Banken aufkommt, ob die Situation des Unternehmens nicht doch sehr kritisch einzuschätzen ist.

# 7. Gestaltung des Rating-Prozesses

Rating ist nichts anderes als eine Unternehmensanalyse, die am Ende nicht zu einer Ermittlung eines Unternehmenswertes, sondern zu der Aussage führt, ob ein bestimmtes Unternehmen in der Lage ist, eine Kreditverbindlichkeit zurückzuführen und die Zinsen aufzubringen. Qualifiziertes Rating schränkt die Analyse nicht auf die schlichte Kreditwürdigkeit des Unternehmens ein, sondern bezieht sich auf alle Erfolgs- und Mißerfolgsfaktoren des Unternehmens. Die Qualifizierung liegt darüber hinaus in einer offenen Diskussion der Analyse zwischen Unternehmen, Gutachter und Bank.

## 7.1    Emittentenrating und Kreditrating

In der Wirtschaftspresse sind immer wieder Meldungen zu lesen, daß ein Unternehmen von einer der großen internationalen Ratingagenturen – wie z.B. Moody's oder Standard & Poor's – mit einem bestimmten Rating versehen oder daß ein solches Rating im Vergleich zu einer früheren Einstufung verschlechtert worden ist. Ähnliche Einstufungen werden auch von Staaten gemacht, z. B. die Einstufung von Argentinien und Rußland oder anderen Staaten, die internationale Anleihen aufgelegt haben. Hier steht die Einschätzung eines ganzen Unternehmens oder sogar der Volkswirtschaft eines gesamten Staates zur Entscheidung. Es fragt sich, inwieweit ein solches Verfahren auch für einen Mittelständler sinnvoll sein kann.

### 7.1.1    Emittentenrating

Das Problem der Einstufung eines Unternehmens durch eine externe Ratingagentur ist zunächst einmal, daß die Agentur oft nur die Informationen auswerten kann, die der Öffentlichkeit zur Verfügung stehen. Das ist zumindestens dann der Fall, wenn die Einschätzung der Ratingagentur ohne einen offiziellen Auftrag des Unternehmens erfolgt. Bei der Beauftragung durch das Unternehmen wird man davon ausgehen können, daß auch interne Informationen herangezogen werden konnten und daß es auch zu einer Überprüfung dieser Daten kam. Selbst wenn die Einschätzung der Ratingagentur eine gewisse analytische Tiefe aufweist, so hat doch die daraus resultierende Aussage einen sehr pauschalen Charakter. Wenn die Einstufung dazu führt, daß diesem Unternehmen oder diesem Staat schon dem Grunde nach keine Kreditmittel ausgereicht werden sollten, weil die Bedienung der Zinsen und die Rückzahlung des Kredites unsicher erscheinen, dann drängt sich eine solche Einstufung oft schon auf, weil die Kennzahlen des Unternehmens extrem schlecht sind. Soweit sich die Einstufung im Mittelbereich der Ratingskala bewegt, und das ist schon nach der Gaußschen Verteilungsregel meistens der Fall, ist die Aussagekraft der Ratingeinstufung auch nicht zur Abgrenzung gegenüber anderen Unternehmen geeignet. Eine Herabstufung hat für große, international agierende Unternehmen, die auch internationale Kreditgeber ansprechen, allerdings die unmittelbare Auswirkung, daß sich die Kreditkonditionen verschlechtern. Das gilt auch für Banken, die sich refinanzieren wollen. Zumindest wird es die Verhandlungen über die Konditionen erschweren. Allerdings können die Unternehmen bei den Verhandlungen auf die beschränkte Aussagekraft des Rating hinweisen, weil die Ratingagenturen die großen Unternehmenszusammenbrüche der letzten Jahre nicht erkannt haben. Daran kann man sehen, daß das Datenmaterial, das sie der Einstufung zugrunde legten, in seinem Informationsgehalt qualitativ schlecht gewesen sein muß, sonst hätten sich zumindest Fragestellungen ergeben.

## 7.1.2   Kreditrating für Mittelständler

Bei einem Mittelständler ist die grundsätzliche Einstufung innerhalb eines externen Ratingverfahrens wenig sinnvoll. Insofern gilt zunächst das zur Ratingeinschätzung  der großen Unternehmen gesagte. Mittelständische Unternehmen sind auch in ihrer Ertragskraft leichter einschätzbar, weil sie in der Regel nicht durch eine komplexe Struktur unterschiedlicher Beteiligungen verschleiert wird.

Die Frage einer Ratingeinstufung eines mittelständischen Unternehmens stellt sich für eine Bank immer ganz konkret im Zusammenhang mit der Entscheidung über die Einräumung eines Kreditrahmens, sei es kurzfristiger Natur im Kontokorrent oder sei es langfristiger Natur für eine vorgesehene Investition. Für eine solche Entscheidung sagt die allgemeine Einstufung des Unternehmens nichts aus. Nach den Unternehmenszusammenbrüchen und den gestiegenen Insolvenzzahlen ist es für die Bank nur von Bedeutung, ob das Unternehmen einen Kredit bedienen kann. Auf diesen Kredit muß auch eine Ratingeinstufung eingehen. Es kann auch bei einem solventen Unternehmen der Fall sein, daß Kredite ab einer bestimmten Höhe nicht mehr bedient werden können, weil der Zweck, für den der Kredit in Anspruch genommen werden soll, wirtschaftlich nicht sinnvoll ist. Beispielsweise schwächt die Finanzierung eines großen Logistikcenters die Ertragskraft des Unternehmens, wenn der Vertrieb eine solche Investition nicht benötigt oder schlimmer noch, wenn das Unternehmen kein Umsatzpotential generieren kann, das die Kosten dieses Logistikcenters verdienen kann.

Daher wird die Bank von einem Ratinggutachten verlangen, daß der konkrete Verwendungszweck mit einbezogen und auf seine wirtschaftliche Plausibilität untersucht wird. Dann hat die Ratingeinstufung einen finalen Informationswert. Im übrigen läßt sich eine Aussage über die Bandbreite betriebswirtschaftlich sinnvoller Kreditlinien aufstellen. Hier kann der Umfang des durch den neuen Kredit erhöhten Verschuldungsgrades des Unternehmens zugrunde gelegt werden. Unter Risikogesichtspunkten wird eine Bank ab einem bestimmten Verschuldungsgrad die Ausreichung weiterer Kredite ablehnen, weil das Unternehmen dann schon bei einer geringfügigen Verschlechterung der Ertrags- oder Finanzlage nicht mehr in der Lage sein wird, die Bankverbindlichkeiten aus eigener Kraft zurückzuzahlen.

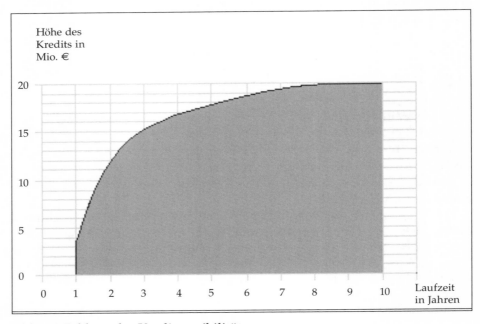

Abb. 27: Tableau der Kreditsensibilität

Anhand des dargestellten Tableaus für ein Beispiel-Unternehmen läßt sich die Bandbreite eines Kreditrahmens ablesen. Langfristige Kredite wird die Bank nicht unter einem Jahr ausreichen. Mit zunehmender Laufzeit steigt die Höhe einer nach Einschätzung der Bank bedienbaren Kredites. Ein Kredit über 20 Mio. € ist aufgrund der momentanen Vermögens-, Finanz-, und Ertragslage nicht möglich. Laufzeiten über 10 Jahren würde die Bank wegen der unsicheren Entwicklung in diesem Langfristbereich nicht akzeptieren.

## 7.2    Internes und externes Rating

Die grundsätzliche Frage, wer ein Rating bei einem mittelständischen Unternehmen durchführt, ist eine Frage, die sich vor jedem Ratingprozeß stellen könnte. Grundsätzlich stehen zwei Möglichkeiten offen:

- ein internes Rating oder
- ein externes Rating.

In der Diskussion um Basel II und die Verschlechterung der Kreditkonditionen ist immer wieder die Frage aufgetaucht, ob es für die Unternehmen eine Wahl für die Art des Rating überhaupt gibt und ob die Nachteile eines internen Rating durch die Durchführung eines externen Rating vermieden werden können.

### 7.2.1    Internes Rating und Ratingverfahren

Das interne Rating ist ein bankeninternes Rating und wird von der kreditgebenden Bank durchgeführt. Das interne Rating wird, wenn auch bisher unter anderem Namen, seit Jahren von Kreditinstituten praktiziert. Die traditionelle Bonitätsbeurteilung als Kreditwürdigkeitsprüfung stützte sich bisher auf die Analyse der Jahresabschlüsse. Hinter dieser Analyse stecken Prognoseverfahren, die Branchenkennziffern aus vielen Jahresabschlüssen ableiten und dabei insbesondere die Daten von den Unternehmen in früherer Zeit zugrundelegen, die in späteren Jahren sich wirtschaftlich so verschlechtert haben, daß es zu einem Ausfall der Kreditforderung der Bank gekommen ist. Mit diesen Daten aus früheren Jahren werden die aktuellen Daten des Unternehmens verglichen, das jetzt einen Kredit beantragt hat. Zusätzlich zu der Analyse der Daten werden auch grundsätzliche Erhebungen über das Unternehmen vorgenommen. Im Ergebnis wird eine interne Beurteilung erstellt, die in einer Ratingeinstufung endet und die Entscheidung für die Vergabe eines bestimmten Kreditvolumens vorgibt.

Der Nachteil für den Mittelständler besteht bei dem internen Rating der Bank darin, daß er nicht das Ergebnis der Analyse mitgeteilt bekommt, sondern nur die Kreditentscheidung. Der weitere Nachteil besteht darin, daß er nicht weiß, in welchen Parametern er sich verbessern sollte, um ein besseres Rating zu bekommen. Die Kosten des internen Rating werden zwar nicht offen ausgewiesen, sie sind aber in der Verwaltungspauschale enthalten, die der Mittelständler bei der Ausreichung des Kredites zu entrichten hat.

Der Ablauf des internen Rating wird sich nunmehr dahingehend erweitern, daß auch Planungsrechnungen sowie qualitative Aspekte einbezogen werden. Es werden alle Firmenkunden einem Rating unterzogen. Die Kreditinstitute werden umfangreiche quantitative und qualitative Daten verarbeiten, die von den Unternehmen angefordert werden.

Die Beurteilung darüber, ob ein mittelständisches Unternehmen seinen Zahlungsverpflichtungen aus dem Kreditvertrag nachkommen kann, wird auf der Grundlage der Ratingeinstufung vorgenommen. Die Frage, ob ein Mittelständler seinen Zahlungsverpflichtungen nachkommt, kann immer nur in Ausrichtung auf die Zukunft beantwortet werden. Eine Rückwärtsbetrachtung kann nur einen ersten Anhaltspunkt bieten. Wichtig zur Beurteilung ist die Vorwärtsbetrachtung, d.h. die Prognose über die Zahlungsfähigkeit.

Eine solche Prognose erfolgt in der Praxis grundsätzlich aus zwei Richtungen. So werden qualitative und quantitative Ratingsysteme unterschieden. Die qualitativen Ratingsysteme basieren auf einer Vielzahl, zum Teil subjektiver Einschätzungen. Gewichtet werden hierbei z.B. die Markt- und Wettbewerbssituation, die Qualität des Managements und die Plausibilität der Planungsrechnung. Die diesen Verfahren innewohnenden subjektiven Komponenten versucht man durch möglichst viele Abfragen und Beurteilungen zu relativieren. So kommen teilweise über 1.000 Fragen zur Anwendung. Die einzelnen Fragen werden verdichtet und in ihrer Beurteilung auf einer Skala, z.B. von 1 bis 10, abgebildet. Als verdichtete Sachverhalte kommen z.B. die Bereiche Marketing und Vertrieb, die Produktions- und Leistungsprozesse, das Personalwesen, das Management und die Organisation, das Geschäftsmodell und die Finanzierungsstruktur in Frage.

Die Beurteilungen über die einzelnen Teilbereiche werden mit Hilfe eines Scoringmodells in Ratingstufen klassifiziert. Scoringmodelle dienen der Bewertung von quantitativen und qualitativen Kriterien. Mit deren Hilfe ist es auch möglich, die qualitativen Kriterien einer Quantifizierung zuzuführen.

Ein praktisches Beispiel für ein solches Ratingverfahren mit Hilfe eines Scoringmodells zeigt die Abbildung 28.

In der Abbildung 28 sind für den Bereich Finanzen beispielhaft weitere Detailbewertungen angeführt. Die Ergebnisse dieser Detailbewertungen basieren auf einer Fülle von Fragen. Die durch diese Hierarchie vorgegebene Struktur ermöglicht es, zu immer weiteren Verdichtungen in einer Urteilsbildung zu gelangen. Die unterschiedlichen Bereiche stellen sicher, daß jeder Teil eines Unternehmens, je nach seiner individuellen Bedeutung, Berücksichtigung findet. Die Zusammenführung der Fragen zu Detailbewertungen, der Detailbewertungen zu Gesamtbewertungen und der Gesamtbewertungen zur Ratingeinstufung kann dann in eine Zahlen- oder Buchstabenklassifika-

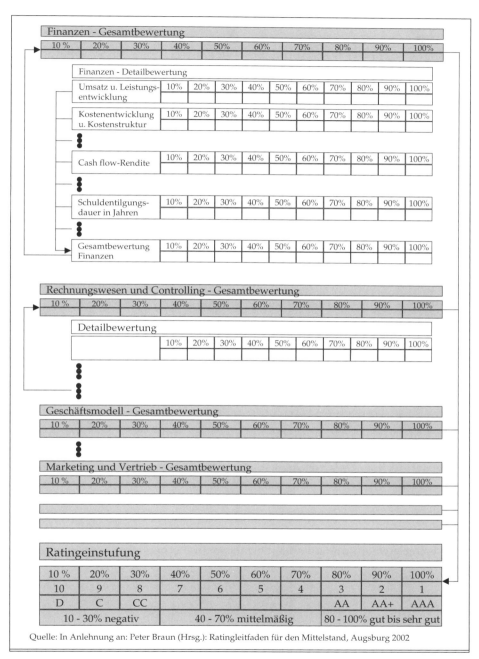

Abb. 28: Ratingverfahren mit Hilfe eines Scoringmodells

tion münden. Hierbei ist es völlig freigestellt, ob die Bewertung von 1 bis 6 (Schulnotensystem), von 1-15 (System der Sparkassen) oder von AAA bis D (Standard & Poor's) verläuft. Wichtig bei der Klassifikation ist lediglich der gleichmäßige Abstand zwischen den einzelnen Stufen.

Die quantitativen Ratingsysteme versuchen, die Subjektivität der qualitativen Systeme durch den Einsatz mathematisch-statistischer Modelle zu überwinden. Durch die damit beabsichtigte Objektivierung soll sich ein neutraler Beurteilungsprozeß ergeben. Hierbei kommen z.B. Diskriminanzanalysen, Regressionsanalysen, neuronale Netze oder Fuzzy-Systeme zur Anwendung. Allen Verfahren gemeinsam ist die Schwierigkeit, die Vorgehensweise der Berechnung und die damit verbundene Einordnung in eine Ratingstufe dem Mittelständler und dem Banker transparent zu vermitteln. Die Kenntnis der Beurteilung und der Einstufung verbleibt bei Spezialisten, die ihrerseits wiederum keinen Kontakt zum praktischen Alltag der mittelständischen Unternehmen haben. Die Kritik am Einsatz solcher Verfahren ist nicht auf die Methode ausgerichtet, sondern liegt vielmehr in der Schwierigkeit begründet, die Wirkung der Informationen des Unternehmens auf die Ratingeinstufung nachzuvollziehen. Der eigentliche Bewertungsvorgang verbleibt in einer »Black Box«.

Durch die weitgehende Standardisierung des Rating-Verfahrens besteht weiterhin die Gefahr, daß unternehmensindividuelle Spezifika nicht ausreichend berücksichtigt werden. Da jedes Kreditinstitut ein eigenes Rating-Verfahren anwendet, lassen sich die Urteile der einzelnen Institute nicht direkt vergleichen. Die Unterschiede bestehen insbesondere in der Anwendung des statistischen Verfahrens oder des Scoring-Verfahrens sowie in der unterschiedlichen Gewichtung der drei Säulen: Vergangenheit, Zukunft und Management.

Gleichwohl wird das interne Rating der Kreditinstitute in der Zukunft auch unter Basel II die dominierende Rolle bei der Vergabe von Krediten an die mittelständischen Unternehmen spielen. Der Banker wird zu einem betriebswirtschaftlichen Berater. Er wird eigenständig keine Kredite mehr zusagen können, ohne die Zustimmung aus dem Rating-Bereich eingeholt zu haben. Dies bedeutet, daß es keine Vertrauenskredite auch für langjährige, zuverlässige Kunden des Kreditinstitutes geben wird. Die Ermessensspielräume der Banker im Firmenkundenbereich erfahren eine erhebliche Einschränkung.

## 7.2.2   Externes Rating

Der Prozeß eines externen Rating wird nur für die mittelständischen Unternehmen eine Bedeutung haben, die eine gewisse Unternehmensgröße bzw. einen größeren Kapitalbedarf haben. Für die kleinen Unternehmen wird sich ein externes Rating wegen der Kosten ausschließen.

Das externe Rating wird in den USA überwiegend durch die großen Ratingagenturen Standard & Poor´s, Moody´s und Fitch durchgeführt, wobei dies teilweise ohne, teilweise mit Auftrag des betroffenen Unternehmens geschieht. In Deutschland haben sich nach der vehement einsetzenden Diskussion über Basel II eine Reihe von kleineren Ratingagenturen gegründet, die versuchen, von Mittelständlern Aufträge für die Durchführung eines Ratingverfahrens zu erhalten.

Die Ratingagenturen werben u.a. damit, daß durch ihre Beauftragung das interne Rating der Banken verzichtbar werde. In der öffentlichen Diskussion ist auch darüber diskutiert worden, ob die Banken ihr Rating nicht grundsätzlich auf externe Agenturen übertragen sollten. In den USA ist das eher befürwortet worden, in Deutschland haben sich die Banken geweigert, eine solche Alleinzuständigkeit von Ratingagenturen anzuerkennen.

Damit wird es für Mittelständler in Deutschland kein Wahlmöglichkeit geben. Sie müssen sich nach wie vor mit dem internen Rating auseinandersetzen. Sie können allenfalls versuchen, die Bank dazu zu bewegen, das Verfahren des internen Rating transparent zu machen und dem Unternehmen auch die Möglichkeit zu geben, die eigene Einschätzung durch Gegenmaßnahmen zu verbessern, um damit die Kreditkonditionen zu beeinflussen.

Vor diesem Hintergrund stellt sich die Frage, ob denn dann ein externes Rating, das ja auch mit Kosten verbunden ist, überhaupt sinnvoll ist. Geht man davon aus, daß das interne Rating einer Bank nicht die Qualität einer umfassenden Analyse eines Unternehmens hat und wegen der zeitlichen Beschränkung der Firmenkundenbetreuer auch nicht haben kann, so könnte ein externes Rating Sinn machen. Immer dann, wenn die Komplexität des Unternehmens so hoch ist, daß die oberflächliche Analyse zu einer schlechteren Einschätzung führt, weil eben bestimmte, für das Unternehmen bestehende Erfolgsfaktoren nicht hinreichend erkannt werden, sollte sich der Mittelständler doch zu einem – wenn auch zusätzlichen – externen Rating entschließen.

Da dieses externe Rating in die Verhandlung mit der Bank über die grundsätzliche Kreditvergabe und die zu vereinbarenden Konditionen eingeführt werden soll, sollte die Vergabe und die Durchführung des externen Rating nur in Verbindung und in Zusammenarbeit mit der Bank erfolgen. Andernfalls läuft der Mittelständler Gefahr, daß die Bank die mit erheblichen Kosten verbundene externe Einschätzung des Unternehmens nicht anerkennt, schlimmstenfalls schon deshalb, weil sie nur als eine gekaufte Beratermeinung angesehen wird.

# 7.3    Verfahren des Qualifizierten Rating

Bei dem Verfahren des qualifizierten Rating ist der formale Teil von dem materiellen Teil zu unterscheiden. Bei dem formalen Teil geht es darum, durch wen ein Rating vorgenommen werden kann, wie die Beauftragung erfolgt und wie der Ablauf erfolgt. Wenn es sich um eine Kreditbeziehung mit einem höheren Kredit handelt, wird ein externer Sachverständiger als Gutachter eingeschaltet. Im materiellen Teil wird die eigentliche Durchführung der Analyse besprochen, die Basis des Rating ist.

## 7.3.1    Formale Aspekte des Qualifizierten Rating

### 7.3.1.1    *Auftragnehmer des Rating*

Wenn man davon ausgeht, daß ein externes Rating mit der Bank abgestimmt werden sollte, so kann nur jemand in Betracht kommen, der auch das Vertrauen der Bank genießt. Damit tun sich die in Deutschland in den letzten Monaten eröffneten Ratingagenturen schwer. Soweit sie eigene Datenbanken aufgebaut haben, die ihnen die Beurteilung der Kennziffern des Unternehmens durch einen Vergleich mit anderen Unternehmen derselben Branche erlauben, werden die Banken das nicht anerkennen, weil ihnen der Zugang zu diesen Daten verweigert und ihnen dadurch die Möglichkeit genommen wird, das Zustandekommen eines Ratingurteils nachzuvollziehen. Wenn die grundsätzlichen Bereiche des Unternehmens analysiert werden, gehen die Banken eher von der Auffassung eines Beraters als von der Einschätzung eines Gutachters aus.

Den Ratingagenturen ist dieses Problem bewußt. Daher bemühen sie sich sehr um Seriosität, die zunächst einmal auf der Treffsicherheit ihrer Einschätzung von Unternehmen beruhen soll, die sie bereits einem Rating unterzogen haben. Es muß sich dafür allerdings um ein veröffentlichtes Rating handeln. Aus diesem Grund gewähren die Ratingagenturen erhebliche Honorarnachlässe, wenn das geratete Unternehmen einer Veröffentlichung zustimmt. Für den Mittelständler kann eine allgemeine Veröffentlichung seines Rating aber erhebliche Nachteile mit sich bringen. Ein schlechtes Rating erfordert einen hohen Erklärungsbedarf. Der Mittelständler muß auch in den Folgejahren ein Rating durchführen und veröffentlichen, sonst entsteht in der interessierten Öffentlichkeit die Frage, ob das Unternehmen nun etwas zu verheimlichen hat. Schließlich bindet er sich durch die Veröffentlichung an eine Ratingagentur, weil auch ein Wechsel zu kritischen Nachfragen Anlaß bietet.

Den einschlägigen Publikationen der Ratingagenturen ist zu entnehmen, daß man sich einem Ehrenkodex unterwerfen will. Auf der anderen Seite möchte man aber jede Haftung für die Einschätzung eines Unternehmens vermeiden. Deshalb wird in denselben Publikationen immer darauf hingewiesen, daß aus der Tätigkeit einer Ratingagentur kein haftungsrelevanter Tatbestand erwachsen könne, weil sie nur eine unverbindliche Aussage über die zukünftige Entwicklung eines Unternehmens machen würden.

Darüber hinaus bemüht man sich um eine Ausbildung derjenigen, die das Rating durchführen oder die Unternehmen vor einem anstehenden Ratingverfahren beraten sollen. Verbände, ja sogar eine Universität bieten Kurse an, in denen die Unternehmenseinstufung gelehrt wird. Wer einen solchen Kurs absolviert hat, darf sich Rating Analyst nennen. Angesichts der Kürze dieser Ausbildungen ist man eher geneigt, der Geschäftstüchtigkeit der Anbieter Lob zu zollen. Die Ausbildung selbst kann allenfalls einen Grundstein für das Sammeln von Erfahrungen der Unternehmensanalyse sein, die nach langjähriger Tätigkeit die Qualität eines Gutachters entstehen lassen. Im übrigen darf nicht übersehen werden, daß es die Unternehmensanalyse nicht erst seit dem Rating gibt, sondern daß sie eine alte Tradition in der Unternehmensbewertung hat.

Auftragnehmer eines Ratingauftrages kann auch ein Wirtschaftsprüfer oder eine Wirtschaftsprüfungsgesellschaft sein. Sie haben den Vorteil, für ihre Tätigkeit öffentlich bestellt und vereidigt worden zu sein. In dieser Funktion sind sie unabhängig. Schäden, die aus ihrer Tätigkeit erwachsen, sind durch eine gesetzlich vorgeschriebene Haftpflichtversicherung über ein unbeschränktes Volumen von 3 Mio. € pro Jahr versichert. Oft wird einer Erweiterung dieser Haftungssumme gegen Übernahme der Versicherungskosten zugestimmt. Es bestehen im übrigen strenge gesetzliche Regeln über die Ausübung des Berufes. Zudem wird den Wirtschaftsprüfern ein umfassendes gerichtliches Zeugnisverweigerungsrecht gewährt.

Für die Einschätzung eines Unternehmens ist auch eine umfassende Analyse des rechtlichen Teils des Unternehmens erforderlich, weil sich hieraus sowohl Erfolgsfaktoren als auch Mißerfolgsfaktoren ergeben können. Eine solche Analyse setzt nicht nur fundierte Rechtskenntnisse voraus. Erforderlich ist auch die Zulässigkeit einer solchen Analyse durch eine Person oder eine Gesellschaft. Nach dem Rechtberatungsgesetz dürfen solche Analysen im wesentlichen nur von Rechtsanwälten und Rechtsanwaltsgesellschaften vorgenommen werden. Das ist auch der Grund, warum die Banken oder potentielle Käufer von Unternehmen für die sogenannte Legal Due Diligence immer Rechtsanwälte beauftragen. Also ist es auch für das Qualifizierte Rating erforderlich, den rechtlichen Teil der Begutachtung nicht an den Wirtschaftsprüfer, sondern an einen Rechtsanwalt zu übertragen. Ein Rating Analyst ist für eine solche Überprüfung jedoch weder befugt noch in der Lage.

Es hat sich als sehr vertrauensbildend herausgestellt, wenn die Beauftragung des Gutachters für die Unternehmensanalyse nach Vorgabe der Bank durch das Unternehmen erfolgt. Auf diese Weise ist für die Bank eine Unabhängigkeit des Gutachters eher gewährleistet, als wenn sich das Unternehmen selbst einen Gutachter auswählt, mit dem möglicherweise schon Verbindungen aus anderen weiter aufrechterhaltenen Vertragsverhältnissen bestehen. Informationen aus der gutachterlichen Tätigkeit sollte der Gutachter an die Bank und das Unternehmen gleichermaßen weiterleiten.

Die Kosten eines solchen Gutachtens werden in der Regel nach Manntagen und Tagessätzen kalkuliert. Soweit die Verhältnisse des Unternehmens überschaubar sind, kann auch ein Pauschalpreis vereinbart werden.

### 7.3.1.2  Ablauf der Unternehmensanalyse für das Rating

Nach einer ersten Sitzung im Unternehmen, bei der der Gutachter die Vorgehensweise erläutert und alle Beteiligten Gelegenheit haben, sich kennenzulernen, müssen zunächst die erforderlichen Unterlagen zusammengestellt werden. Dies geschieht meistens mit Hilfe einer Checkliste. Nachdem diese Unterlagen im Büro des Gutachters gesichtet worden sind, erfolgt eine erste Vor-Ort-Analyse. Hierbei erfolgt relativ schnell eine Schwerpunktbildung auf bestimmte Erfolgs- oder Mißerfolgsfaktoren des Unternehmens. Zugleich erfolgt eine Wettbewerbsanalyse, um die Positionierung des Unternehmens und seiner Wettbewerber festzustellen. Außerdem wird eine Analyse der Vergangenheit anhand der Jahresabschlußunterlagen der vergangenen drei Jahre durchgeführt. Wenn nicht bereits bei der ersten Vor-Ort-Analyse eine Betriebsbegehung erfolgt ist, wird sie bei der zweiten Vor-Ort-Analyse durchgeführt, damit sich der Gutachter ein Bild über die örtlichen Gegebenheiten macht und erste Erkenntnisse über technische Abläufe gewinnen kann. Es folgen Gespräche mit der Unternehmensleitung und allen Leitenden Angestellten für die wichtigsten Bereiche der Unternehmensanalyse. Die Ergebnisse der Analyse werden unmittelbar dem Unternehmen und der Bank kommuniziert. Gegebenenfalls findet eine Zwischenpräsentation vor Unternehmen und Bank statt. Soweit sich aus den Diskussionen über die Ergebnisse neue, relevante Sachverhalte ergeben, werden sie für die Einschätzung des Unternehmens berücksichtigt. Der Gutachtenentwurf wird wiederum dem Unternehmen und der Bank gleichzeitig zur Verfügung gestellt. Nach der Abschlußbesprechung wird das nunmehr testierte Gutachten über die Analyse des Unternehmens ausgehändigt.

## 7.3.2    Materielle Aspekte des Qualifizierten Ratings

### 7.3.2.1    *Einbeziehung der Kennzahlen der Banken*

Der Gutachter wird sich unabhängig von seiner eigenen Analyse von der Bank Kennzahlen geben lassen, die aus denen vergleichbarer Unternehmen dieser Branche abgeleitet worden sind. Eine solche Zusammenarbeit mit der Bank bietet sich unabhängig von der Nutzung der bereits vorermittelten Brancheninformationen schon deshalb an, um eine Brücke zu dem internen Rating der Bank zu schlagen.

### 7.3.2.2    *Unternehmensanalyse aller Bereiche*

Bei einer Unternehmensanalyse als Basis für ein Rating wird wie bei einer Unternehmensbewertung nach dem Standard der Wirtschaftsprüfer vorgegangen, die wiederum aus der Praxis der Unternehmensbewertung entstanden sind.

Bei der wirtschaftlichen Analyse wird das Unternehmen in seinem Marktumfeld begutachtet. In einem ersten Schritt werden der Markt und seine Entwicklung in der Vergangenheit  untersucht, um eine Aussage über das allgemeine Marktpotential treffen zu können. Soweit relevant werden auch volkswirtschaftliche Rahmenbedingungen mit einbezogen. Hier werden auch Überlegungen über mögliche Veränderungen des Marktpotentials aus angekündigten gesetzlichen Regelungen berücksichtigt. In einem zweiten Schritt werden die Wettbewerber des Unternehmens auf ihre Position im Marktumfeld hin untersucht. Geplante Umsatzsteigerungen des Unternehmens werden mit den Umsatzsteigerungen der Wettbewerber in der Vergangenheit verglichen. Informationen über das Marktumfeld und die Wettbewerber werden vom Unternehmen zur Verfügung gestellt und/oder von Verbänden abgefragt, öffentlich zugänglichen Publikationen (u.a. im Internet) entnommen und mit der eigenen Branchenerfahrung des Gutachters ergänzt.

Gegenstand der technischen Analyse sind die Produktionskapazität und das -verfahren, die Lagerkapazitäten, die Standortvorteile oder -nachteile, der Ausbildungsstand des Personals und die Qualität der Forschung und Entwicklung. Bei sehr hoher Komplexität wird der Gutachter noch einen technischen Gutachter mit einbinden. Eine Umweltanalyse des Unternehmens wird erforderlich, wenn das Unternehmen entweder umweltsensible Produkte herstellt oder sich im Produktionsverfahren umweltrelevante Risikopotentiale ergeben.

Bei der Analyse der Organisation und des Rechnungswesens ist die Grundfrage, ob der Umfang dem Unternehmen angemessen ist und ob sie bei erheblichen geplanten Steigerungen des operativen Geschäftes mithalten können. Das Reporting wird auf die Fähigkeit überprüft, ob es regelmäßig ausreichende und aktuelle Berichte über die Entwicklung des Unternehmens vorlegen kann. Ein erster Test ist die Schnelligkeit, mit der die für die Analyse erforderlichen Unterlagen in ansprechender Qualität und Form zusammengestellt werden. Bei dem Vertrieb wird die marktkonforme Größe, Organisation und Funktion untersucht. Die Einkaufsabteilung muß die erforderlichen Teile und Rohstoffe in ausreichender Menge und zu marktüblichen Preisen beschaffen können. Aus der Zusammenarbeit der einzelnen Abteilungen des Unternehmens dürfen keine Störungen erwachsen.

Die Analyse der psychologischen Zusammenhänge im Unternehmen befaßt sich mit der Unternehmenskultur, den persönlichen Eigenschaften der Unternehmensführung, der Motivation der Mitarbeiter und dem Führungsstil, mit der Art des Umgang mit Kunden und Lieferanten und dem Auftreten in der Öffentlichkeit.

Die Analyse des rechtlichen Bereiches des Unternehmens untersucht gesellschaftsrechtliche Aspekte, die rechtliche Qualität der Vermögensgegenstände, die wesentlichen Verträge und arbeitsrechtliche Verträge. Auf Eventualrisiken wird ebenso eingegangen wie auf die prozessuale und steuerrechtlich relevanten Risiken.

Bei der Begutachtung der finanziellen Belange des Unternehmens wird ausgehend von der Analyse der Vorjahresabschlüsse und der Ermittlung der um außerordentliche und aperiodische Einflüsse bereinigten operativen Ergebnisse der Vergangenheit eine Überprüfung der Planung auf ihre Plausibilität vorgenommen. Dabei werden Sensitivitäten bestimmter Planpositionen untersucht und in Szenarien auf die Auswirkung ihrer Änderungen hin untersucht. Die Überprüfung der Cash flow- und Liquiditätsplanung schließt die finanzielle Analyse ab. Alle Erkenntnisse der Begutachtung der anderen Bereiche des Unternehmens müssen hier einfließen.

Aus der Gesamtanalyse des Unternehmens ergibt sich die SWOT-Analyse, die Darstellung der Chancen und Risiken und der Stärken und Schwächen.

Bei den besonders kritischen Fällen einer Kreditvergabe, die oben beschrieben worden sind, muß sich die Analyse in besonderem Maße den jeweils speziellen Risiken widmen.

### 7.3.2.3  Einstufung des Unternehmens

Aus der Einschätzung des Unternehmens muß in Abstimmung mit der Bank eine Einstufung nach Risikoklassen erfolgen. Dabei ist es für die Bank unerheblich, ob international gebräuchliche Einstufungssysteme zugrunde gelegt werden oder aber eine vereinfachte Vergabe der Ratingstufen nach dem Schulnotensystem vorgenommen wird. Sie muß nur mit dem System der Bank kompatibel und nachvollziehbar sein. Wenn ein Notensystem angewandt wird, müssen den einzelnen Noten qualitative Definitionen zugrunde liegen, die wiederum in Stufen erreicht werden können.

Viele Banken wollen von dem externen Gutachter nur die grundsätzliche Einschätzung des Unternehmens und der Plausibilität seiner Planung erfahren. Regelmäßig wird die Beurteilung verlangt, ob ein Unternehmen eine konkrete Kreditsumme bedienen kann.

### 7.3.2.4  Managementletter mit Maßnahmen- und Überwachungsvorschlägen

Im Zusammenhang mit der Unternehmensanalyse werden oft Schwachstellen im Unternehmen offenkundig, die zwar nicht dazu führen, daß die Bank von einer Kreditvergabe Abstand nimmt, die aber gleichwohl beseitigt werden sollten, um ein latentes Risiko erst gar nicht entstehen zu lassen. Das können z.B. eine unzureichende personelle Ausgestaltung des Controllingbereiches oder Schwächen in der öffentlichen Darstellung sein.

Solche Erkenntnisse führen oft zu konkreten Vorschlägen, wie der Schwäche abgeholfen werden sollte. Sie sind mit einer zeitlichen Vorgabe verknüpft. Ihr Erfolg ist in der Regel auch nachprüfbar. Sie werden von der Bank oft als zu erledigende Punkte in den Kreditvertrag aufgenommen und im Zusammenhang mit einer Folge-Due Diligence nachgehalten.

Denkbar sind auch konkrete Überwachungsvorschläge für die Bank, die sicherstellen sollen, daß Kreditmittel nur für einen bestimmten Zweck eingesetzt werden.

## 7.4 Kommunikation zwischen Bank, Gutachter und Unternehmen

### 7.4.1 Kommunikation nach altem Standard

Die bisherige Kommunikation zwischen Bank und Mittelständler war im wesentlichen so ausgestaltet, daß die Bank aufgrund der Vorschriften des KWG bestimmte Informationen, in der Regel den Jahresabschluß und die Steuererklärung, abforderte und das Unternehmen sie – meistens mit entsprechender Verzögerung – der Bank zur Verfügung stellte. Der Banker schaltete dann seine interne Kreditabteilung ein, die die Kennziffern des Unternehmens ermittelte und untersuchte, um ggf. auf Risikopotentiale aufmerksam zu machen. Dieser Prozeß blieb dem Mittelständler verborgen, es sei denn die Bank trat an ihn heran, um die Kreditlinie zu kürzen. Auch eine Besprechung der Unternehmensdaten zwischen Bank und Unternehmen unterblieb in der Regel. Die Einschaltung eines externen Gutachters erfolgte nur in ganz wenigen Fällen.

Während des Jahres wurden nur Informationen über die Kontoführung ausgewertet. Soweit es zu einer Überziehung einer Kontokorrentlinie kam, wurden intensive Nachforschungen angestellt, was die Ursache war und ob es sich um einen einmaligen Vorfall handelte. Im übrigen wurden Zahlungsvorgänge mit einer für das Unternehmen außergewöhnlichen Höhe beobachtet und ggf. noch einmal bei dem Unternehmen nachgefragt.

Der Informationsstand der Bank war bei einer solchen Vorgehensweise immer relativ bescheiden und beschränkte sich eigentlich nur auf einige Kennzahlen und deren interne Kommentierung. Darin lag keine profunde Analyse des Unternehmens. Es wurden lediglich schwerwiegende Risikoneigungen erkennbar, die sich z.B. aus einer deutlichen Verschlechterung der Umsätze oder der Aufwandsrelationen ergaben. Dementsprechend wurden die Banken durch eine Verschlechterung der Ertragslage und das Eintreten einer Krise oft heftig überrascht.

### 7.4.2 Kommunikation im Verfahren des Qualifizierten Rating

Das Qualifizierte Rating ist durch ein hohes Maß an aktiver Kommunikation gekennzeichnet. Der Mittelständler geht von sich aus auf die Bank zu und informiert sie umfassend über das Unternehmen. Er achtet gleichzeitig darauf, daß er die Informationen gut portioniert und sie so aufbereitet, daß die wichtigsten Punkte schnell erkennbar sind.

Auf der anderen Seite versorgt die Bank den Mittelständler mit Informationen aus dem internen Rating, um ihm Gelegenheit zu geben, sich auf die Anforderungen der Bank einzulassen und sie – wenn möglich – zu erfüllen. Soweit die Bank über ihre Researchabteilungen Brancheninformationen hat, stellt sie ihm diese zur Verfügung.

Entscheidend für die neue Kommunikation zwischen Bank und Mittelständler wird die Einschaltung des Unternehmensbewertungsgutachters sein, der aus seiner Kenntnis des Unternehmens einerseits und der Denkrichtung der Bank andererseits die Informationen so bündeln und aufbereiten kann, daß der Bank innerhalb kurzer Frist alle wesentlichen Informationen vorgelegt werden können. Durch das von ihm vorbereitete Gutachten über die Folge-Due Diligence stehen der Bank auch unmittelbar alle wesentlichen Informationen über die voraussichtliche Entwicklung des Unternehmens in der näheren Zukunft zur Verfügung.

Diese Informationen werden durch den Gutachter im Beisein des Mittelständlers mit der Bank besprochen. Eventuell bestehende Rückfragen können unmittelbar erledigt werden. Ggf. kann auch der anwesende Mittelständler aus seiner noch tieferen Kenntnis des Unternehmens sehr komplexe Fragestellungen selbst klären.

Die Kommunikation zwischen Bank, Mittelständler und Gutachter sollte von Unabhängigkeit und Sachlichkeit und von einem gegenseitigen Vertrauen geprägt sein, wie sie in einer gut funktionierenden wirtschaftlichen Partnerschaft üblich ist.

## 7.5    Folge-Rating

Mit einem einmaligen Rating vor der Auszahlung eines Kredites wird es bei
Kreditlaufzeiten über einem Jahr nicht getan sein. Die Bank wird in einem
regelmäßigen Turnus aktualisierte Informationen vom Unternehmer abfordern. Der mittelständische Unternehmer hat sich also darauf einzustellen,
daß er seine Angaben über die Vergangenheit, über die Planung und über
relevante Vorgänge, die ihn selbst oder das Management betreffen, während
der Kreditlaufzeit aktualisieren muß. Ein relevanter Zeitraum für eine solche
Aktualisierung ist z.B. ein Jahr. Der Umfang der aktualisierten Informationen
wird i.d.R. wesentlich geringer sein als bei einem ersten Rating. Der Grundsatz
der Wesentlichkeit gewinnt bei einem Folge-Rating erheblich an Bedeutung. Es
wird im Normalfall, wenn keine wesentlichen Vorgänge vorliegen, die einen
direkten Einfluß auf die Tilgungs- und Zinszahlungsfähigkeit haben, darum
gehen, lediglich die Änderungen dem Banker mitzuteilen. Die Änderungen
können z.B. in Soll-Ist-Vergleichen erfolgen. In solchen Soll-Ist-Vergleichen
können die Werte des abgelaufenen Planjahres den Jahreabschlußwerten gegenübergestellt werden. Hierbei gilt, daß der Unternehmer die positiven und
negativen Abweichungen plausibel erläutert. Diese Form der aktiven Information trägt zur Stabilisierung der Glaubwürdigkeit erheblich bei. Solange sich
noch kein Berichtsstandard für ein Folge-Rating in der Praxis etabliert hat,
kann sich der Unternehmer an dem Erhebungs- und Berichtsstandard einer
Folge-Due Diligence orientieren.

Der Umfang einer Folge-Due Diligence geht dabei über den Umfang eines
Folge-Rating hinaus. Daher kann sich der Unternehmer an den ratingrelevanten
Sachverhalten aus einer Folge-Due Diligence orientieren.

Bei bestehenden Kreditverträgen können die Banken nur im Rahmen ihrer
vertraglichen Möglichkeiten ein Folge-Rating vornehmen. Bei neuen Kreditverträgen werden die Banken ein jährliches Folge-Rating obligatorisch mit
aufnehmen. Diskutiert wird auch die grundsätzliche Frage über die Fristigkeit von Kreditverträgen. Bei Verträgen mit fester Zinsbindung besteht keine
einseitige Möglichkeit der Anpassung.

Ein Folge-Rating ist daher grundsätzlich von Bedeutung, da sich gegenüber
dem Zeitpunkt der Kreditauszahlung erhebliche Änderungen ergeben können.
So können sich bei langfristigen Kreditengagements die Märkte verändern
oder konjunkturelle Situationen zu einem erhöhten Risiko führen. Auch im
Unternehmen können Veränderungen stattfinden, die zu einer neuen Risikoeinschätzung führen, so z.B. durch Fluktuation im Management.

Die Banken werden ein Folge-Rating jedes Jahr durchführen, soweit die
Kreditverträge dies vorsehen. Der Mittelständler wird sich daher auf den Slogan

»Einmal Rating, immer Rating« einzustellen haben. Wenn er allerdings, wie bei dem ersten Rating, die positive Bedeutung in den Vordergrund stellt, so wird das Folge-Rating eine willkommene Überprüfung seines Unternehmens für ihn bedeuten.

## 7.6    Zwischenfazit

1.  Für einen Mittelständler ist ein Emittentenrating zu allgemein gehalten. Hier ist es ausschlaggebend, ob ein Unternehmen einen konkreten Kredit innerhalb der vorgegebenen Laufzeit vertragsgemäß bedienen kann.

2.  Das interne Rating der Bank wird durch ein externes Rating nicht ersetzt werden können. Gleichwohl haben sich eine Reihe von Ratingagenturen etabliert und bieten ein von der Bank eigenständiges Rating an.

3.  Die grundsätzlich fehlende Akzeptanz bei der Bank schränkt die Sinnhaftigkeit eines externen Rating auf die Konstellationen ein, in denen die Aussagen miteinander kompatibel sind und die Bank das externe Rating in diesem konkreten Fall akzeptiert. Das setzt bei externen Ratinganalysten Seriosität und langjährige Erfahrung voraus, die die jetzt gegründeten Ratingagenturen noch aufbauen wollen.

4.  Das Qualifizierte Rating beinhaltet eine umfassende Analyse des Unternehmens, die nicht nur wie beim einfachen Rating auf die Risiken des Unternehmens und auf die Kreditbedienung abstellt, sondern alle Bereiche des Unternehmens einbezieht.

5.  Dieses Qualifizierte Rating entspricht der Unternehmensanalyse, die seit Jahrzehnten durch Wirtschaftsprüfer, Investmentbanker und Mitarbeiter von Beteiligungsgesellschaften durchgeführt wird. Von einigen Ratingagenturen wird der Eindruck erweckt, als sei durch das Rating ein neues Analyseverfahren entwickelt worden. Das ist unzutreffend.

6.  Die Beurteilung der rechtlichen Gegebenheiten kann nur durch einen Rechtsanwalt erfolgen. Soweit dies durch andere Personen geschieht, liegt hierin ein Verstoß gegen das Rechtsberatungsgesetz. Ohne eine rechtliche Beurteilung können die Risiken aber auch die Chancen eines Unternehmens nicht abschließend beurteilt werden.

7.  Das Qualifizierte Rating befaßt sich mit allen Bereichen, die auch bei einer Due Diligence untersucht werden, nämlich Markt und Wettbewerb, Technik, Umweltverträglichkeit, Organisation, Psychologie und Kultur und Finanzen und Planung.

8.  Aufgrund der Analyse im Rahmen des Qualifizierten Rating erfolgt eine Einstufung des Unternehmens. Dabei muß die Aussage des Gutachters nicht auf die Bedienung eines bestimmten Kredites beschränkt bleiben. Es kann aufgrund der Ertrags- und Cash flow-Planung des Unternehmens eine Aussage über einen Kreditrahmen gemacht werden, der über den konkreten Kredit hinausgeht.

9.  Die Aussagen eines Qualifizierten Rating müssen regelmäßig aktualisiert werden. Dafür hat sich die jährlich zu wiederholende Folge Due

Diligence als geeignetes Instrument erwiesen, die über ein Folge-Rating hinausgeht.

10. Das Qualifizierte Rating führt zu einem neuen Kommunikationsverhalten. Der Mittelständler, der Gutachter und die Bank sind in diesem Verfahren an einem Tisch, tauschen die relevanten Informationen über das Unternehmen gleichberechtigt aus und praktizieren eine aktive und offene Kommunikation.

# 8. Vorteile des Qualifizierten Rating

Die Vorteile des Qualifizierten Rating wiegen die Arbeitsbelastung der mittelständischen Unternehmen aus der Aufbereitung der Informationen und der auch zeitlich intensiven neuen Kommunikation mit der Bank mehr als auf. Da ist zunächst der Kreditoptimierungsaspekt auf der Seite der Bank, der sich auch auf die günstigeren Kreditkonditionen für den Mittelständler auswirken kann. Der Sicherheitsaspekt führt bei der Bank dazu, daß sie weniger Risiken ausgesetzt wird und versetzt das Unternehmen in die Lage, schneller auf negative Trends reagieren zu können. Der Beratungsaspekt des Qualifizierten Rating erfüllt eine Anstoßfunktion und führt zu konkreten Verbesserungsvorschlägen. Der Dokumentationsaspekt ermöglicht die Darstellung des Unternehmens als Ganzes und kann bei allen eingesetzt werden, die Interesse an dem Unternehmen haben.

## 8.1    Beziehungen zur Bank

Mit dem Qualifizierten Rating wird sich die Beziehung zwischen dem Mittelständler und seiner Bank auf eine völlig neue Basis stellen lassen. Der Mittelständler wird die Kunst der Kommunikation mit seinem Bankinstitut gestalten müssen. Die Bank wird zur Unternehmerbank werden müssen, wenn sie im Wettbewerb mit anderen Banken bestehen will.

Die Bank kann ihr Kreditengagement neu ausrichten. Sie gibt nicht jedem Unternehmen einen Kredit, den es beantragt, sondern sucht sich selbst Unternehmen aus, die in ihrer Haltung zum Qualifizierten Rating dem Bild der Bank entsprechen. Auf diese Weise versucht die Bank, mit den besten Unternehmen einer jeweiligen Branche zusammenzukommen. Das wird dazu führen, daß die Bank auch unter den Eigenkapitalvorschriften nach Basel II ihr Kreditvolumen ausbauen und optimieren kann. Kredite an als gut eingeschätzte Unternehmen benötigen weniger Eigenkapitalreserve bei der Bank und gefährden die Bank nicht durch unübersehbare Risiken. Dadurch kann die Bank die erforderlichen Konditionen senken und erhöht so wieder ihre Wettbewerbsfähigkeit.

Es wird im Endeffekt zwei Klassen von Unternehmen geben. Einmal diejenigen, die sich auf die Anforderungen des Qualifizierten Ratings einlassen, und zum anderen diejenigen, die dazu nicht bereit sind. Die letztere Gruppe wird sich schwertun, Kredite zu erhalten. Wenn das geschieht, dann nur zu deutlich schlechteren Konditionen als bei den anderen.

## 8.2 Erfolgsnachweis der Geschäftsführung

Das Qualifizierte Rating und seine Kommunikation führten bei der Geschäftsführung bzw. dem Vorstand zu einer Klärung von Kausalketten in den unternehmerischen Erfolgen und Mißerfolgen. Je intensiver die Analyse der unternehmerischen Entwicklung ist, desto eher läßt sich erkennen, welche der verschiedenen Ursachen sich letztendlich so auf das Unternehmen ausgewirkt haben, daß ein bestimmter Erfolg oder Mißerfolg entstanden ist. In diesem Bewußtwerden der Auswirkungen der Führungsentscheidungen läßt sich genau darstellen, wer in der Geschäftsführung mit seinem Verhalten zum Erfolg oder Mißerfolg mit welchem Anteil beigetragen hat. Wenn dann auch die Frage nach der Planerfüllung berücksichtigt wird, läßt sich zusätzlich eine Aussage über die Planungsverläßlichkeit der Unternehmensleitung treffen.

Soweit die Mitglieder der Unternehmensleitung zumindest teilweise nach dem erwirtschafteten Erfolg entlohnt werden, lassen sich unterschiedlich hohe Tantiemezahlungen aus den Erkenntnissen des Qualifizierten Rating besser ableiten. Für die Personalentwicklung im leitenden Bereich kann auch ermittelt werden, welche Personen zum Erfolg kaum etwas beigetragen haben, also gewissermaßen »mitgetragen« werden. Bei einer wertorientierten Unternehmensführung aus Sicht der Gesellschafter müssen solche Personen aus dem Unternehmen entfernt oder mit anderen Aufgaben beschäftigt werden, die ihren Fähigkeiten besser entsprechen.

## 8.3    Erfüllung der Aufsichtspflicht des Aufsichtsrates/ Beirates

Das Bild der Tätigkeit als Mitglied eines Aufsichtsrates einer AG oder eines Beirates einer GmbH hat sich in den letzten Jahren deutlich gewandelt. Während eine solche Tätigkeit früher mehr das Ausfüllen einer Honoratiorenrolle war, ist heute die Arbeitsebene viel deutlicher in der Vordergrund gerückt. Das hängt auch mit der Einführung einer persönlichen Haftung der Aufsichtsratsmitglieder einer AG zusammen, die im KonTraG ausdrücklich gesetzlich geregelt wird. Vor dem Hintergrund einer persönlichen Haftung mit dem Privatvermögen wird die Ernsthaftigkeit der Tätigkeit als Aufsichtsratsmitglied deutlich.

Der neue Ansatz hat dazu geführt, daß Aufsichtsratsmitglieder anders in das operative Geschäft der Gesellschaft eingebunden werden wollen. Es geht jetzt um eine aktive Erfüllung der Aufsichtspflicht. Aufsichtsratsmitglieder bereiten sich auf eine Aufsichtsratssitzung nicht mehr so vor, daß sie die Sitzungsunterlagen allenfalls auf der Taxifahrt zum Sitzungsort studieren, sondern sie verlangen eine laufende Unterrichtung durch den Vorstand. Die Aufsichtsratssitzung wird nicht mehr als Informationsveranstaltung, sondern als Sitzung verstanden, in der auf der Basis gut vorbereiteter Unterlagen über Maßnahmen entschieden werden kann.

Vor diesem Hintergrund erfüllt das Qualifizierte Rating eine besondere Funktion. Ermöglicht es doch dem Aufsichtsrat, gebündelt Erkenntnisse über die Entwicklung des Unternehmens in einer entsprechenden Dokumentation aufzunehmen. Daher werden vor allem die Aufsichtsratsmitglieder, die ihre Tätigkeit als Beruf verstehen und ausüben, über die Informationstiefe des Qualifizierten Rating sehr angetan sein, weil es den ersten Schritt ihrer Überwachungspflicht, nämlich die Erlangung der erforderlichen Informationen, außerordentlich erleichtert.

## 8.4 Realistische Darstellung der Chancen, Risiken, Stärken und Schwächen des Unternehmens

Durch das Qualifizierte Rating werden die Chancen, die Risiken, die Stärken und die Schwächen systematisiert. Die sogenannte SWOT-Analyse aus der Managementlehre findet somit auch Anwendung bei einem Qualifizierten Rating. Im Rahmen dieser Analyse werden in logischer Abfolge die Chancen und Risiken sowie die Stärken und Schwächen einer Unternehmung analysiert. Die Bezeichnung SWOT leitet sich aus den englischen Begriffen Strengths, Weaknesses, Opportunities und Threats ab.

Die Chancen und Risiken werden in der Umweltanalyse untersucht. Hierbei geht es um das externe Umfeld der Unternehmung, wobei die Bedrohungen des gegenwärtigen Geschäfts aber auch die möglichen Chancen für das bestehende Geschäft oder für neue Geschäftsfelder analysiert werden. Die Umweltanalyse beschränkt sich nicht nur auf das direkte Umfeld und das jeweilige Geschäft. Berücksichtigung finden auch allgemeinere Entwicklungen sowie Trends, die die Märkte, aber auch die Konkurrenz mit einbeziehen.

Bei der Analyse der allgemeinen Umwelt stehen die makro-ökonomische, die technologische, die politisch-rechtliche, die sozio-kulturelle und die natürliche Umwelt im Mittelpunkt der Analyse. In einem weiteren Schritt wird die Attraktivität der bestehenden und neuen Geschäftsfelder untersucht. Dabei stehen die Abnehmer, die Lieferanten, die bestehenden Konkurrenten sowie potentielle neue Wettbewerber, mögliche Substitutionsprodukte und der Staat als regulierende Institution im Mittelpunkt der Analyse.

Die Unternehmensanalyse, die die Stärken und Schwächen des Unternehmens aufzeigen soll, analysiert die interne Ressourcensituation des Unternehmens. Ein direkter Vergleich der wichtigsten Stärken und Schwächen im Hinblick auf die wichtigsten Konkurrenten soll einen Einblick über den Erfolg oder Mißerfolg des Unternehmens vermitteln. Idealerweise lassen sich aus diesen Erkenntnissen Wettbewerbsvorteile oder -nachteile ableiten.

Im Rahmen eines qualifizierten Rating lassen sich aus den Analysefeldern des Ratingprozesses sämtliche Informationen für eine SWOT-Analyse ableiten. Durch die enge Verknüpfung der Analysefelder bekommt der mittelständische Unternehmer als »Nebenprodukt« eine Vielzahl an Informationen für eine Unternehmenssteuerung mitgeliefert.

Am Beispiel dieser Verknüpfung zwischen Qualifiziertem Rating und SWOT-Analyse wird besonders die Vielfältigkeit der Informationen deutlich, die sich in einem Ratingprozeß für den mittelständischen Unternehmer ergeben können. Wenn diese Informationen aktiv genutzt werden, wird der Nutzen den Aufwand bei weitem übersteigen.

## 8.5    Verbesserungspotential für Unternehmen

Einer der wesentlichen Vorteile des Qualifizierten Rating besteht darin, daß die Erkenntnisse über Schwachstellen im Unternehmen unmittelbar in Maßnahmen umgesetzt werden können, die eben diese Schwächen beseitigen. Erste Anstöße zu den Veränderungsmaßnahmen erfolgen schon in den Gesprächen über das Unternehmen, wenn bestimmte Kausalketten innerhalb der Ertrags- oder Aufwandsentstehung nachvollzogen werden oder die operative Tätigkeit auf ihre Wettbewerbskonformität hinterfragt wird. Die möglichen Verbesserungsvorschläge lassen sich aus den einzelnen Teilaspekten der Unternehmensanalyse herausfiltern. Daraus lassen sich z.B. folgende Verbesserungsmaßnahmen gewinnen:

* **Ablaufschwächen im Produktionsprozeß**

Aus der technischen Analyse können sich erhebliche und kostenträchtige Ablaufschwächen im Produktionsprozeß ergeben haben, die durch eine Umstrukturierung des Produktionsprozesses beseitigt werden können. Möglicherweise besteht die Lösung auch in der Errichtung einer neuen Fertigungsanlage.

* **Wettbewerbsnachteil durch veraltete Produkte**

Die Marktanalyse zeigt Wettbewerbsnachteile durch veraltete Produkte auf. Damit wird unmittelbar bei der F&E-Abteilung des Unternehmens ein Innovationsprozeß eingeleitet, bei dem die Vertriebsleute mit ihrer direkten Kenntnis der Kundenwünsche mit den Produktentwicklern die neue Produktlinie entwickeln.

* **Marketingschwächen**

Die Werbung des Unternehmens zeigt aufgrund der Analyse und dem Vergleich mit der Werbung der unmittelbaren Konkurrenten, daß die Kunden so nicht gewonnen werden können, weil sie nicht ausreichend über die Vorteile der Produkte des Unternehmens informiert werden. Zusammen mit der möglicherweise ausgewechselten Werbeagentur wird eine neue Werbekampagne entworfen.

Nachdem die Kundenbefragungen ergeben haben, daß die Kunden insbesondere ein ausgezeichnetes Preis-Leistungs-Verhältnis loben, überdenken der Vertriebsvorstand und die Außendienstmitarbeiter noch einmal die Preispolitik des Unternehmens.

## • Personelle Fehlbesetzungen

Die Analyse der Entwicklung der immer weiter gesunkenen Pro-Kopf-Umsätze der Mitarbeiter zeigt, daß die Personaldecke überdimensioniert ist. Zusammen mit dem Arbeitsrechtler des Unternehmens wird ein Plan zum Abbau der überflüssigen Mitarbeiter eingeleitet, wobei die soziale Ausgewogenheit der erforderlichen Kündigungen mit der Absicht des Mittelständlers optimiert wird, die guten Mitarbeiter zu halten.

Im Bereich der Leitenden Mitarbeiter ist offensichtlich geworden, daß der vor kurzem von außen hinzugekommene Finanzvorstand des Unternehmens aufgrund seiner ausgeprägten Führungsschwäche keinen Rückhalt in seinem Bereich hat. Ihm wird mit dem Angebot einer Abfindung nahegelegt, das Unternehmen zu verlassen. Statt dessen wird der bisherige Stellvertreter auf seine Rolle als Finanzvorstand eingearbeitet.

## • Organisatorische Mängel

Nachdem eine Reihe von Aufträgen in der Akquisitionsphase deshalb nicht erreicht wurden, weil zwei Abteilungen aufgrund persönlicher Eitelkeiten ihrer Leiter sich gegenseitig so blockiert haben, daß sich die potentiellen Kunden irritiert abgewendet haben, werden mit Hilfe eines Betriebspsychologen in einem Workshop die kritischen Punkte ausgeräumt und das Selbstverständnis der beiden Abteilungen neu definiert.

## • Unterbesetzung im Controlling/Rechnungswesen

Die qualitativ mäßigen Unterlagen des Controlling/Rechnungswesens zeigen, daß die Abteilung unterbesetzt ist. Für den Leiter wird ein Stellvertreter eingestellt, der ihn im operativen Tagesgeschäft wirksam entlasten kann.

## • Unübersichtliche rechtliche Strukturen

Im Bereich der rechtlichen Analyse ist erkennbar geworden, daß das Unternehmen eine Reihe von Tochterunternehmen mit weiteren Verschachtelungen in verschiedenen Beteiligungen hat, die unübersichtlich und durch die Zahl der unnötigen Verwaltungsaufwendungen auch kostenträchtig sind. Der Justitiar der Gesellschaft verschmilzt einige der Gesellschaften miteinander und schafft eine transparente Struktur nach den wesentlichen Bereichen. Dadurch können zudem Jahresabschlußkosten eingespart und das Berichtswesen der Unternehmensgruppe deutlich verschlankt werden.

## 8.6    Kommunikationsmittel gegenüber Kunden und Lieferanten und anderen Stakeholdern

Mit dem Qualifizierten Rating erhält der Mittelständler zugleich eine umfassende Dokumentation aller Bereiche und eine Analyse der zukünftigen Entwicklung seines Unternehmens. Diese Information ist nicht nur für die Bank, sondern auch für andere Stakeholder von Bedeutung.

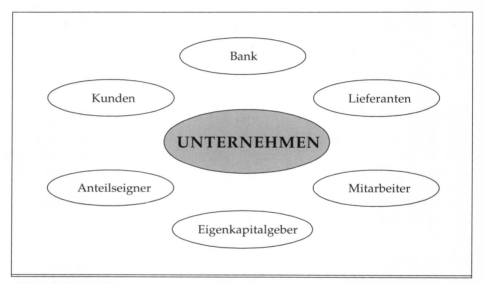

Abb. 29: Kommunizierung der Ergebnisse des Qualifizierten Rating
         mit Stakeholdern des Unternehmens

Viele bedeutende Unternehmen erwarten von ihren Lieferanten eine Darstellung des Unternehmens, aus der sie die Sicherheit entnehmen können, daß dieses Unternehmen in der jetzigen Struktur auf absehbare Zeit auch erhalten bleibt. Denn ein oft erforderlicher Wechsel bei den Lieferanten bringt insbesondere für die Unternehmen hohe Nachteile mit sich, die sich der Just-in-Time-Lieferungsphilosophie nähern. Das Problem verstärkt sich noch bei kleineren Lieferanten, von denen aufgrund ihrer Spezialisierung eine Abhängigkeit des Großunternehmens besteht. Hier kann eine sorgfältig aufbereitete Unterlage über das Unternehmen, sei es in der Form des Factbook oder als Gutachten im Rahmen einer Due Diligence, das notwendige Vertrauen schaffen.

Allerdings ist es gegenüber Kunden durchaus für den Mittelständler zwei-schneidig, sehr tiefgehende Informationen über das Unternehmen herauszu-geben. Denn das Großunternehmen wird sich bei der Analyse der Planung der Gesellschaft auch Gedanken machen über den Deckungsbeitrag, den das Unternehmen aufgrund der Aufträge des Großunternehmens erzielen will. Damit läuft der Mittelständler Gefahr, daß die umfassenden Informationen insoweit unmittelbar in die Preisgespräche einfließen und in der Verhand-lung zu eher niedrigeren Preisen führen können. Es gilt also, den Mittelweg zwischen vertrauensbildender und konditionsgefährdender Information zu finden. Möglicherweise läßt sich das mit gesondert aufbereiteten Unterlagen erreichen, bei denen die Deckungsbeiträge aufgrund der aggregierten Dar-stellung nicht unmittelbar ableitbar sind.

Als vertrauensbildende Maßnahme können allerdings ausgewählte Un-terlagen des Unternehmens auch gegenüber den Kunden des Unternehmens eingesetzt werden. Das hebt zugleich auch das Renommee der Gesellschaft. Gegenüber anderen Stakeholdern, das sind Personen oder Gesellschaften, die bei dem Unternehmen in irgendeiner Form ein Interesse verfolgen, wird der Mittelständler eher zurückhaltend sein. So macht es wenig Sinn, allen Mitar-beitern Unterlagen in dem Umfang zur Verfügung zu stellen, wie sie aus dem Qualifizierten Rating heraus möglich sind. Zum Teil werden die Mitarbeiter damit überfordert, zum Teil besteht auch das Risiko, daß die Unterlagen nicht mit der erforderlichen Sensibilität behandelt werden und so in falsche Hände geraten können. Wichtig werden die Unterlagen aber, wenn der Mittelständ-ler aus dem Management heraus eine Nachfolgeregelung entwickeln möchte. Dann sind die Unterlagen vertrauensbildend für die Überlegung, sich an dem Unternehmen zu beteiligen.

Andere Stakeholder, also z.B. die Öffentlichkeit, werden die Unterlagen aus dem Qualifzierten Rating nicht zur Verfügung gestellt bekommen, weil sie nicht breit gestreut werden sollen. Denn es besteht immer das Risiko, daß sich auch die Wettbewerber des Unternehmens mit entsprechenden Informationen versorgen, um im Kampf um Marktanteile Vorteile zu erringen.

## 8.7    Konkretisierung des Unternehmenswertes

In der Regel erfolgt anläßlich des Erwerbs eines Unternehmens durch den potentiellen Käufer eine Due Diligence durch einen qualifizierten Gutachter. Das zu analysierende Unternehmen durchläuft einen solchen Prozeß oft das erste Mal und hat keine Sensibilität dafür, wie schädlich negative Ergebnisse aus der Due Diligence für die Einschätzung des Unternehmenswertes und damit letztlich auch für die Verhandlung des Kaufpreises sein können. Aus falsch verstandener Sparsamkeit des Mittelständlers läßt dieser nicht selbst eine Due Diligence durch einen Gutachter durchführen, um das Verfahren einer solchen Analyse zu verinnerlichen und mögliche Schwachstellen innerhalb des Unternehmens vorher aufzudecken und um darauf mit entsprechenden Argumenten eingehen zu können. Das führt dazu, daß sich Mittelständler meistens unter Wert verkaufen, weil sie nicht in der Lage sind, die Erfolgspotentiale des Unternehmens plausibel darzulegen, die Risiken und Schwächen durch einen Kontext abzuschwächen oder die Maßnahmen zur Beseitigung dieser Mißerfolgspotentiale nachvollziehbar darzulegen.

Eine Dokumentation des Unternehmens im Gutachten eines Unternehmensbewerters erweckt Vertrauen. In einem solchen Gutachten wird durch einen externen Gutachter das Unternehmen umfassend mit allen Chancen und Risiken, Stärken und Schwächen dargestellt. Im Rahmen einer Wettbewerbsanalyse wird aufgezeigt, wie sich das Unternehmen im Markt aufgestellt hat. Die Planung wird mit ihren Einzelplänen auf Plausibilität geprüft. Dabei werden die Erkenntnisse aus der Kommentierung der Jahresabschlüsse der Vergangenheit einbezogen. Die Darstellung der Sicherheiten und ihrer stillen Reserven mit dem Hinweis auf nicht betriebsnotwendige Vermögensgegenstände ist für eine Finanzierung des Kaufpreises durch das Unternehmen selbst von Bedeutung. Im Gutachten sind die Aufbereitung der rechtlichen Grundlagen und Rahmenbedingungen ebenso enthalten wie die Darstellung der Leisen Zeichen.

Aus der Segmentanalyse lassen sich Informationen über eine mögliche Aufteilung des Unternehmens gewinnen. Eine gut eingerichtete Zwischenberichterstattung ermöglicht es dem Käufer, auch unterhalb des Jahres verläßliche Informationen zu erhalten. Informationen aus dem Risikomanagement des Unternehmens führen den potentiellen Investor unmittelbar in die kritischen Bereiche des Unternehmens.

Wenn dann noch Dokumentationen aus verschiedenen Folge-Due Diligence-Gutachten vorgelegt werden können, wird das Vertrauen noch verstärkt. Denn die Abfolge zeitlich unterschiedlicher Due Diligence-Gutachten macht die Entwicklung des Unternehmens deutlich. Das gilt zunächst für eine Wertsteigerung des Unternehmens aufgrund der Verbesserung der Rahmendaten des Unternehmens und der Umsetzung durch das Management. Wenn das Unternehmen in der Vergangenheit in einer Krise war und sie nachweisbar überwunden hat, kann daraus eine besondere Stärke des Unternehmens und der in ihm beschäftigten Mitarbeiter abgeleitet werden, die auch für spätere Krisen von Bedeutung sein kann.

Im Ergebnis wird der Mittelständler feststellen, daß die Fähigkeiten seines Unternehmens, die es bei der Erfüllung der Anforderungen des Qualifizierten Rating erworben hat, es ihm auch erleichtern, einen potentiellen Eigenkapitalgeber zu gewinnen, ganz gleich, ob es um den Gesamtverkauf des Unternehmens oder um die Beteiligung an dem Unternehmen durch eine Privatperson oder durch eine Beteiligungsgesellschaft geht. Damit hat der Mittelständler bei der Erfüllung des Qualifizierten Rating sich selbst eine beste Alternative der Kapitalaufnahme geschaffen und damit seine Attraktivität für Fremd- und Eigenkapitalgeber gleichermaßen erhöht.

## 8.8   Zwischenfazit

1.  Die Beziehungen zur Bank werden durch ein Qualifiziertes Rating auf eine neue Basis gestellt. Im Wettbewerb um die günstigen Kredite werden die Mittelständler profitieren, die sich zu einer neuen Offenheit gegenüber der Bank bekennen.

2.  Durch die umfangreiche Beschäftigung mit allen wichtigen Unternehmensbereichen bei der Vorbereitung auf ein Qualifiziertes Rating bekommt der Geschäftsführer einen intensiven Einblick in das Unternehmen. Ihm steht damit ein Instrument zur Verfügung, daß seinen persönlichen Erfolg meßbar macht.

3.  Mit dem Qualifizierten Rating steht dem Aufsichtsrat bzw. Beirat ein Instrument zur Verfügung, daß es ihm erlaubt, seinen gesetzlichen Pflichten angemessen Rechnung zu tragen. Darüber hinaus kann er die gestiegenen persönlichen Anforderungen des KonTraG besser erfüllen.

4.  Das Qualifizierte Rating erfüllt für die Aufsichtsorgane eine wichtige Dokumentations- und Exkulpationsfunktion. Durch diese umfassenden Unternehmensanalyse bekommt damit die Unternehmensführungs und -überwachung eine neue Qualität.

5.  Im Rahmen eines Qualifizierten Rating lassen sich aus den vielschichtigen Analysefeldern sämtliche Informationen über die Chancen, Risiken, Stärken und Schwächen des Unternehmens ableiten. Damit stehen dem Unternehmen wesentliche Erkenntnisse für die Unternehmenssteuerung zur Verfügung.

6.  Durch die bei einem Qualifizierten Rating gesammelten Informationen, kann der Mittelständler direkte Erkenntnisse über Schwachstellen im Unternehmen sammeln und unmittelbar Maßnahmen ergreifen, die zur Beseitigung dieser Schwachstellen dienen.

7.  Konkrete Verbesserungen können z.B. für Ablaufschwächen im Produktionsprozeß, bei Wettbewerbsnachteilen durch veraltete Produkte, bei Marketingschwächen, bei personellen Fehlbesetzungen, bei organisatorischen Mängeln, bei Problemen im Rechnungswesen und Controlling sowie bei unübersichtlichen rechtlichen Strukturen durch ein Qualifizierte Rating eingeleitet werden.

8.  Das von den Banken initiierte Rating kann in der Form eines Qualifizierten Rating eine gute Ausgangsbasis für mögliche Verkaufsverhandlungen des Mittelständlers sein. Durch die enge Verbindung zu einer Due Diligence kann der Unternehmer die Erkenntnisse aus dem Rating für den Sonderfall eines Verkaufs umfassend nutzen.

9. Ein Qualifiziertes Rating wird in erster Linie für die Gewährung eine Kredites und der Ermittlung der Kreditzinsen durchgeführt. Allerdings können auch andere Interessengruppen außerhalb der Bank ein Interesse an den Ergebnissen eines Rating haben.

10. Weitere Interessengruppen, die auch als Stakeholder bezeichnet werden, sind z.B. die Lieferanten und die Kunden. Da durch ein Rating die Tilgungs- und Zinszahlungsfähigkeit ermittelt wird, können die Stakeholder aus den den Ergebnissen eines Qualifizierten Rating die finanzielle Stabilität der Geschäftspartner ableiten.

# 9. Zusammenfassende Empfehlungen an den Mittelstand und die Banken

1.  Der mittelständische Unternehmer sollte sich positiv mit einem Rating auseinandersetzen. Das Wehklagen über die Anforderungen, die ein Rating mit sich bringt, ist nicht angemessen. Die Banken werden kurzfristig mit einem umfassenden Rating beginnen. Daher sollte sich der Mittelständler auf seine Stärken besinnen und aktiv von sich aus die Vorbereitung auf ein Rating in seinem Unternehmen vorantreiben.

2.  Eine weitgehende Objektivität bei der Informationsaufbereitung sollte eine Selbstverständlichkeit sein. Konservative Planungsansätze fördern die Glaubwürdigkeit des Mittelständlers und führen zur Vertrauensbildung.

3.  Ein Rating sorgt für unternehmensrelevante Informationen, die der mittelständische Unternehmer für die Unternehmensführung nutzen kann. Die Erhebung der Informationen ist keine Einbahnstraße. Die festgestellten Chancen und Risiken, die von außen an das Unternehmen herangetragen werden und die intern relevanten Stärken und Schwächen eignen sich hervorragend für die eigene Standortbestimmung.

4.  In der Kommunikation zur Bank ist eine neue Form der Zusammenarbeit erforderlich. Die Transparenz des Unternehmens gegenüber dem Banker sollte erste Priorität haben. Falsch verstandene Zurückhaltung von Informationen kann zu erheblichen Störungen des Vertrauensverhältnisses führen.

5.  Die für viele mittelständische Unternehmen neuen Informationserhebungen und Transparenzanforderungen werden sich zu Beginn nur mit externer Hilfe erfolgreich umsetzen lassen. Der Mittelständler wird daher seine Beratungsresistenz aufgeben müssen und sich für den Nachweis der Tilgungs- und Zinszahlungsfähigkeit der Hilfe externer Fachleute bedienen müssen.

6.  In besonderen Unternehmenssituationen wie der Gründung, der Erhöhung der Kreditlinie für Investitionen oder für das Kontokorrent, dem Kauf eines anderen Unternehmens, der Sanierung, einer anstehenden Nachfolge oder bei dem Wechsel einer Bankbeziehung ist eine besondere, dem jeweiligen Anlaß entsprechende Aufbereitung der relevanten Informationen erforderlich, um das Vertrauen des Bankers zu erhalten.

7.  Das Qualifizierte Rating vereinigt Informationen höchster Qualität mit einer aktiven Kommunikation zwischen Unternehmer und Banker. Jeder beachtet die Sichtweise des anderen.

8.  Durch die Einschaltung eines externen Gutachters durch die Bank bei hohen Kreditvolumina erreicht das Qualifizierte Rating eine weitere Stufe, weil dadurch eine Kommunikation in einem Dreiecksverhältnis mit dem Sachverstand des externen Gutachters geführt werden kann. Die Erhebun-

gen des Gutachters aus einer umfassenden Analyse des Unternehmens werden mit dem Banker und dem Mittelständler gleichzeitig und ohne Vorbehalte besprochen.

9.  Aus Sicht der Praxis wird es für Mittelständler nur ein Kredit-Rating geben, bei dem über die Bedienung eines konkreten Kredites geurteilt wird. Ein externes Rating sollte  neben dem immer durchzuführenden internen Rating der Bank nur in Abstimmung mit der Bank erfolgen.

10. Der Mittelständler ist gut beraten, einer Veröffentlichung seines Rating nicht zuzustimmen. Es ist aber für eine Information gegenüber ausgewählten Stakeholdern wichtig, Teile des Gutachtens über die Einschätzung des Unternehmens offenzulegen, um eine Vertrauensposition aufzubauen.

11. Das Qualifizierte Rating sollte regelmäßig wiederholt werden, um die Entwicklung des Unternehmens nachzuvollziehen. Hierfür bietet sich die Folge-Due Diligence an.

12. Für die Bank ist das Qualifizierte Rating eine Möglichkeit, das Kreditportfolio abzusichern und zu verbessern, indem sie vor dem Eingehen neuer Kreditverhältnisse die Unternehmen heraussucht, die die beschriebenen Unternehmensberichtsformen bereits implementiert haben und dadurch auch in ihrer operativen Tätigkeit besser sein werden als andere, die das noch nicht getan haben.

13. Die Risikoeinschätzung des Bankers wird durch ein Qualifiziertes Rating und die damit verbundene Transparenz des Unternehmens auf eine solide Basis gestellt.

14. Die mit einem Qualifizierten Rating gewonnenen Erfahrungen schaffen Sicherheit und stärken die eigene Einschätzung des operativen Geschäftes des mittelständischen Unternehmers.

15. Die Fähigkeiten, die der Unternehmer aus den erfüllten Anforderungen des Qualifizierten Rating gewinnt, sind eine gute Voraussetzung, um neben den Fremdkapitalgebern auch Eigenkapitalgeber zu überzeugen.

# Stichwortverzeichnis

# Die Autoren

Dr. Wolfgang Koch, Wirtschaftsprüfer, Rechtsanwalt, Steuerberater, ist Mitglied des Vorstandes der KWU Gesellschaft für Unternehmensbewertung AG. Die KWU ist eine Wirtschaftsprüfungsgesellschaft in Düsseldorf, die sich hauptsächlich mit Unternehmensbewertungen und weiteren komplexen wirtschaftlichen und zusammen mit der Dr. Koch Rechtsanwaltsgesellschaft GmbH mit rechtlichen Sonderaufgaben beschäftigt. Dr. Wolfgang Koch hat in seiner Berufspraxis eine Vielzahl von Due Diligence-Gutachten u.a. im Rahmen von Börseneinführungen, Unternehmenstransaktionen und Sanierungen durchgeführt. Er hat einen Lehrauftrag für Unternehmensbewertung an der Ernst-Moritz-Arndt-Universität Greifswald und ist Autor zahlreicher Fachaufsätze.

Prof. Dr. Jürgen Wegmann, Diplom-Kaufmann, ist Mitglied des Vorstandes der KWU Gesellschaft für Mittelstandsberatung AG. Die Gesellschaft mit Sitz in Düsseldorf hat sich auf die Beratung mittelständischer Unternehmen spezialisiert. Prof. Dr. Jürgen Wegmann hat in seiner Berufspraxis für eine Vielzahl mittelständischer Unternehmen im Zusammenhang mit Unternehmenstransaktionen, Sanierungen und Börseneinführungen Unternehmensanalysen durchgeführt und Unternehmenswerte ermittelt. Er hat eine Professur für Betriebswirtschaftslehre mittelständischer Unternehmen an der FHDW, einer privaten Fachhochschule der Wirtschaft in Bergisch Gladbach inne und ist Autor zahlreicher Fachaufsätze.

Die KWU Gesellschaft für Unternehmensbewertung AG und die KWU Gesellschaft für Mittelstandsberatung AG sind als unabhängige Dienstleister auf dem Gebiet der Unternehmensbewertung tätig. Ein Schwerpunkt liegt in der Begutachtung und Beratung von mittelständischen Unternehmen. Die Anlässe für eine Due Diligence oder Unternehmensbewertung resultieren hauptsächlich aus M&A Mandaten, Venture-Capital-Engagements, Emissionen und zunehmend aus dem Erfordernis eines Ratings mittelständischer Unternehmen (www.kwu-online.de)

Die Autoren sind Verfasser der Praktiker Handbücher Börseneinführung (3. Auflage 2000) und Due Diligence (2. Auflage 2002)